# 田径运动教程

Athletics

《田径运动教程》编写组　编

北京体育大学出版社

策划编辑：佟　晖
责任编辑：佟　晖
责任校对：未　茗
版式设计　李　鹤　佟　晖

**图书在版编目（CIP）数据**

田径运动教程 / 《田径运动教程》编写组编.
-- 北京 : 北京体育大学出版社, 2013.8（2024.9重印）
高等教育体育学精品教材
ISBN 978-7-5644-1410-8

Ⅰ. ①田… Ⅱ. ①田… Ⅲ. ①田径运动－高等学校－教材 Ⅳ. ①G82

中国版本图书馆CIP数据核字(2013)第189854号

**田径运动教程**
**TIANJING YUNDONG JIAOCHENG**　　**《田径运动教程》编写组　编**

出版发行：北京体育大学出版社
地　　址：北京市海淀区农大南路1号院2号楼4层办公B-421
邮　　编：100084
网　　址：http：//cbs.bsu.edu.cn
发 行 部：010-62989320
邮 购 部：北京体育大学出版社读者服务部 010-62989432
印　　刷：北京瑞禾彩色印刷有限公司
开　　本：787mm × 1092mm　1/16
成品尺寸：185mm × 260mm
印　　张：18
字　　数：441千字
版　　次：2013年8月第1版
印　　次：2024年9月第9次印刷
定　　价：70.00元

# 北京体育大学高等教育体育学
# 精品教材编委会

# 本书编写组

组　长：孙　南

成　员：（以姓氏笔画为序）

王　林　曲淑华　孙　南　许占鸣

李老民　李晓慧　李铁录　杨文学

何庆忠　沈信生　宋世萍　张英波

赵文姜　姚国强　柴国荣　郭元奇

袁晓毅　徐树魁　章碧玉　阎俊涛

韩　慧　谢慧松　詹建国　熊西北

# 序

人才培养是高等学校的根本任务，对处于学校工作中心地位的教学工作来说，其质量建设是高等学校的永恒主题。作为传授知识、掌握技能、提高素质的载体，教材在人才培养过程中起着非常重要的作用，是高等学校提高教学质量，促进内涵发展的有力抓手。

一本好的教材，不仅要充分体现教材应有的基础性、示范性和权威性，还要正确把握教学内容和课程体系的改革和创新方向，充分反映学科的教育思想观念、人才培养模式以及教学科研的最新成果，集中展现教材体系的创新，教材内容的更新和教学方法、手段的革新，善于处理好理论与实践、继承与创新、广度与深度、知识与技能、利学与利教的关系，成为开拓学生视野、引导学生探索、鼓励学生奋进的学业与人生兼备的“工具书”。

从中央体育学院到北京体育学院再到北京体育大学，这60年的办学历程，是继承发展的60年，是改革创新的60年，也是教材建设硕果累累的60年。学校不断探索教材建设的内在规律，引领高等体育教育教材建设的创新之路，发展了具有自身特色的教材体系，形成了特色鲜明的三个发展阶段。第一阶段是在20世纪50年代至60年代，我校教师在苏联专家的指导下，制定和编写了各专业的教育计划、大纲和主要教材。这批教师在主持和参与1961年国家体委组织的体育院校18门课程教材编著工作中发挥了重要作用，而这批教材也成为我国独立编写的、对苏联教材模式有所突破的第一批体育院校教材。第二阶段是20世纪70年代末至90年代，我校教师在大量承担第二次重编体育院校教材牵头组织工作的同时，针对学校“三结合”的办学目标和人才培养模式，开始了多学科、多专业的自编教材建设。第三阶段是进入21世纪以后，特别是国家体育总局于2002年下拨教材建设专款480万元之后，我校教材建设在数量和质量上都取得了重大突破。至2010年共立项建设了涵盖我校各专业课程的187项教材，其中有4项教材获得国家级优秀（精品）教材称号，14项教材获得北京市精品教材称号。可以说上述三个阶段的发展，使我校教材建设水平达到了一个空前的高度，为高等体育人才的培养发挥了重要的作用。

为全面提高高等体育教育质量，深化高等体育教育教学改革，继续加强体育学精品教材建设，2012年初，在北京体育大学教学指导与教材建设委员会的具体指导下，我们启动了高等教育体育学精品教材建设工程。学校遴选教育部新颁布的体育学类所属的体育教育、运动训练、社会体育指导与管理、武术与民族传统体育、休闲体育、运动康复、运动人体科学7个本科专业的部分基础课程和主干课程开展精品教材建设。我们整合了全校的优质资源，组织专家、教授全程参与教材的规划、编写、初审、终审等过程。按照精品教材的要求，以优秀的教学团队编写优质的教材，出精品、出人才为建设思路，编委会优选学术水平与教学水平兼备、具有创新精神的专家、教授担任教材主编，组织优秀教学团队成员参与教材编写：精确定位教材适用对象，准确把握专业知识结构、能力结构和综合素质要求，深刻领会课程内涵，简洁洗练地表达知识点、能力点和素质点：融人最新的教改成果和科研成果，吸收国外优秀教材的先进理念和成果，创新利于学生自学和教师讲授的教材体例：学校还投入专项资金，对教材进行一体规划、一体设计、一体编审：为全力保证教材编写质量，北京体育大学出版社资深编辑深度介入教材编写的所有环节。当这批教材展现在读者面前时，我们充满了期待。

岁月如流，薪火相传。60年的教材建设成绩斐然，推动着体育学教材建设步人新的起点、站在新的高度。展望未来，一批批体育学精品教材将随世界一流体育大学的建设进程应运而生，不仅在学校内涵式发展的改革进程中发挥重要作用，而且在全国高等体育院校人才培养中做出积极贡献，在高等教育教材建设中留下浓墨重彩的一笔。

北京体育大学校长<br>校教学指导与教材建设委员会主任<br>2013年9月

# 前　言

为了庆贺母校——北京体育大学的60周年华诞，北京体育大学田径教研室老师通力合作，完成了《田径运动教程》教材的编写。

此教材的使用对象主要为体育院校的本科学生，尤其是体育教育专业的学生。

在对学生现状、社会对毕业生知识构成的需求、实际教学运行情况等充分调研的基础上，这本《田径运动教程》与以往同类教材相比，在结构和内容方面做了以下的调整。

1. 不再单独编写各运动单项的“技术教学”和“训练”，而是把这些内容的共性成分统归到两章，即“田径运动中的技能培养”和“田径运动中的身体素质训练”。这样做的目的是为了避免某些内容的多次重复，另外，也凸显了知识的整体性，有助于读者的系统学习。至于不同运动项目的专项特点，则主要是用“影响该项目成绩的关键因素”和“专项常用练习方法”来加以体现。

2. 本教材选用了大量的技术图片，其中，“技术动作连续图”均取自于世界顶级选手。这样做的目的不仅是为了突出技术学习的“直观性”原则，同时，也希望这本教材能够成为学生长期保存的专业典籍，甚至在未来的工作和学习中能长期借鉴。

参加本教材的编写人员有（以姓氏笔画为序）：王林（第六章，第七章第六节）；曲淑华（第九章第三节）；孙南（第一章第一、二、三节，第八章第三节）；许占鸣（第八章第三节）；李老民（第八章第二节）；李晓慧（第九章第四节）；李铁录（第五章，第七章第二节）；杨文学（第七章第二节）；何庆忠（第七章第三节）；沈信生（第四章，第八章第一节）；宋世萍（第十章）；张英波（第二章，第九章第一、二节）；赵文姜（第九章第三、五节）；姚国强（第五章）；柴国荣（第七章第五节）；郭元奇（第八章第五节）；袁晓毅（第三章第二、五节）；徐树魁（第九章第五节）；章碧玉（第八章第四节）；阎俊涛（第三章第三、四节）；韩慧（第十章）；谢慧松（第一章第四节）；詹建国（第七章第一、四节）；熊西北（第三章第一节，第十章）。

孙南负责全书的策划、串编和审改工作，张英波和柴国荣参与了部分章节的串稿，北京体育大学教务处赵雯婷负责图片的搜集和整理工作。

感谢国际田联地区发展中心·北京对本教材编写的大力支持。

《田径运动教程》编写组

2013年8月

# 目录 CONTENTS

## 第一章　田径运动概述

2 / 第一节　田径运动的定义
3 / 第二节　田径运动的基本形态
7 / 第三节　世界田径运动
16 / 第四节　中国田径运动

## 第二章　田径运动中的技能培养

26 / 第一节　田径运动技能概述
34 / 第二节　田径运动技能教学的方法
36 / 第三节　田径运动技能培养过程中的教学技能

## 第三章　田径运动中的身体素质训练

43 / 第一节　协调性训练
44 / 第二节　柔韧性训练
49 / 第三节　速度训练
54 / 第四节　耐力训练
58 / 第五节　力量训练

## 第四章　田径运动的竞赛组织

72 / 第一节　田径比赛的准备工作
79 / 第二节　田径比赛的编排记录公告工作

## 第五章 田径运动场地基础知识

86 / 第一节 田径场地概述
87 / 第二节 田径场地设施的有关标准
92 / 第三节 不规则田径场地的设计步骤

## 第六章 竞 走

95 / 第一节 竞走的技术原理
99 / 第二节 竞走各技术阶段动作分析
103 / 第三节 竞走常用练习方法

## 第七章 跑

109 / 第一节 跑的技术原理
117 / 第二节 短 跑
128 / 第三节 中长跑
137 / 第四节 跨栏跑
147 / 第五节 接力跑
155 / 第六节 障碍跑

## 第八章 跳 跃

165 / 第一节 跳跃运动的技术原理
175 / 第二节 跳 高
184 / 第三节 撑竿跳高
195 / 第四节 跳 远
204 / 第五节 三级跳远

## 第九章 投 掷

214 / 第一节 投掷运动的技术原理
221 / 第二节 推铅球
239 / 第三节 掷标枪
251 / 第四节 掷铁饼
260 / 第五节 掷链球

## 第十章 全能运动

273 / 第一节 影响全能运动成绩的主要因素
274 / 第二节 全能运动的训练

# 第一章
# 田径运动概述

国际田径协会联合会　　亚洲田径联合会　　中国田径协会

国际田联网站　http：//www.iaaf.org

亚洲田联网站　http：//www.athleticsasia.org

中国田协网站　http：//www.athletics.org.cn

## 第一节 田径运动的定义

国际田联（International Association of Athletics Federations，英文缩写：IAAF，中文全称：国际田径协会联合会）宪章对田径运动的定义是：径赛运动和田赛运动、公路跑、竞走、越野跑和山地跑。（Track and field，road running，race walking，cross country running and mountain running.）

长期以来，国内对田径运动“定义”的争论颇多，尽管目前倾向于使用国际田联的定义，但仍有不同的看法，为了正确理解这一定义，有必要引入以下的讨论。

国内学者习惯于使用“内涵定义”的逻辑方法。但是，由于田径的基本运动形式为走、跑、跳、投，它们不仅与人类的生活技能，同时也与其他体育项目有着千丝万缕的联系，所以，很难用简明的语言剥离出田径与其他体育项目的区别性辨识特征，这就为“内涵定义”设置了难以突破的困境。就认识程度而言，目前定义“田径运动”的适宜方法为“外延定义”。“外延定义”也是明确概念的常用方法之一，即指出被定义项的外延来明确被定义项的特征。国际田联的定义就是一种典型的外延定义，经检测，这一定义符合逻辑学关于“外延定义”的规则要求。

现代田径运动传入我国时，是以“田径比赛”的形式出现的，故前人很有文采地将“track”翻译成“径赛”，将“field”翻译成“田赛”。事实上，田径运动发展到今天，“径赛”和“田赛”这两个语词已不再是单纯的比赛，而更多的是描述一类运动项目的集合。尽管有些作者已经意识到这一点，并尝试对其进行另外的翻译，但是，尊重语言习惯是概念学研究的基本要求，否则，将会使人不知所云。为了避免歧义，在翻译国际田联的定义时，应将“track”译成“径赛运动”，将“field”译成“田赛运动”，这样就跳出了狭义竞赛的窠臼，意即，它们既可以是竞技项目或训练手段，也可以是体育教学的授课内容，还可以在“全民健身”中发挥积极的作用。

长期以来，国内对“径赛”和“田赛”的定义是：以时间计算成绩的竞走和跑的项目叫“径赛”，以高度和远度计算成绩的跳跃和投掷项目叫“田赛”。实际上，国外在“径赛”的外延方面早已起了变化，有案可查的是从2000年以来，国际田联和奥运会的竞赛资料都明确地表明，“径赛项目（track events）”只包括在田径场跑道上所进行的跑的项目（各种距离的平跑、跨栏跑、障碍跑、接力跑），而公路跑、竞走、越野跑等则分别被列入其他的类别。另外，世界纪录设置了“1小时跑”的项目，这一项目就不是以时间计算成绩的，而是用距离来计算跑的成绩。现代体育运动与国际接轨是势在必行的发展趋势，因此，国内学界应及时地调整对“径赛项目”的认识和界定，即：“径赛”指的是在田径场跑道上所进行的跑的项目。

2003年以后，国际田联“田径定义”的主要变化是加入了山地跑运动（mountain running）。这一运动在国内比较陌生，在国际上（尤其在欧洲），山地跑具有相当的传统性，比如，2008年在瑞士就举办过第24届山地跑世界杯赛。此项运动要求在野外的山地中进行，跑程有一定比例的上下坡路段，目前的主要比赛距离为男子12公里、女子8.4公里。由于这一运动的动作形式为跑步，所以国际田联把它纳入了田径运动的范畴。

经过以上讨论，可以认为，国际田联对于“田径运动”的定义不仅准确地界定了田径运动的外延，同时，它也符合逻辑学的要求，从而明确了“田径运动”的概念。所以，建议国内统一使用这一定义。

径赛运动之一：短跑

田赛运动之一：撑竿跳高

公路跑

竞走

越野跑

山地跑

图1-1　田径运动的组成

# 第二节　田径运动的基本形态

随着人类社会的不断发展与进步，田径运动已呈多元化的存在形态，这种存在的本身就蕴含并彰显了田径运动的不同功能与价值。

## 一、体育竞赛的主要运动项目

单独的田径比赛是最常见的体育竞赛形式之一，同时，在大型综合性运动会上，由于奖牌数量居各项之首，所以，田径运动也一直在扮演着“重头戏”的角色。目前，世界田径锦标赛和奥运会田径赛共设置47个项目，其中男子24项、女子23项（表1-1）。

**表1-1 世界田径锦标赛和奥运会田径赛所设置的项目**

| 男子 | 女子 |
|---|---|
| 100米，200米，400米，800米，1500米，5000米，10000米，3000米障碍，110米栏，400米栏，4×100米接力，4×400米接力<br>马拉松，20公里竞走，50公里竞走<br>跳高，撑竿跳高，跳远，三级跳远<br>铅球，铁饼，标枪，链球<br>十项全能 | 100米，200米，400米，800米，1500米，5000米，10000米，3000米障碍，100米栏，400米栏，4×100米接力，4×400米接力<br>马拉松，20公里竞走<br>跳高，撑竿跳高，跳远，三级跳远<br>铅球，铁饼，标枪，链球<br>七项全能 |

国际田联负责田径世界纪录的设置与审批，以下为“世界纪录”“世界青年纪录”“世界室内纪录”“世界青年室内纪录”的项目设置（表1-2、表1-3）。

**表1-2 国际田联所设置田径“世界纪录”的项目**

| 男子（46项） | 女子（44项） |
|---|---|
| 径赛项目：100米，200米，400米，800米，1000米，1500米，1英里，2000米，3000米，5000米，10000米，20000米，1小时跑，25000米，30000米，3000米障碍，110米栏，400米栏，4×100米接力，4×200米接力，4×400米接力，4×800米接力，4×1500米接力<br>田赛项目：跳高，撑竿跳高，跳远，三级跳远，铅球，铁饼，标枪，链球<br>全能：十项全能<br>竞走：20000米（场地），30000米（场地），50000米（场地），20公里（公路），50公里（公路）<br>公路跑：10公里，15公里，20公里，半程马拉松，25公里，30公里，马拉松，100公里，公路接力（42.195公里） | 径赛项目：100米，200米，400米，800米，1000米，1500米，1英里，2000米，3000米，5000米，10000米，20000米，1小时跑，25000米，30000米，3000米障碍，100米栏，400米栏，4×100米接力，4×200米接力，4×400米接力，4×800米接力<br>田赛项目：跳高，撑竿跳高，跳远，三级跳远，铅球，铁饼，标枪，链球<br>全能：七项全能，十项全能<br>竞走：10000米（场地），20000米（场地），20公里（公路）<br>公路跑：10公里，15公里，20公里，半程马拉松，25公里，30公里，马拉松，100公里，公路接力（42.195公里） |

**表1-3 国际田联所设置田径“世界青年纪录”的项目**

| 男子（26项） | 女子（27项） |
|---|---|
| 径赛项目：100米，200米，400米，800米，1000米，1500米，1英里，3000米，5000米，10000米，3000米障碍，110米栏（栏高：1.067米），400米栏，4×100米接力，4×400米接力<br>田赛项目：跳高，撑竿跳高，跳远，三级跳远，铅球，铁饼，标枪，链球<br>全能：十项全能<br>竞走：10000米（场地），10公里（公路） | 径赛项目：100米，200米，400米，800米，1000米，1500米，1英里，3000米，5000米，10000米，3000米障碍，100米栏，400米栏，4×100米接力，4×400米接力<br>田赛项目：跳高，撑竿跳高，跳远，三级跳远，铅球，铁饼，标枪，链球<br>全能：七项全能，十项全能<br>竞走：10000米（场地），10公里（公路） |

表1–4　国际田联所设置田径“世界室内纪录”的项目

| 男子（22项） | 女子（22项） |
| --- | --- |
| 径赛项目：50米，60米，200米，400米，800米，1000米，1500米，1英里，3000米，5000米，50米栏，60米栏，4×200米接力，4×400米接力，4×800米接力 | 径赛项目：50米，60米，200米，400米，800米，1000米，1500米，1英里，3000米，5000米，50米栏，60米栏，4×200米接力，4×400米接力，4×800米接力 |
| 田赛项目：跳高，撑竿跳高，跳远，三级跳远，铅球 | 田赛项目：跳高，撑竿跳高，跳远，三级跳远，铅球 |
| 全能：七项全能 | 全能：五项全能 |
| 竞走：5000米（场地） | 竞走：3000米（场地） |

表1–5　国际田联所设置田径“世界青年室内纪录”的项目

| 男子（16项） | 女子（16项） |
| --- | --- |
| 径赛项目：60米，200米，400米，800米，1000米，1500米，1英里，3000米，5000米，60米栏 | 径赛项目：60米，200米，400米，800米，1000米，1500米，1英里，3000米，5000米，60米栏 |
| 田赛项目：跳高，撑竿跳高，跳远，三级跳远，铅球 | 田赛项目：跳高，撑竿跳高，跳远，三级跳远，铅球 |
| 全能：七项全能 | 全能：五项全能 |

田径以走、跑、跳、投为基本运动形式，田径竞赛往往又是人体运动能力的直接搏争，所以，田径比赛的结果常被视为是运动员对自身或人类运动能力极限的突破和挑战。直接展现肢体的运动能力一直是人类强烈的表现欲望之一，所以，田径比赛就具有了其独特的可参与性和观赏性。

## 二、运动素质训练的常用方法

广义的“田径运动”除了竞赛所设置的项目外，还应该包括体现了田径元素的，即以走、跑、跳、投为主要运动形式的各种身体练习手段。运动素质是运动员体能的主要组成部分，是机体在活动时所表现出来的各种基本运动能力，通常包括力量、耐力、速度、柔韧和灵敏等。尽管不同的运动项目对运动员的素质提出了不同的专项要求，但是，一般运动素质的发展水平往往具有基础性的作用，即可以促进或制约专项运动素质的发展和提高。

田径练习是许多体育项目在发展运动素质时的常用方法，从这一意义层面看，“田径是运动之母”，这尤其表现在力量素质的训练、耐力素质的训练和速度素质的训练之中。

力量素质是人体神经肌肉系统在工作时克服或对抗阻力的能力。快速力量是力量素质的一种类型，通常指肌肉快速发挥力量的能力，是力量与速度的有机结合，“爆发力”是快速力量的一种表现形式，也是多数体育项目所必需的运动素质。很多田径分解练习或由田径衍生出来的练习手段都可以有效地发展人体下肢的“爆发力”水平，如：立定跳远、蛙跳、多级跨步跳或单足跳、各种跳深或跳栏架练习等。背掷铅球或药球可以发展全身的爆发力。有时也可以将负重长跑作为发展力量耐力的练习手段来使用。

耐力素质是有机体坚持长时间运动的能力。良好的耐力素质有助于运动员更好地克服在训练或比赛中所出现的疲劳现象。通常，耐力可分为有氧耐力和无氧耐力，而人体的有氧供能能力又是无氧供能能力的基础，所以，很多体育项目都需要运动员具有良好的有氧耐力水平。田径的常用练习手段，如：长距离的匀速持续跑、越野跑、法特莱克跑、重复跑、变速跑、间歇跑等都能有效地发展运动员的有氧耐力水平。

速度素质是指人体快速运动的能力。很多体育项目都要求运动员具有良好的身体位移速度水平，即短跑能力。身体的位移速度是一种综合性速度素质，它包含了人体的反应速度、动作速度、动作频率。田径短跑的各种练习手段和方法都能有效地发展身体的位移速度水平。

## 三、强身健体的便利手段

毋庸讳言，与很多体育项目相比，田径动作较为单调，运动过程中又缺乏相应的娱乐色彩，尤其是共娱性，这就使得参与者往往会感到枯燥，所以，在以增进身心健康为主要目标的大众性体育健身活动中，田径运动的手段呈现还不够丰富，尤其在跳跃和投掷运动方面。目前较为流行的有长跑、健身走等。

但是，田径运动受场地、器材、时间、气候等因素的影响较小，同时，也不像很多球类项目一样，必须要有数人的共同参与，所以，田径运动是一种十分便利的健身手段。比如，风靡世界的有氧锻炼方法，可以有效地提高心血管和呼吸机能，促进新陈代谢，并减少脂肪的堆积，长跑、快走、游泳、骑自行车、滑雪、韵律操等都是有氧锻炼的有效手段，但相比之下，长跑和健身走则受客观条件的限制较少，非常方便，特别是长跑，可以用较少的时间达到相同的锻炼价值，所以，普遍认为，长跑是一种投入和产出比值较高的有氧锻炼手段。有材料显示，长跑是全球参与人数最多的体育锻炼手段。

在国际田联对田径运动的定义中，明示仅“竞走”（race walking）是田径运动的组成部分，而国际田联又对“竞走”运动进行了明确的定义：“竞走是行走者与地面保持接触、连续向前迈进的过程。没有（人眼）可见的腾空。前腿从触地瞬间至垂直部位应该伸直（即膝关节不得弯曲）。”但从事物的起源看，“竞走”是从“行走”演变发展而来的，国际田联对“竞走”的定义是为了避免在竞赛判罚时产生过多的歧义。因此，在大众健身的语境中，健身走等“走步”运动应该被视为田径范畴的锻炼手段，健身走也是一种很好的有氧练习，同时，还可以调剂情绪，缓解疲劳，不易损伤，特别适宜腰腿不便的中老年人群。

目前，有人倡议对“竞走”进行健身化的改造，即行走者按照竞走技术的基本动作外形（尤其是摆臂和髋部动作），又不恪守国际田联的“竞走”定义，来进行强身健体的体育锻炼。这种有益的探索，与许多类似“花式田径”（增加田径运动过程中的趣味性因素）的思考和实践一样，都将极大地促进田径运动在大众性体育健身活动中的重要作用。

## 四、体育教学的基本内容

走、跑、跳、投可以直接反映人体的基本运动能力，同时，人们在这些方面的能力水平和技术掌握程度，往往也会影响他们在很多体育项目上的发展前景。另外，田径运动还能有效地培养参与者的吃苦耐劳和顽强拼搏的精神品质。所以，在以传授体育知识和技能、锻炼身体、促进人的身心发展为目标的各级各类体育教学活动中，田径运动都是最为普及的基本授课内容。

# 第三节　世界田径运动

短跑是初期古代奥运会的唯一比赛项目，当时跑距约为一个“stadium”（又称“stade”，古希腊的长度单位，约607英尺，185米）。在1896 年举行的第一届现代奥林匹克运动会上，田径是参赛国家最多的主要比赛项目。

1912年是现代田径运动发展历史上最重要的年份，因为在这一年的7月17日，国际业余田径联合会（International Amateur Athletics Federation，国际田联的前身）在瑞典的斯德哥尔摩成立（图1-2），自此，世界田径运动开始走上了生机勃勃的有序之路。国际田联是全球田径运动的管理组织，总部设在摩纳哥（图1-3），目前计有212个会员协会，现任主席塞巴斯蒂安·柯伊（英国）。2012年，国际田联在西班牙巴塞罗那举行了盛大的百年华诞庆典，其主题为“田径卓越100年（100 years of Athletics Excellence）”。

图1-2　早年的国际业余田径联合会会标

图1-3　国际田联总部（摩纳哥）

图1-4　北京体育大学校长杨桦授予时任国际田联主席拉明·迪亚克名誉博士学位（2006年）

比赛是国际田径运动发展的主要杠杆。但直到并包括1980年莫斯科奥运会，国际田联一直是把奥运会的田径比赛同时也作为世界田径锦标赛来看待的。1978年，国际田联作出了历史性的决议，即组织单独的世界锦标赛，1983年在赫尔辛基举办了第一届世界田径锦标赛，这一重要举措为世界田径运动的发展注入了极大的生命活力。目前，除了奥运会的田径比赛外，国际田联还拥有自己的系列赛事，诸如：世界田径锦标赛、世界室内田径锦标赛、世界青年田径锦标赛、世界少年田径锦标赛、国际田联洲际杯赛、世界半程马拉松锦标赛、竞走世界杯赛、世界越野锦标赛等。为了提高田径比赛的观赏性，国际田联还推出了“一日赛”，如：钻石联赛、国际挑战赛等。国际田径比赛的数量增加，不仅为运动员提供了更多的竞技舞台，同时，也极有力地宣传和展示了田径运动，满足了广大民众的欣赏需求，例如：全球共有180个国家和地区转播了2007年的大阪世界田径锦标赛，约有51亿人次通过不同的渠道和媒介观看了这次比赛。

第一部国际田径竞赛规则于1914年诞生（国际田径竞赛规则的修改权归属于国际田联代表大会）。此后，为了营造公平的竞赛环境，以保证国际田径比赛的可靠性和可信性，根据运动员技术和场地器材设施的变化，国际田径竞赛规则得到了多次的修订。1926年荷兰田径协会首次使用了终点照相技术。1977年，国际田联决定400米以下的项目（现规则为800米以下的项目），只有全自动电子计时的成绩方能被承认为世界纪录（图1-5）。1981年决定，10000米以下的电子计时成绩的计量单位为百分之一秒。

图1-5　电子计时的终点图像

国际田联于1914年首次发布了田径世界纪录（当时女子项目未被列入）。重要的变化发生在1976年，“英制”距离项目（除男女1英里跑外）的世界纪录都被取消了。2004年国际田联开始设立马拉松和竞走等公路项目的世界纪录。目前，国际田联设置了“世界田径纪录”“世界室内田径纪录”“世界青年田径纪录”“世界室内青年田径纪录”，共计219个项目，并授权国际田联主席和秘书长联名承认世界纪录。

国际田联非常重视女子田径运动的开展，1924年决定，把一些女子项目（100米、800米、4×100米接力、跳高和铅球）列入阿姆斯特丹奥运会的田径比赛。随着女子3000米障碍跑在2008年北京奥运会上的首次登场，在世界锦标赛和奥运会上，除了50公里竞走以外，男女的比赛项目已趋于相同。

随着世界体育的职业化和商业化发展，1982年国际田联开始修改运动员必须是“业余”的资格限定，1999年同意运动员在国际比赛中得到出场费和奖金。2001年国际田联易名，即把“国际业余田径联合会（International

图1-6　国际田联现用会标

Amateur Athletics Federation）”改为“国际田径协会联合会（International Association of Athletics Federations）”（图1-6），其中主要的区别是去掉了“业余（Amateur）”一词，这种改变为国际田联的商业化运作开辟了广阔的道路。目前，国际田联拥有多家声名显赫的合作伙伴和赞助商，这种资金方面的保证，不仅促进了世界田径运动在多方位的深入发展，同时，也为运动员创造了不可或缺的经济利益。

图1-7　布勃卡破世界纪录时所使用的玻璃钢撑竿

在田径运动的发展历程中，场地器材的变化，有时能对运动技术水平的提升产生巨大的促进作用。典型的事例是“玻璃钢撑竿”的问世（图1-7）和1968年墨西哥奥运会开始使用的“塑胶跑道”。

在田径运动的发展历程中，运动技术产生了许多变革，这些变革的总体特征是技术动作更加经济化和实效化，例如走步式跳远、旋转式推铅球等等。典型的事例是在1968年的墨西哥奥运会上，美国跳高运动员福斯贝里采用了一种全新的技术获得了冠军——“背越式跳高”（图1-8）由此诞生并统领世界。

图1-8　欧洲冠军罗伯特·格拉帕斯（英国，2.37米）的背越式跳高

滥用违禁药物的现象在以体能为主导竞技能力的田径运动中时有发生，典型的丑闻是在1988年汉城奥运会上，以9.79秒夺冠的加拿大运动员本·约翰逊，赛后被查出服用了违禁药物。国际田联是坚定的反对使用兴奋剂的国际体育组织，早在1928年，国际田联就第一个颁布了反对使用兴奋剂的规则。现在，国际田联不仅在所有的重要比赛中进行兴奋剂检测，同时，赛外随机检查已经成为国际田联的工作常态。

在田径竞赛的世界格局中，美国是头号强国。20世纪70年代，曾形成过美国、苏联、民主德国三强鼎立的局面。近年来，非洲长跑项目和牙买加短跑项目的崛起，使世界田坛出现了多极化的发展趋势，一些国家的传统强项的垄断地位也开始被瓦解和分流，例如美国的短跑项目。表1-6和表1-7分别为2011年大邱世锦赛和2012年伦敦奥运会田径赛的奖牌前六名的排名情况。

**表1-6　大邱世界田径锦标赛（2011）**

| 国家 | 金牌 | 银牌 | 铜牌 | 总计 |
| --- | --- | --- | --- | --- |
| 美国 | 12 | 8 | 5 | 25 |
| 俄罗斯 | 9 | 4 | 6 | 16 |
| 肯尼亚 | 7 | 6 | 4 | 17 |
| 牙买加 | 4 | 4 | 1 | 9 |
| 德国 | 3 | 3 | 1 | 7 |
| 英国 | 2 | 4 | 1 | 7 |

**表1-7　伦敦奥运会田径赛（2012）**

| 国家 | 金牌 | 银牌 | 铜牌 | 总计 |
| --- | --- | --- | --- | --- |
| 美国 | 9 | 13 | 7 | 29 |
| 俄罗斯 | 8 | 5 | 5 | 18 |
| 牙买加 | 4 | 4 | 4 | 12 |
| 英国 | 4 | 1 | 1 | 6 |
| 埃塞俄比亚 | 3 | 1 | 3 | 7 |
| 肯尼亚 | 2 | 4 | 5 | 11 |

在现代田径运动百余年的历史进程中，曾出现过一些璀璨夺目的田径巨星，为了彪炳他们的辉煌业绩，国际田联在2012年首次推出了“国际田联名人堂”，最终有24人荣誉入选。

**约兰达·巴拉斯（罗马尼亚 女 1936—2016）**
**IOLANDA BALAS (ROU)**

**第一个跳过1.80米的女人**
1960/1964年奥运会跳高冠军
跳高世界纪录创造者

**阿比比·比基拉（埃塞俄比亚 男 1932—1973）**
**ABEBE BIKILA (ETH)**

**光脚的马拉松偶像**
1960/1964年奥运会马拉松冠军
马拉松世界纪录创造者

**范妮·布兰克斯-科恩（荷兰 女1918—2004）**
**FANNY BLANKERS-KOEN(NED)**

**20世纪的女星**
1948年奥运会100米/200米/80米栏冠军
100米/80米栏/跳高/跳远/五项全能世界纪录创造者

**谢尔盖·布勃卡（乌克兰 男 1963—）**
**SERGEY BUBKA(UKR)**

**撑竿沙皇**
1988年奥运会撑竿跳高冠军
6次世界冠军获得者
保持撑竿跳高世界纪录至今长达28年之久

**塞巴斯蒂安·科伊（英国 男 1956—）**
**SEBASTIAN COE(GBR)**

**中跑勋爵**
1980/1984年奥运会1500米冠军
800米/1000米/1500米/1英里世界纪录创造者

**贝蒂·卡斯伯特（澳大利亚 女 1938—2017）**
**BETTY CUTHBERT (AUS)**

**墨尔本奥运会的宠儿**
1956年奥运会100米/200米冠军
1964年奥运会400米冠军
200米世界纪录创造者

**米尔得雷德·迪德里克森（美国 女 1911—1956）**
**MILDRED DIDRIKSON(USA)**

天赐良才

1932年奥运会80米栏/标枪冠军

80米栏/跳高/标枪世界纪录创造者

**弗拉基米尔·格鲁布尼奇（乌克兰 男 1936—）**
**VLADIMIR GOLUBNCHIY(UKR)**

竞走者

1960/1968年奥运会20公里竞走冠军

20公里竞走世界纪录创造者

**迈克尔·约翰逊（美国 男 1967—）**
**MICHAEL JOHNSON (USA)**

穿金跑鞋的男人

1996年奥运会200米/400米冠军

2000年奥运会400米冠军

6次世界冠军获得者

200米/400米世界纪录创造者

**杰基·乔伊娜-克西（美国 女 1962—）**
**JACKIE JOYNER-KERSEE(USA)**

最伟大的全能女人

1988年奥运会跳远/七项全能冠军

1992年奥运会七项全能冠军

跳远/七项全能世界纪录创造者

4次世界冠军获得者

**阿尔波特·均托瑞纳（古巴 男 1950—）**
**ALBERTO JUANTORENA(CUB)**

骏马

1976年奥运会400米/800米冠军

800米世界纪录创造者

**吉普乔治·凯诺（肯尼亚 男 1940—）**
**KIPCHOGE KEINO (KEN)**

肯尼亚的骄傲

1968年奥运会1500米冠军

1972年奥运会3000米障碍冠军

3000米/5000米世界纪录创造者

**斯特芙卡·科斯塔迪诺娃（保加利亚 女 1965—）**
**STEFKA KOSTADINOVA(BUL)**

时髦的跳跃者
1996年奥运会跳高冠军
2次世界冠军获得者
保持跳高世界纪录至今长达26年之久

**卡尔·刘易斯（美国 男 1961—）**
**CARL LEWIS(USA)**

20世纪的男星
1984年奥运会100米/200米/跳远冠军
1988年奥运会100米/跳远冠军
1992/1996年奥运会跳远冠军
100米世界纪录创造者 5次世界冠军获得者

**埃德文·摩西（美国 男 1955—）**
**EDWIN MOSES (USA)**

20世纪最杰出的跨栏者
1976/1984年奥运会400米栏冠军
400米栏世界纪录创造者
2次世界冠军获得者

**帕沃·鲁米（芬兰 男 1897–1973—）**
**PAAVO NURMI (FIN)**

飞翔的芬兰人
1920/1928年奥运会10000米冠军
1924年奥运会1500米/5000米冠军
1500米/1英里/3000米/5000米/10000米世界纪录创造者

**丹·奥布赖恩（美国 男 1966—）**
**DAN O'BRIEN(USA)**

90年代的全能巨星
1996年奥运会十项全能冠军
3次世界冠军获得者
十项全能世界纪录创造者

**阿尔弗雷德·厄特（美国 男 1936—2007）**
**AL OERTER (USA)**

不可思议的投掷者
1956/1960/1964/1968年奥运会铁饼冠军
铁饼世界纪录创造者

**杰西·欧文斯（美国 男1913—1980）**
**JESSE OWENS (USA)**

田径传奇
1936年奥运会100米/200米/跳远冠军
100米/200米/跳远世界纪录创造者

**阿德马尔·达西尔瓦（巴西 男 1927—2001）**
**ADHEMAR DA SILVA(BRA)**

南美洲最伟大的埃弗（伟大之星）
1952/1956年奥运会三级跳远冠军
三级跳远世界纪录创造者

**彼得·斯内尔（新西兰 男 1938—）**
**PETER SNELL(NZL)**

20世纪新西兰的体育冠军
1960/1964年奥运会800米冠军
1964年奥运会1500米冠军
800米/1000米/1英里世界纪录创造者

**伊伦娜·谢文斯卡（波兰 女 1946—2018）**
**IRENA SZEWINSKA(POL)**

短跑常青树
1968年奥运会200米冠军
1976奥运会400米冠军
100米/200米/400米世界纪录创造者

**王军霞（中国 女 1973—）**
**WANG JUNXIA (CHN)**

跑道上的首个亚洲奥运冠军
1996年奥运会5000米冠军
1993年世锦赛10000米冠军
3000米/10000米世界纪录创造者

**埃米尔·扎托佩克（捷克斯洛伐克 男 1922—2000）**
**EMIL ZATOPEK(TCH)**

人类的火车头
1948年奥运会10000米冠军
1952年奥运会5000米/10000米/马拉松冠军
5000米/10000米世界纪录创造者

如果说以上24位田坛的宿星们还在人们的记忆中熠熠生辉的话，那么，在当今国际赛场上，许许多多的新锐正在光芒四射。国际田联年度最佳运动员就是他们之中的杰出代表。2012年，牙买加“闪电”博尔特第四次荣膺“年度最佳”，超越了摩洛哥长跑传奇奎罗伊，成为历史上第一位四次获得国际田联年度最佳殊荣的运动员。（图1-9、表1-8）

图1-9　国际田联主席和摩纳哥王子向“2012年度最佳运动员”颁奖

**表1-8　近期“国际田联年度最佳运动员”**

| 2012 | 2011 | 2010 |
|---|---|---|
| 男子：<br>博尔特（牙买加）— 伦敦奥运会100米、200米、4×100米接力三枚金牌得主。100米、200米和4×100米接力三项世界纪录的保持者。 | 男子：<br>博尔特（牙买加）— 大邱世锦赛200米冠军，率领牙买加4×100米接力队打破世界纪录并夺冠。 | 男子：<br>鲁迪沙（肯尼亚）— 800米世界纪录保持者。本赛季两次打破男子800米世界纪录，而且在这个项目中保持12场比赛不败。 |
| 女子：<br>菲利克斯（美国）— 伦敦奥运会200米、4×100米和4×400米接力三枚金牌得主。 | 女子：<br>佩尔森（澳大利亚）— 在大邱世锦赛上，以12秒28的成绩夺得女子100米栏冠军，这个成绩排在历史第四位。 | 女子：<br>维拉西奇（克罗地亚）— 两届世锦赛跳高冠军。在本赛季的20场比赛中18次夺冠，她也曾跳出过2.08米的世界第二最好成绩。 |

田径知识的教育和田径文化的普及是国际田联持之以恒的工作内容。富有特色的包含五个级别的“教练员培训与认证系统”已通过国际田联在全球的九个地区发展中心得以实施，其中，负责东亚地区事务的发展中心设立在北京体育大学。国际田联十分重视在少年儿童中间普及田径运动，极具创意的“国际田联少儿趣味田径”运动受到了150多个国家和地区的少年儿童的青睐，国际田联的工作目标是“在世界范围内，把田径打造成为学校的第一体育运动项目”。（图1-10）

图1-10　国际田联少儿趣味田径

亚洲田径联合会（Asian Athletics Association，缩写AAA）成立于1973年，总部设在新加坡，具体负责亚洲地区的田径事务和举办亚洲级别的田径赛事。

中国田径协会于1978年重新成为国际田联的会员协会。近年来，中国田径协会对国际田径事务做出了重要的贡献，除了已举办过的奥运会田径赛、世界青年田径锦标赛、竞走世界杯赛等，在未来几年内，世界田径锦标赛和世界越野锦标赛也将在中国举行。中国田径协会前主席楼大鹏先生曾在1999—2007年间担任国际田联的副主席（现任国际田联终身荣誉副主席）。作为世界第七大石油公司的“中国石化”现已成为国际田联的官方合作伙伴。

# 第四节　中国田径运动

## 一、旧中国田径运动

旧中国第一、第二届（1910年、1914年）全运会田径赛的组织、规程制定和裁判等工作多为外籍教师包办，径赛距离和田赛成绩丈量均采用英制单位，如100码、跳远（呎、吋）、铅球（磅）等等，参赛人数约几十人。第一届全运会于1910年在南京举行，比赛11个项目，上海运动员获多项冠军；第二届全运会比赛的项目为13项。

1924年第三届全运会的田径赛由中国人自己操作主办，田径赛场地丈量和田赛成绩计算开始采用公制单位，设19个比赛项目。

1930年第四届全运会在浙江省杭州市举行，男女运动员共1 627人，超过以往任何一届。田径赛共设26个项目，其中增设了7个女子单项和1项4×50米接力。辽宁、上海的田径实力居全国之首，广东次之。

1933年第五届全运会在南京召开，田径赛女子项目增至11项，远远多于1936年奥运会的女子项目（6项）。可见，当时中国田径界对于开展女子田径运动的重视程度。这届全运会的田径成绩为旧中国的最高水平，上海开始称霸，北平、河北进入男子三强，广东女子处于第二位。（图1-11）

刘长春：中国早期的男子短跑名将，第一个代表中国参加奥运会的运动员。1933年在旧中国第五届全国运动会上，刘长春以10.7秒和22秒的成绩再创100米、200米两项全国纪录，并获冠军。其中10.7秒的100米纪录保持长达25年之久，直到1958年才被解放军运动员梁建勋打破。

图1-11　刘长春参加100米赛跑

1935年第六届全运会在上海举行，田径赛成绩普遍提高，因而角逐异常激烈，新秀与老将之争颇为精彩。在男女31个项目的比赛中，多数成绩有所提高。上海仍然稳坐霸位，马来西亚华侨、辽宁进入三强。广东、北平、山西挤入六强之列。辽宁、北平、哈尔滨等原实力较强的省市，因日本侵华战争，其田径运动水平受到了影响。

1948年第七届全运会在上海举行，运动会规模之大，参赛人数之多是前所未有的。这届大会田径比赛将全能项目取消，男子5公里竞走单独列项比赛。田径赛共有11人打破8项全国纪录，总体比赛成绩平平。

在旧中国，中国田径运动员参加过3届奥运会。

1932年在美国洛杉矶举行第十届奥运会，此时，中国正处于“9·18”事变之后，国难当头，日本帝国主义侵占了中国东北，经“中华体协”努力，张学良捐资，刘长春等4人克服各种困难参加了第十届奥运会。由于他长途跋涉，体力消耗过大，在100米、200米的预赛中均因成绩不佳被淘汰。他是中国第一位参加奥运会的运动员。

1936年在德国柏林举行的第十一届奥运会，中国派出了23名田径运动员参加比赛。除符保卢的撑竿跳高以3.80米通过及格赛外，其他选手均未达标。1948年在英国伦敦举行的第十四届奥运会，中国派了3名田径选手参加，但在预赛中均被淘汰。

1912—1934年共举行过10届远东运动会。开始只有中国和菲律宾参加比赛，好似对抗赛，后来又有日本和印度的少数运动员参加。所谓远东运动会，实际上主要参赛者是中国、菲律宾和日本。中国历届参赛人数不少，但成绩很差，开始两届较容易地取得了一些名次，但第三届后取得名次渐少，在第七届的15个田径项目比赛中，日本获得11个第1名，中国仅得2个第2名和1个第4名。

旧中国经济十分落后，遭受国内外战争影响，社会动乱，民不聊生。所以，从20世纪初至1948年近半个世纪的中国田径运动水平都很低，与世界田径水平相比，大约落后了半个世纪。

## 二、新中国田径运动

中华人民共和国成立后，国民经济建设事业得到了迅速的恢复与发展。各级政府、学校贯彻执行"发展体育运动，增强人民体质"的方针，"田径是基础"成为广泛共识。从1959—2009年，中华人民共和国共举行了11届全国运动会。

1959年第一届全运会在首都工人体育场隆重开幕，国务院副总理兼国家体委主任贺龙致开幕词。参加田径比赛的选手共1 299名，在10天比赛中，田径赛成绩获得大幅度的提高。据统计，中国已有11个田径项目超过了第十六届奥运会第6名的成绩，其中姜玉民100米11.6秒，刘正80米低栏10.8秒，郑凤荣跳高1.75米，均可进入当年世界各项前10名之列。男子田径成绩与1928年奥运会的成绩基本相同，差距约由原来的半个世纪缩短到30年；女子田径成绩与1948年奥运会的成绩基本相同，差距约为10年。（图1–12）

郑凤荣：女子跳高运动员，山东济南人。1953年入国家田径队。在1954年全国田径运动会上，以1.45米的成绩打破女子跳高全国纪录。1957年在柏林国际田径比赛中，以1.72米的成绩获女子跳高第一名。同年在北京市田径运动会上，以1.77米的成绩打破女子跳高世界纪录，成为中国第一个打破世界纪录的女选手。曾获国家体育运动荣誉奖章。

图1–12　郑凤荣的剪式跳高

1965年第二届全运会在北京举行，田径赛成绩又获得大幅度的提高。田径比赛中共有75人80次打破21个项目的全国纪录，18人11项达到当时世界先进水平，其中，陈家全以10.2秒改写男子100米的全国纪录。20世纪60年代中期，中国田径运动有些项目的成绩已经达到或接近世界水平，有8个项目的成绩达到世界先进水平。

1963年，中国台湾地区选手杨传广创造了男子十项全能的世界纪录——9121分（按1985年的评分表计为8009分），当时轰动世界体坛，1964年他又在第十八届奥运会上获得十项全能的银牌。

这期间，在大约17年的时间里，中国引进和出版了苏联、美国、日本等大量的田径专著、杂志和教材，国内专家学者也发表了许多田径专著、论文，出版了大量的田径教材等等。田径运动教学、训练与科学研究工作呈现出一派繁荣景象。

1975年第三届全运会田径赛的成绩大幅度下降，其主要原因是中国田径运动遭受了“文革”的破坏。田径比赛只有6人6次打破3项全国纪录，仅占41个比赛项目的7%左右，比第一届和第二届全运会明显减少。

1979年在北京举行了第四届全运会。经过激烈的竞争，运动成绩获得大幅度提高。本次全运会的特点是：中长跑项目和新开设电动计时的短距离项目的全国纪录大批被打破；预赛成绩比决赛成绩好得多；几名尖子选手获双料冠军，使金牌相对集中；开设少年组的比赛；按金牌数排列名次，开始强化金牌意识。（图1-13）

邹振先：1976年入选国家田径集训队，在北京地区田径比赛中以16.60米的成绩打破三级跳远全国纪录。1977年在与南斯拉夫田径队的比赛中以7.81米打破跳远全国纪录，1978年获第八届亚洲运动会三级跳远银牌，成绩是16.47米，破亚运会纪录。1979年获第四届全运会冠军。1981年获第四届亚洲田径锦标赛冠军（17.05米），7月在第十一届世界大学生运动会上，以17.32米的成绩获得金牌并打破大会纪录和亚洲纪录，9月在第三届世界杯田径赛中以17.34米获得亚军，并破亚洲纪录。1984年洛杉矶奥运会获得第5名，曾被评为全国十佳运动员。

图1-13　邹振先的三级跳远

1983年第五届全运会在上海举行，共进行了43个田径项目的比赛，其中新增加的项目有男子50公里竞走、女子马拉松、5000米竞走（场地）、10公里竞走（公路），女子五项全能改为七项全能。经过5天激烈的竞争，共有18人打破10项全国纪录，朱建华在预赛和决赛中2次刷新世界纪录。（图1-4）

朱建华：1981年在亚洲田径锦标赛上以2.30米的成绩破亚洲纪录。1983年6月到1984年6月间，连续3次打破男子跳高世界纪录，将其从2.35米提高到2.39米。1983年6月11日，他在全运会预赛中跳出2.37米，一举打破世界纪录；同年9月22日，他在全运会上以2.38米的成绩打破自己保持的世界纪录；1984年6月10日，在联邦德国举行的一场跳高比赛中，朱建华将世界纪录再次提高到了2.39米，这一成绩也是他运动生涯的顶峰。

图1-14　朱建华的背越式跳高

1984年，中华人民共和国运动员首次参加了第23届奥运会。朱建华获男子跳高铜牌。有7人5项进入前8名，田径共得24分。

1987年第六届全运会在广州举行。田径比赛在设项和计分方法上，基本与奥运会接轨。运动成绩绝大部分比上届全运会有大幅度的提高，男女短跨项目有新的突破，男女竞走、马拉松从“冷门”变成了“热门”项目，部分省市重点项目优势突出。河北铅球老将李梅素，在比赛中6次试掷有5次成绩超过全国和亚洲纪录，技术和成绩非常稳定。（图1-15）

李梅素：1976年进入了河北省田径队，1982年以17.77米获得第九届亚运会女子铅球冠军，并打破亚运会纪录。1984年她6次刷新女子铅球亚洲纪录，同年在洛杉矶奥运会上以17.96米获得第5名。1987年在第六届全国运动会上，李梅素以20.87米和20.95米的成绩两破亚洲纪录，并获金牌，列当年世界第7名。1988年李梅素达到了运动生涯的顶峰，她先是以21.76米的优异成绩刷新了由她保持的亚洲纪录（纪录保持至今），接着在第24届奥运会上以21.06米获女子铅球铜牌，实现了中国投掷项目奥运奖牌“零的突破”。这也是亚洲各参赛国在这届奥运会田径比赛中获得的唯一奖牌。

图1-15　李梅素的铅球出手瞬间

1988年第24届奥运会，我国女子铅球运动员李梅素以21.06米的成绩获铜牌，田径共得14分。

1990年在北京举行了第十一届亚运会，我国田径运动员共获得29个冠军。中国田径在亚洲处于优势地位。

1991年，我国运动员在第三届世界田径锦标赛上获得令人瞩目的成绩，黄志红、徐德妹分别获得女子铅球、标枪金牌，女子竞走、长跑、投掷和男子110米栏也取得了较好的名次。

1992年第25届奥运会，我国女子运动员陈跃玲获得10公里竞走金牌，实现奥运会田径金牌零的突破。黄志红获女子铅球银牌，曲云霞获女子1500米铜牌，李春秀获女子10公里竞走铜牌，有12人7项进入前8名，共得54分。

1993年我国运动员在第四届世界田径锦标赛上，获4金、2银、3铜的好成绩，共得75分，总分排在第6位。

1993年在北京举行的第七届全运会，田径共设44项比赛，其中40项成绩都比上届有大幅度的提高。王军霞打破了3000米、10000米的世界纪录（图1-16），曲云霞打破了女子1500米的世界纪录，还有3人打破了3项世界青年纪录，13人创造了13项亚洲纪录，32人打破了17项全国纪录。马俊仁教练在女子中长跑训练中的辉煌成就，引起了国内外的关注。

王军霞：奥运冠军，是中国历史上最出色的田径选手之一，被誉为“东方神鹿”。1993年在世界田径锦标赛上获得10000米金牌，同年在第七届全运会上打破了女子3000米和10000米的世界纪录。在1996年亚特兰大奥运会上获得女子5000米金牌，成为中国首位获得奥运会长跑金牌的运动员。在2012年11月24日国际田联百年庆典仪式上，王军霞入选国际田联名人堂，是中国乃至亚洲首位入选的田径运动员。

图1-16　王军霞获奥运金牌

我国运动员在1995年、1997年第五届、第六届世界田径锦标赛上的比赛成绩有所下降。

在1996年第26届亚特兰大奥运会田径赛中，王军霞分获女子5000米金牌和10000米银牌。女子铅球、竞走分获银牌和铜牌，8人成绩进入前8名，共得41分。

1997年在上海举行了第八届全运会，田径比赛共设45个项目，其中43个项目的比赛成绩比上届稍有提高。姜波创造了女子5000米的世界纪录。

1999年第七届世界田径锦标赛，我国运动员刘宏宇、王妍分获女子20公里竞走的金银牌。其他运动员未获奖牌，成绩一般。

2000年在悉尼举行的第27届奥运会，我国田径运动员王丽萍获得女子20公里竞走的金牌，李季获女子10000米第7名，中国女子4×100米接力跑获得第8名。

2001年第八届世界田径锦标赛，我国运动员董艳梅获女子5000米第4名，高淑英获女子撑竿跳高第5名。

2001年11月，我国举行了第九届全运会，田径设46个比赛项目。第九届全运会田径比赛的成绩明显低于第七届和第八届。齐海峰在此届全运会中打破男子十项全国纪录。（图1-17）

2002年第十四届亚运会，我国田径运动员获14项冠军，印度8项、沙特阿拉伯7项、日本2项，亚洲田径水平有了新的进展，亚洲田径呈现新的格局。

2003年8月第九届世界田径锦标赛，我国运动员刘翔等7人5项获得前8名的成绩，为提高中国田径运动水平带来了新的希望。

齐海峰：2002年进入国家集训队。第九届全运会获得十项全能冠军并打破全国纪录。自2001年世界大学生运动会起，齐海峰已经3次在比赛中达到8000分以上，成为中国大陆第一位超8000分大关的十项全能运动员。其特点是作风硬，跑、跳项目相对突出。

图1-17　男子全能选手齐海峰

2004年8月在雅典举行的第28届奥运会上，我国运动员刘翔获男子110米栏金牌，并以12.91秒的成绩平世界纪录，邢慧娜获女子10000米金牌。田径赛共获得33分（男17分，女16分），取得了较好的成绩。刘翔110米栏的成就在国内外引起了很大的震撼和影响。日本读卖新闻称：“在要求高速度和高技术的跨栏项目上，亚洲选手登上世界巅峰，这是史无前例的胜利。”外电报道还将此称为“中国田径的新纪元”。（图1-18）

刘翔：在2004年雅典奥运会上，中国男子110米跨栏选手刘翔在决赛中以完美的一跑，不仅以12.91秒平了已保持了11年之久的世界纪录，打破了奥运会纪录，还开创了多项第一，即：为中国夺取了第一个田径男子项目的奥运会冠军，是第一位获奥运会田径男子短跑项目冠军的黄种人。在瑞士洛桑田径超级大奖赛中，他以12.88秒打破了保持13年之久的世界纪录。

图1-18　110米栏王刘翔

2005年8月第十届世界田径锦标赛，我国运动员刘翔（110米栏银牌）等11人10项进入前8名，比第九届有明显的提高。

2005年10月，我国举行了第十届全运会，女子中跑和400米栏涌现出了具有较强竞争能力的新秀。

2006年刘翔在瑞士洛桑举行的田径超级大奖赛中，以12.88秒打破了保持13年之久的世界纪录。这给全世界的华人以很大的鼓舞，增强了中国田径工作者、运动员的信心和力量。

2008年第29届奥运会在北京举行，主场作战的中国田径队，尽管派出了77人（男子32人，女子45人）的庞大阵容参赛，但却得到了未见金牌入账的尴尬。在强手如林的女子链球决赛中，张文秀顶住压力，以74.32米为中国队收获一铜。女子马拉松决赛，周春秀拼尽全力，以2小时27分07秒为中国队再添1枚铜牌，她的队友朱晓琳则以2小时27分16秒获得第4。而赛前被认为是夺金最大希望的刘翔，则在男子110米栏预赛的时候因伤退出了比赛。王浩以1小时19分47秒获得男子10公里竞走的第4名，刘虹以1小时27分17秒获得女子20公里竞走的第4名。

2009年第十二届世界田径锦标赛在德国柏林圆满举行，中国军团以1金1银2铜取得了16年来的世锦赛最好成绩。

2009年第十一届全国运动会在山东济南举行，与上届全运会田径赛相比，在男子24个项目中有12个项目的成绩以微弱优势胜出，在女子22个项目中仅有7项成绩好于上届。其中河北选手李延熙打破了沉寂28年之久的男子三级跳远纪录，李艳凤获得女子铁饼金牌。（图1-19）

2011年大邱世界田径锦标赛，在万众瞩目的男子110米栏决赛里，刘翔获得银牌。在男子20公里竞走中王镇获得第4名。在女子铁饼比赛中，李艳凤击败德国的穆勒和古巴的巴里奥斯两位名将获得女子铁饼冠军。

李艳凤：中国女子田径队运动员，主攻铁饼项目。曾在广州亚运会女子铁饼比赛中夺得金牌。2009年10月在第十一届全运会上，李艳凤以66.40米的成绩获得金牌。2011年8月28日，在大邱世界田径锦标赛中凭借第二投66.52米的成绩，夺得中国首枚世锦赛铁饼金牌。2012年伦敦奥运会获女子铁饼季军。

图1-19　世锦赛铁饼金牌得主李艳凤

在2012年伦敦奥运会上，中国田径队赢得1金4铜，创奥运征战28年来奖牌数最多的纪录。尽管跨栏巨星刘翔因伤夺冠梦碎，但中国竞走队的崛起、女子投掷项目的稳定发挥仍令人振奋。男子20公里竞走运动员陈定成为刘翔之后，中国田径史上的第二位男子奥运冠军，他的队友王镇获得铜牌，蔡泽林第4。女子20公里竞走，藏族90后小姑娘切阳什姐拼得铜牌，成为史上第一位藏族奥运奖牌获得者，她的队友刘虹名列第4。男子50公里竞走司天峰获得了季军。世锦赛冠军李艳凤尽管未能完成女子铁饼的大满贯壮举，但还是收获了一块铜牌。

目前，中国田径在亚洲的整体实力虽然首屈一指，但已受到周边国家的严峻挑战，与美国、英国等发达国家相比，中国田径还需不断努力，这就要求我国田径工作者必须努力学习和研究国内外先进的田径理论与经验，采取有力措施，用创造性的智慧和劳动，科学、艰苦地工作和训练，从而不断提高中国田径运动的水平。

## 思考题

1. 如何正确理解国际田联关于“田径运动”的定义？
2. 根据目前国际通行的分类，“径赛运动”包括哪些田径项目？
3. 为什么说“田径是运动之母”？
4. 试分析田径运动在大众体育健身活动中的作用，今后的发展方向是什么？
5. 2001年国际田联易名的背景和意义主要是什么？
6. 目前，中国田径运动有哪些优势项目？

# 第二章
# 田径运动中的技能培养

# 第一节 田径运动技能概述

## 一、田径运动技能的基本特征

从目的、组成和获得形式来分析，田径运动任何一项动作技能本身都具有专门的目的；田径运动动作技能都是由身体或肢体的随意动作所组成；任何田径运动动作技能的获得和提高都需要一定的动作练习和经验。

从动作技能的实效程度来看，高水平的田径运动技能应体现出三个特点：达成目标的最大确定性、最小的能量消耗和最短的动作时间。

### （一）达成目标的最大确定性

田径运动技能有效的重要标志是准确无误地达到动作目的，这也是田径运动技能本身的意义所在。例如，许多尝试过三级跳远的人可能都有准确踏上起跳板起跳和做出三跳协调动作的经历，但这并不意味着他们都是优秀的三级跳远运动员。对于他们来说，偶尔准确踏上起跳板和身体的协调配合动作也许只是许多失败的尝试中“走运”的一次。只有那些能够在复杂情况下连续多次成功地完成三级跳远完整技术动作的人，我们才能说他（她）不是靠“撞大运”，而是具有娴熟的三级跳远技能，即具有很大程度的达成目标的确定性。

### （二）最小的能量和精力消耗

田径运动技能有效的另一个标志是执行动作过程中能量和精力消耗的最小化，这在有些特定的情况下是为了保持体力。当然，这不是所有动作技能的目的，比如说推铅球，运动员唯一的目标是把铅球推到最远的距离。但对于许多其他的动作技能，能量消耗的最小化就意味着对于不必要的多余动作的减少。这个特征对于那些必须经济地使用能量、保持体力项目的运动员取得比赛最后的成功是极其关键的。例如，高水平的马拉松和竞走运动员知道如何保持最经济和有效的步频，懂得怎样保持体力在比赛的关键时刻出奇制胜。最小的精力消耗还意味着有些项目的高水平运动员，能够在以减小心理负荷的情况下完成动作任务。例如，运动员通过提高他们动作的自动化水平，可以把多一些的精力用于满足动作任务的其他要求。

### （三）最短的动作时间

田径运动技能有效的第三个标志是达到动作目的所需时间的减少，或者叫作提高达到动作目标的速度。许多项目的运动员，如田径运动中的短跑、中长跑、跨栏、竞走等项目，都把使用最短的时间作为比赛的主要目的。其他的运动项目往往也会把尽量快地完成动作，作为动作质量高低的标志，如跳跃和投掷项目运动员在起跳和最后用力出手时的“爆发性”动作等。

田径运动技能的培养过程，也是以上述三个基本特征为目标的。

## 二、田径运动技能培养过程中的力学要素

### （一）“力”在田径运动技能培养过程中的重要性

当进行任何一个活动的练习时，这个专门活动需要人体控制自己的动作。动作是由肌肉以受控制的方式产生力量牵拉骨环节而引起的。所有的动作原理都是建立在这样的基础之上的：人体如何发力和控制力量，以及力是如何作用的。因此，对“力”的理解和掌握，在田径运动技能的培养过程中是十分重要的。

### （二）田径运动技能学习中的生物力学要素

**1. 力**

力的作用产生了运动，我们看不到它，但可以从它产生的效果中意识到它的存在。例如，一名跳高运动员向地面施加力，我们看不到力，但看到了结果，即运动员跳起离地。内力是产生于身体内部，由肌肉拉引骨所产生的力。外力是外界对身体所产生的作用力，如重力和摩擦力。

**2. 田径动作的运动方式**

平动是指沿着一条直线进行的运动，而转动是指沿着一个旋转轴进行的运动。田径运动中的动作通常是平动与转动相结合的，被称为复合运动。例如，一名短跑运动员的身体处于平动，但这个运动方式又是由双腿的转动所产生的。这两种运动形式构成了“跑”这种复合运动。一名铁饼运动员在掷出铁饼之前采用旋转运动来加速，他同时又从投掷圈的后部移到前部即产生了平动，这也是一个复合运动的例子。

**3. 速度与加速度**

速度通常指一个物体运动的快慢。例如，一名短跑运动员用10秒跑完100米，他的平均水平速度就是每秒10米。我们观察一名短跑运动员的速度——时间变化曲线图，可以看到开始阶段的加速，接着是保持最大速度，最后由于运动员的疲劳进入到减速阶段。（图2-1）

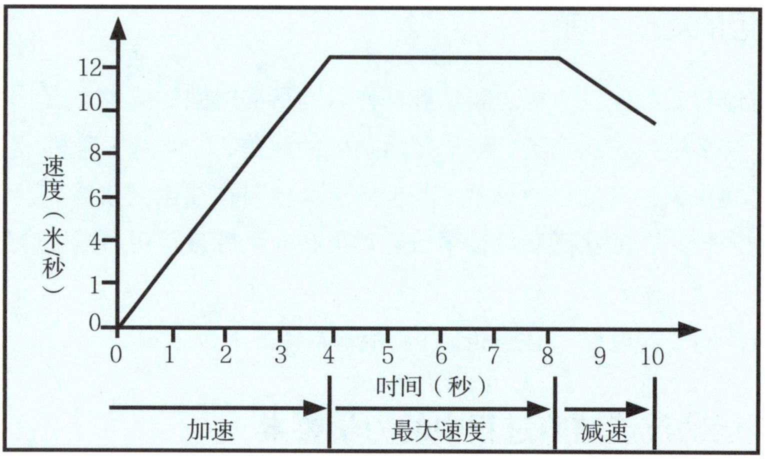


图2-1　短跑运动员的速度-时间变化曲线图

#### 4. 动　量

动量是一个物体运动所具有的量，是物体质量和速度的产物。在人体运动中，身体某个部分的动量可以传递给其他部分。例如，在跳远中，起跳时当摆动腿的大腿摆到与地面平行的位置时应“急停”，把动量作为附加力传递给起跳腿。

角动量是一个物体在旋转运动时所具有的量，是转动惯量和转动速度的产物。当一个物体在转动时，转动惯量与它的半径成正比。例如，双臂屈曲摆动，它们的转动惯量就小于伸直摆动。一个转动中的物体所具有的动量是一定的，转动惯量的任何减少都会引起转动速度的增加。在短跑中，这个原理影响着摆臂动作和摆腿动作，通过屈肘和屈膝，使双臂和双腿尽可能地“短”，这样能够加速它们的动作。转动惯量的任何增加则具有降低转动速度的相反效果，例如，在跳远的腾空技术中，就利用转动惯量的增加来减慢身体的前旋速度。

角动量也可以从人体的一个部分传递到另一个部分。例如，一名用右手投掷的运动员，在器械出手前一刹那“制动”身体左侧，把角动量传递给身体右侧和投掷臂，从而有效地加速器械的运动。

#### 5. 牛顿第一运动定律（惯性定律）

“所有物体如果不受到外力的作用，它将保持静止状态或匀速直线运动状态。”例如，一名短跑运动员在双腿用力后蹬起跑器之前不可能离开原来的位置。

#### 6. 牛顿第二运动定律（加速度定律）

“一个物体加速度的大小与它所受到的合力成正比，加速度的方向与这个力的作用方向一致。”更大的力量意味着更大的加速度。一名短跑运动员起跑时的加速度与他作用在起跑器上的力量是成正比的，他发挥出的力量越大，离开起跑器的加速度也就越大。在投掷项目中，作用在器械上的力量越大，器械获得的加速度越大，投掷的距离越远，器械一旦出手，使它加速的力量就不存在了。跳跃项目也是如此，人的起跳力量越大，人体获得的加速度就越大，也就跳得更高或更远，可一旦人体跳离地面，他所做的任何动作都不能为人体加速了。人体运动所需的最大力量是由肌肉收缩所产生的，这就是为什么损伤容易发生在动作的加速阶段的原因。

### 7. 牛顿第三运动定律（作用力与反作用力定律）

“相对每一个作用力，都存在一个大小相等、方向相反的反作用力。”跑的人向地面用力，就产生一个大小相等、方向相反的反作用力，使他在地面上向前跑动。（图2-2）

图2-2　跑的动作产生大小相等、方向相反的反作用力

### 8. 重　心

重力是恒久存在并指向地心的力。这个力通过一个想象中的叫作重心的点，作用在每一个物体上。一个固态、成分一致的物体，如一个铅球或铁饼，重心就在它们的中心部位，而且是一个固定点。人体是一个复杂和不断变化姿势的物体，重心随着身体和四肢姿势的不同而发生移动。重心可以在体内，如站立时；也可能在体外，如在撑竿跳高和背越式跳高的过杆动作中。（图2-3）

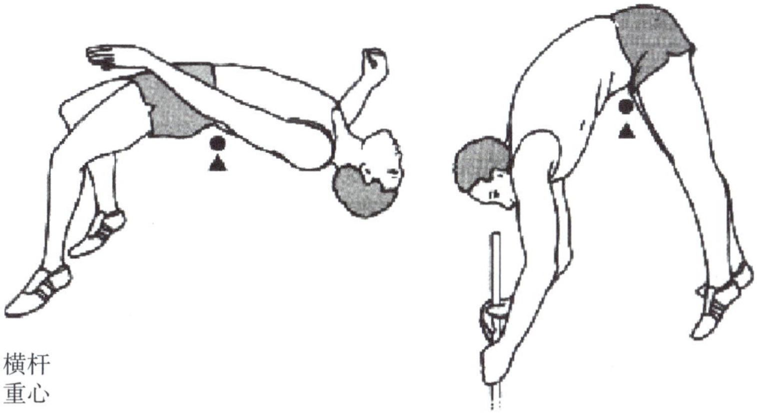


图2-3　运动员越过横杆时重心位置示意图

当人体跳离地面或向空中投掷器械时，重力一直起到把人体或器械拉向地面的作用。一个物体的重心在空中的飞行路线是一个叫作抛物线的曲线。田径中抛物线的飞行路线取决于三个因素：起跳或出手速度，起跳或出手角度，运动员起跳时身体重心或器械出手时器械重心的高度。

在这些因素中，运动员起跳速度或器械出手速度是最重要的因素。更快速度意味着可达到更远的距离。空气阻力也影响着运动员跳跃或器械飞行的距离。（图2-4）

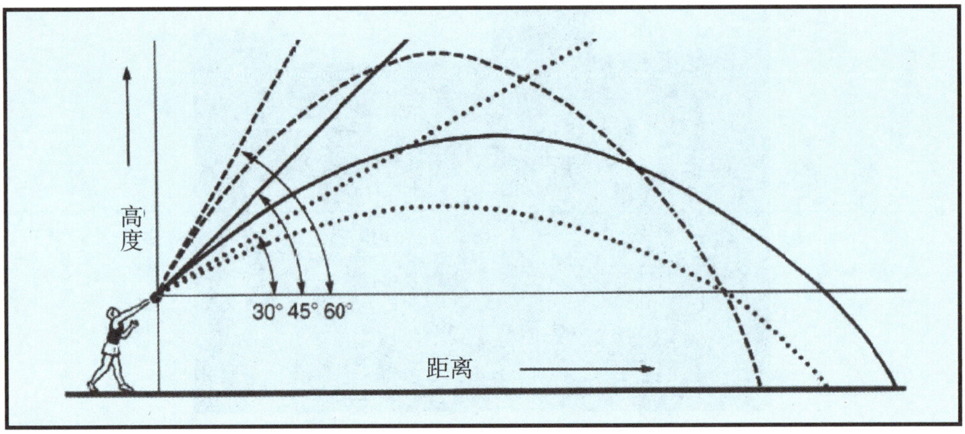


图2-4　不同出手角度的抛物线飞行路线

## （三）田径运动技能学习中发挥力量的原理

有两个实用的原理，可专门运用于希望产生最佳力量和速度的那些田径项目中。

### 1. 使用所有能够使用的关节

必须把来自每个身体环节的力量都结合起来，才能产生最大的用力效果，只有使用所有能够使用的关节，才能做到这一点。这将有助于通过一个动作获得最大的速度或加速度。例如，在推铅球中，应该运用全部的膝、髋、肩、肘、腕、指关节，把最大的力量作用在铅球上。初学者往往不能做出膝和髋关节的初始发力动作，或者不能充分地使用手腕或手指来完成拨球动作。

### 2. 按照顺序使用每一个关节

当一项田径技术使用多个关节时，它们的用力顺序和时机是很重要的。这个原理告诉我们应该在什么时候使用关节。动作应该先从大肌肉群用力开始，然后逐步转移到小肌肉群用力。这种用力方式能够使你发挥出最佳的力量和做出流畅、连贯的动作。流畅、连贯的动作产生了 “力量叠加” 的效果，它使身体随后环节的用力得以在前面环节用力的基础上进行。在良好的推铅球技术动作中，髋部的动作恰恰是在蹬腿动作减慢时开始的，而肩部的动作又是在髋部转动减慢时开始的（图2-5）。器械出手速度取决于出手时身体最后环节的速度。正确的动作顺序和时机使运动员能够达到最大的器械出手速度。

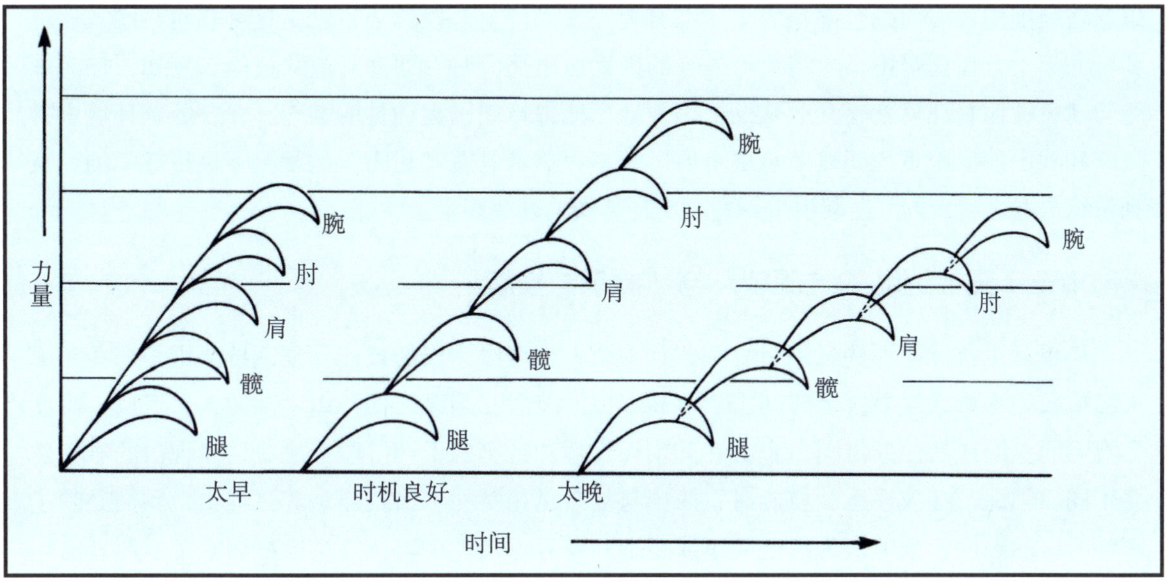


图2-5　推铅球中力量的叠加

## 三、田径运动技能发展的内容、环境、阶段

一个技能熟练的人在比赛时，可以从他的动作表现中轻松地观察到下列特点：在正确的时间完成正确的动作；看不到吃力的外部表现，生理上的利用效率很高；动作不慌忙，高度协调；具有好的速度和准确性；动作稳定连贯；能获得期望的结果。

与所有的训练一样，技能的发展过程是一个长期的过程。只有了解田径运动技能的基本内容、实施环境以及其阶段性特点，才能够有效地发展田径运动技能。

### （一）田径运动技术与技能

技术是熟练技能表现的基本组成单位。简单地说，技术是在运动规则允许范围内解决完成专项动作的任务或问题的最有效方式。具备技能的人才不仅要有高质量、稳定的技术，同时还要知道何时及如何应用这些技术创造最佳成绩。田径运动中的技能教学不仅包括学习各项目的技术，也包括掌握何时和如何使用这些技术的重要技巧。比赛给参赛者提供了许多不同的情况，所以需要学会如何面对这些挑战并做出反应。技能有许多种，可以根据它们的比赛环境是“开放”还是“封闭”加以分类，也可将技能分为“简单”和“复杂”两种。初学者进行技能学习时，后者的分类法被更多地采用。

### （二）田径运动中“开放”和“封闭”的环境

封闭式技能是指在完成动作时，人所处的周围环境是稳定的和可以预料到的，人几乎可以忽略周围的环境而把全部精力集中在努力完成动作上。投掷项目就是这种相对封闭式比赛环境的例子。在比赛中，人需要对外界的因素做出反应时，即为开放式技能。例如，1500米跑运动员的比赛环境就是开放式的，因为他不能忽略周围运动员的动作。在开放式环境中，战略和战术的应用更为明显，也更重要。大多数技术是在“封闭”的状况下进行教学的，直到熟练掌握之后，方可逐渐引进一些竞赛环境中的开放因素。

### （三）田径运动的“简单”与“复杂”技能

简单运动技能是那些只用很少练习且一个人就可以完成的技能。复杂技能则是那些一个人完成较为困难，需要较多时间去学习和掌握的技能。同样的任务由不同的人去完成，难度会有不同。同样的任务由同一个人在其生长发育和经历的不同阶段去完成，体现出的难度也会不同。因此，在叙述运动技能时，简单与复杂是相对的。在技能培养过程中，我们必须了解学习者的态度，教师认为技能简单或复杂并没有意义，决定技能难度的因素是学习者的想法和感觉。

### （四）田径运动技术技能的学习

技术技能学习需要神经系统、大脑以及记忆的参与。每当我们练习一项技术技能时，对前一次练习的记忆会被用来再次执行身体的动作。随着不断的练习，一个对这个动作清晰准确的记忆就形成了，需要时可以被回忆起来使用。大脑对特定技术或动作的记忆被称为“动作程序”，它可以被认为是一套指令，或技术的软件程序。在技能学习的最早期阶段就开始形成这种动作程序。随着学习的进展，动作程序也随之发展。因此，优秀田径运动员的动作程序是一套完整的指示，可保证稳定的动作表现和成绩。

在技术练习中常听到的口头禅是“熟能生巧”，但事实并非总是如此。因为，“熟”只能产生永久性的习惯动作，但这一动作可能并不正确或“完美”。所以，对于任何练习来说，应该记住“只有完美的练习才能产生完美且永久性的动作”。

### （五）田径运动技能的学习阶段

随着某项技术动作程序的逐渐发展，身体内部也发生着技术学习结果的不断进步。我们虽然看不到动作程序，但在观察田径运动技术动作执行者时，可以识别出三个学习阶段。这三个学习阶段虽然没有清楚的界定，但每个阶段都具有鲜明的特征。

**1. 理解阶段——拟定要做什么**

在初学者开始学习任何事物之前，他们必须清楚地知道和理解，什么是他们要努力达到的目标。在这个阶段中，学生往往会利用他们以前的技能经验。

“眼见为实”特别能说明这个阶段的状况，这时学习者正在试图在他们的心目中形成一个他们应该怎样去做的大体动作轮廓。在这个阶段，由于学生的情况和技能本身的性质不同，进步可能是缓慢的，所以需要耐心。

教练或教师可以用下列方法帮助初学者学习一项新的技术技能：

- 简单介绍一下要学的技术，如果可能的话，把它与学生可能已经知道，或能够做的其他相似技能联系起来。
- 提供简单和有效的技能示范。
- 应用一种教学方法，能使初学者较好地执行技能，并开始练习该技能。
- 表扬和强化正确动作，而不是结果。
- 使用提供反馈的要点，间歇地提供简单的反馈。

开始阶段的长短取决于学习者的经验和协调能力，以及对该学习者而言的技能复杂性。对于一个经验丰富的学生来说，学习一个简单技能，可能仅需要一个短的技术训练单元就能完成；而对一个没有经验的学生来说，可能就意味着是在学习一个新的复杂技能，因而需要很长的时间才能学会。不管是哪种情况，如果学生能将新技能和以前学过的技能之间的相似之处理解清楚，就可以缩短学习所需的时间。当学生能够完成技术的“粗略”或基本形式时，尽管仍然存在许多错误，学习的开始阶段就结束了。

### 2. 练习阶段——发展技术

学习者在这一阶段能够越来越稳定地执行基本技术。只要把练习的重点放在建立正确的技术上，同时鉴别出可能需要纠正的部分，练习就能够使学习者的技能得到发展。这种“完美”的练习意味着动作程序在这个阶段中得到了最大限度的发展。

在这一阶段通过经常的练习，学习者继续发展了开始时在理解阶段形成的动作程序。这时学习者已经获得了基本技术，动作错误减少，动作表现变得更加一致和稳定。然而，正确地学习技术仅靠练习本身是不够的，需要激发学习动机。学生不仅需要知道自己技能中哪些是正确的，哪些是不正确的，更重要的是需要知道怎样才能纠正这些错误。教师应该使用反馈，以培养学生对于他们所作动作的意识，以及自我纠错的能力。

学生此时开始知道准确技术的外观和感觉是什么样子，并且开始能够分析和纠正他们自己的错误动作。教师要设法把学生的注意力集中到可以获得的反馈上，如标枪的飞行路线；如跑、跨栏，跳跃、投掷助跑时双脚打击地面的节奏等；如来自肌肉张力类型和用力状态感觉的全部重要“动感”；如各个关节动作的角度和平衡感等。教师要帮助学生使用这些信息，可以通过提问等方式进行。

与三个学习阶段中的其他阶段一样，练习阶段也没有固定的时间表。一个简单技能可能在一天内就能学会，但可能需要数年才能使一个复杂的技能达到高级阶段。在中级阶段中，学生开始能够准确和稳定地执行技术，但这只是在稳定不变的环境中。当学生的技术达到自动化程度时，他才进入了高级阶段。

### 3. 高级阶段——执行技能

随着动作程序的不断发展，动作的控制将更加自动化，学习者能够注意并选择“做什么”和“何时做”，这是一个技能表现的阶段。

在高级阶段中，学习者能在多种类似比赛环境的条件下保持高水平的成绩。学生有信心并且对他们的技能有良好的理解。这种对技能的理解和经过良好培养的“感觉”意味着他们能够更有效地评价自己。在此阶段中，需要激发学生练习技术的动机，因为这时期的进步幅度会变小，并且不容易获得。

执行技能的能力将受到力量和速度等体能组成因素变化的影响，所以，在所有三个学习阶段中都有必要对技能给予不断的注意，使动作程序不断更新，以适合学习者不断变化的身体状态。

## 第二节　田径运动技能教学的方法

### 一、简单技能的教学方法

经过很少练习就可以完成的技能称为简单运动技能。有人认为，技能学习中的80%是通过观察来完成的，所以，有时初学者学会简单技能的原因，是因为他们已多次亲眼或从电视上看过别人执行这项技能的情形。教师在确定技能的难易程度时应该谨慎，有时一个看上去的简单技能可能会由于学习者的害怕和紧张而变得复杂起来，在学习跨栏、障碍赛跑和撑竿跳高项目时就会常常见到这种情况。如果不能确定一个技能是简单还是复杂时，则应按复杂技能对学习者进行教学。

简单技能的教学有两种常用的方法。

#### （一）模仿法

简单的模仿常常是运动员学习的最好方法。它要求运动员将注意力集中在要模仿或照搬的动作上，“看这个动作，你想试一试，还是想再看一遍示范？”如果运动员做出的模仿是准确的，应当给予肯定，“对，就是这样，现在记住并进行练习”，当需要做小的纠正时，要用清楚的方式指出。

#### （二）示范-练习-反馈法

这种方法实际上是对模仿法的一种发展，包括下列四个步骤。

- 提供一次示范。
- 允许练习时间，仔细观察。
- 提供反馈，可能采取重做示范的形式。
- 允许进一步练习并保持反馈。

## 二、复杂技能的教学方法

不易学习的动作就是复杂技能。要尽量把复杂技能简单化，以便使学习过程容易一些，这是复杂技能学习过程中的成功经验。

常用的复杂技能的教学方法有“塑造法”和“链接法”。

### （一）塑造一项复杂技能

塑造是用来描述人类学做各种事情的方法的一个词，它与雕刻师将一块无形的泥，逐步塑造成一个人物的方法极为相似。

可以这样来描述“塑造法”：

- 对要学习的整个技能过程进行简要讲解并提供示范。
- 采用简化的或分解的动作形式，以及学生能成功完成的动作形式进行教学。
- 逐渐改变任务要求，通过练习，把整个技能在学习者身上塑造成形。
- 对存在问题的学生，以鼓励为主，并尝试用其他更简单的方法进行练习。

跨栏通常被学习者看作是一个复杂技能，这是由这个项目的技术要求以及初学者对撞栏的恐惧而造成的。在跨栏中，重要的是有节奏地快跑，因此在塑造跨栏技能时，应首先倡导这种有节奏的快跑训练，注意克服恐惧心理并且逐渐加入技术因素。

塑造跨栏技能的一种可行步骤：第一步，让学生直线快速跑过摆在跑道上的3～6根小棍。这些小棍可同时摆放在几条分道上，使每名学生都在分道中跑，调整好小棍的位置，要求在小棍之间自然地跑3步。第二步，用很低的障碍代替小棍。如果学生碰到障碍，此障碍不会产生任何阻力。第三步，用降至最低高度，不安装或安装很小配重的栏架代替低障碍。第四步，逐渐将栏架升至比赛高度，栏间距离也逐渐加大到学习者年龄组的标准距离。

### （二）链接一项复杂技能

另一个复杂技能的教学方法是让学生将技能链接在一起。一个复杂技能是由许多简单的不同部分所组成的，每个部分可以被认为是一条链中的一个环节。完整技能的简单部分或者环节是用简单技能的方法进行教学的。为了使技能的链接更有效，要尽量早地将各部分联结起来以组成完整技能。在学习的练习阶段，学生可以进行技能的分解练习，但结束时一定是要进行完整技能练习，也就是将各个环节连成一条链。下面是一个推铅球技术技能链接的示例。把推铅球技术分解成下列几个部分：环节1——用手正确地持球，贴在颈部；环节2——从肩、肘、腕到手指的推球动作；环节3——在投掷圈后部的开始姿势；环节4——穿过投掷圈的滑步动作；环节5——发力姿势；环节6——出手动作；环节7——换步缓冲。在链接动作时，可以按顺序教各个部分，如上面提出的从环节1到环节7，或倒过来从环节7到环节1，也可以不按顺序用链接法教某些部分以强调某些动作，或者使学生获得早期成功的满足。通常，铅球技能常常按环节1、2、5、6、3、4、5、6、7的顺序进行教学。

# 第三节 田径运动技能培养过程中的教学技能

可以把田径运动技能教学过程简单地形容为“计划—实施—评价”过程。

在这里我们把焦点放在了田径运动技能教学和指导过程的“实施”能力上。（图2-6）

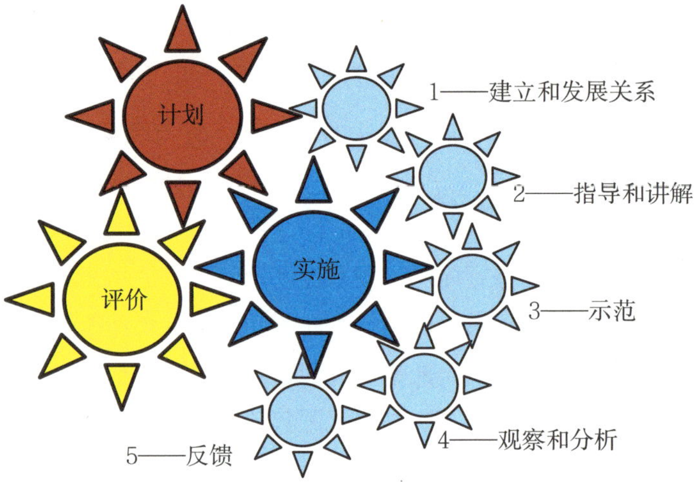


图2-6 田径运动技能教学过程和5项基本教学技能

这些基本教学技能可以用一只“教练手”的手指来代表，每一根手指都代表了上述5项基本教学技能中的一项。（图2-7）

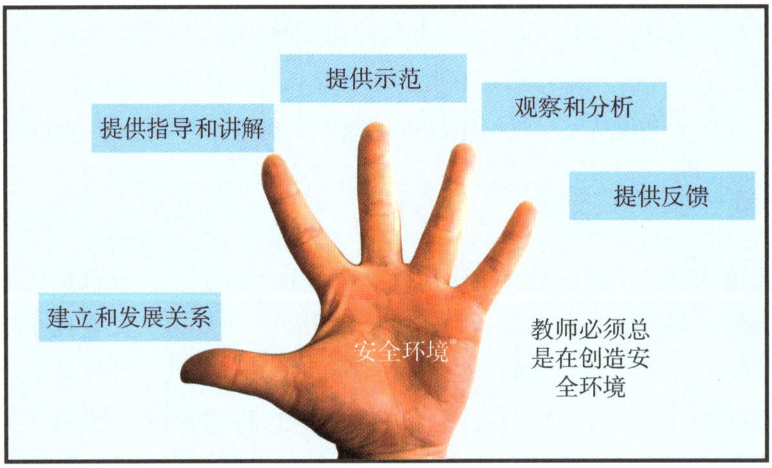


图2-7 表示出5项基本教学技能的“教练手”

### 1. 建立和发展关系——“首要”技能

无论一名教师或教练员具备多少知识、持有什么资格，或者拥有什么其他教学技能，如果他不能与学生或运动员建立和发展出有效的关系，就很难成为一名有绩效的教师或教练员。这是首要的教学技能。（图2-8）

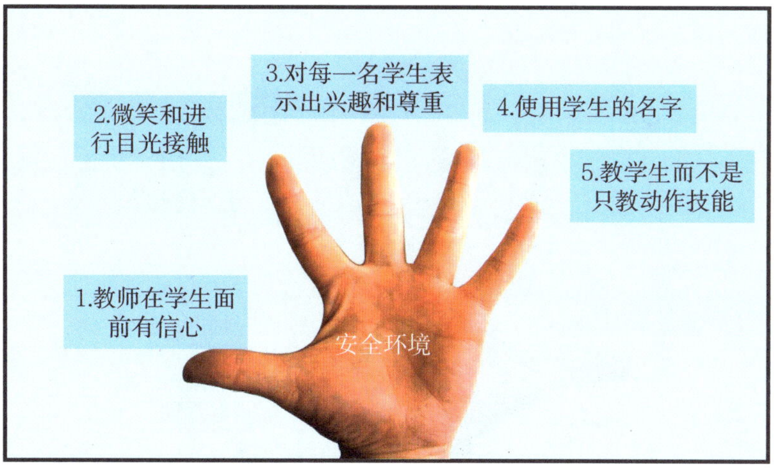


图2-8　教练手1——建立和发展关系

**2. 提供指导和讲解——“告知”技能**

对于教师和教练员来说，提供指导和讲解，是沟通交流技能的“发送”或“告知”的部分，这对于传递信息、人员或团队的组织都是必需的。但千万不应该忘记，良好的沟通交流总是一个双向过程。（图2-9）

**3. 提供示范——“展示”技能**

对于教师和教练员来说，示范是提供一项技术或专门练习的视觉画面。这并不意味着每一名教师或教练员都能够示范所有的动作，但它却意味着每一名教师或教练员应该能够提供一个示范，意味着他们能够亲自做示范，或采取其他手段提供示范。

采用示范的目的很多，学习新动作技能时可以采用示范来介绍和展示整个技能；可以对一项已经学会的动作技能起到“提示”的作用；可以提供一种动作技能的简化模式；可以被用来说明某项特别内容的某个点。例如，在观察学生或运动员动作之后教师或教练员不提供语言反馈，而是再做一遍示范，但在这次示范中强调对所观察到的任何错误的纠正。

动作技能的示范必须要做到：

准确——提供一个正确的画面，是一个准确技术模式的示范。

适宜——适合于运动员水平的画面，提供一个让学生有可能模仿的示范。

示范可以直接采用真人示范，可以采用录像，也可以采用图画或照片。无论采用何种示范，教练员应该让运动员安静地观察，不要对他们讲话而干扰他们。在示范过程中，运动员需要集中注意力于“信息接收通路”。（图2-10）

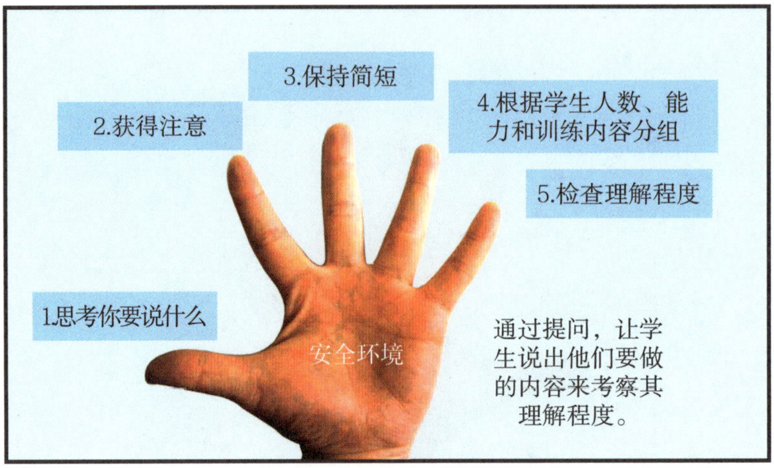


图2-9　教练手2——提供指导和讲解

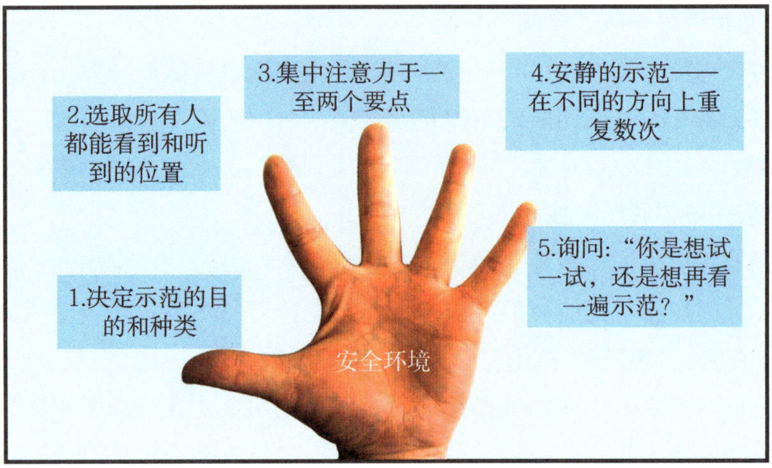


图2-10　教练手3——提供示范

#### 4. 观察和分析——“观察”技能

随着动作技能教学水平的提高、专项知识和生物力学原理认识的不断扩展，观察和分析也变得越来越重要。例如，学生的动作是否从慢到快、从低到高，身体的哪一部分首先开始运动？在教师或教练员进行动作技能教学工作时，用耳朵听要和用眼睛观察一样多。许多运动都包括节奏性动作，可以用眼睛看到这些动作的节奏，也可以用耳朵真正地倾听和确认节奏是否正确。（图2-11）

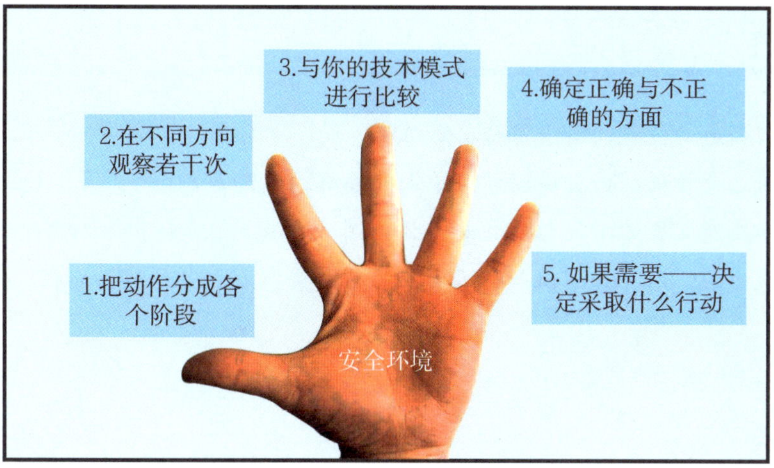


图2-11　教练手4——观察和分析

### 5. 提供反馈——“教学”技能

反馈是动作技能学习所必需的。没有反馈，学生或运动员就不知道在哪里集中他们的注意力。在田径运动技能学习的早期阶段，运动员很少能够利用到固有反馈，这时外来反馈是很重要的。首先，教师和教练员在提供反馈之前，需要多次观察动作，这样可以清醒地判断学生的表现是习惯性动作还是偶然性动作。教师和教练员应该间歇地提供他们的外来反馈，而不是在所有的时间内都提供反馈。经常不断地提供外来反馈会使运动员完全依赖于教师和教练员，而当教师和教练员不在训练场或比赛场时就会感到束手无策。要鼓励和促进学生通过发展良好的意识和使用固有反馈的能力，进行自我分析、自我决定和自我纠错。（图2-12）

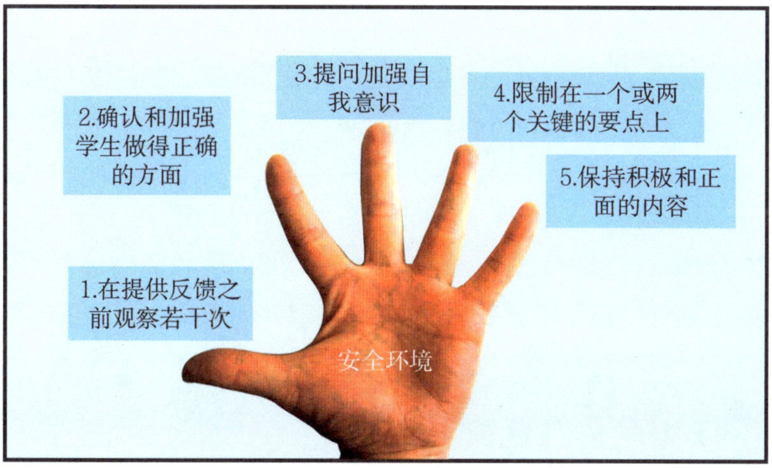


图2-12　教练手5——提供反馈

## 思考题

1. 高水平田径运动技能的特点是什么?

2. 结合实例思考并说明田径运动学习中人体发挥力量的原理。

3. 田径运动技能发展的阶段与要点是什么?

4. 结合你的专项，思考并列出田径运动技能的主要学习方法和纠错途径。

# 第三章
# 田径运动中的身体素质训练

耐力

速度、力量 } 功率

柔韧性

协调性

我们通常把人体在活动时所表现出的各种基本运动能力称之为“身体素质”，也有人将其粗略地称为“体能”。

在一些运动训练学对“体能”的概念解释中，除了身体运动能力之外，还包含了人体的机能和形态等因素。因此，为了与其区别，我们在这里还是将人体单纯运动能力方面的因素称之为“身体素质”，这里不包括机能和形态。虽然在提高各项身体素质的练习和运动中，人体的生理机能和形态同样可以获得提高或专门性的发展，但由于不属于“身体素质”提高范畴的讨论，故不做专门的论述。

田径运动可以有效地发展人体的各项身体素质，因此成为其他体育运动的基础，被称为“运动之母”，其他运动项目，不论怎样改变活动的方式和锻炼的手段，都一定要在提升各项身体素质的基础上，才能获得最终的提高，否则，就是一句空话。

身体素质主要由以下的运动能力所构成。

- 力量是肌肉收缩拉动骨骼，以克服或对抗阻力为目的的一种能力，是维持人体姿态和产生运动位移的基础。
- 速度是人体快速运动的一种能力。
- 在力量和速度二者共同的作用下，使人体产生功率（Power）。
- 耐力是人体肌肉持续工作的能力，也可以看作是人体抗疲劳的一种能力。

协调性是一种复杂的身体素质，是人体在神经系统的指挥下，所表现出来的一种协同配合的综合运动能力。

柔韧性是人体关节、韧带、肌肉以及皮肤的伸展能力，通常用运动幅度或活动范围来衡量。

在田径运动的训练中，每个练习手段都可以专门的针对某种身体素质的发展，而每一种练习手段在发展某一种身体素质时，也会同时发展或影响其他素质。所以，身体素质可能会同步得到发展，也可能会以某种素质优先发展的形式表现出来。

传统的训练理念认为力量是各项身体素质的基础，所以提出优先发展力量的观点，并将身体素质的重要性和发展顺序定为：力量、速度、耐力、柔韧性、协调性。

现代训练理念则认为，全身协调地做出动作，才能更好地、有效地发挥出人体所具有的各项运动能力，因此，提高身体素质应该优先发展人体的协调性。另外，由于人体的运动幅度和活动范围可以增加用力的半径，提高用力的效果，所以，在训练的早期也要对柔韧性予以足够的关注，这样，既可以有效地增加运动幅度，还可以防止伤病，而柔韧性一旦失去有效的发展时机，或走在力量发展的后面，将会因为关节韧带的增粗，肌肉体积的增大，进而影响关节运动的幅度和肌肉、韧带的伸展性，使得动作紧张和发僵。所以，现代训练理念所提出的发展各项身体素质的顺序是：协调性、柔韧性、速度、耐力、力量。这在青少年时期的田径训练中尤为重要，因为，正确的身体素质发展顺序，将会对他们继续提高运动成绩奠定牢固的基础。

## 第一节　协调性训练

协调性素质是人体在进行运动时所表现出来的一种复杂的综合性运动能力，它是人体在完成一些技术动作时，运用已经具有的各种素质，在大脑神经中枢的指挥与调控下，所表现出来的一些平衡、灵活、协同配合的特征。

一个人掌握的运动技能数量越多，在运动时就会表现得越协调，越灵巧。所以，学习和掌握大量的运动技能，促使大脑皮层的灵活性和可塑性得到改善，是发展协调性素质的有效途径。在青少年时期，即开始从事运动训练时，就要把协调性素质放在首要的位置予以发展，它是运动员在达到一定水平后是否能够继续提高的关键影响因素。

提高协调性素质常用的方法有三种。

### 一、徒手模仿性练习

- 模仿各种动物的走、跑、跳跃，如：象步走、鸭子步走、小兔跳、蛙跳等。
- 模仿和学习各种舞蹈、韵律健美操等。
- 模仿各种体育项目的技术动作。

### 二、提高控制能力的动作练习

- 躲闪跑、“之”字形跑、5米急起急停折返跑。
- 走“独木桥”（平衡木）、平衡球练习、晃板练习、各种单腿支撑的平衡练习。
- 快速跳越或钻过低矮障碍物的练习，跳起空中向左右转体180°、360°、540°练习。
- 各种坐姿、俯卧姿、背向听信号快速起跑练习。

### 三、多项运动技术的练习

- 学习和练习篮球、排球、足球、羽毛球、网球、乒乓球等各种球类项目技术。
- 用左右腿起跳起跨的跨栏、跳远、跳高和左右手投掷标枪、小垒球等田径技术练习。
- 学习和练习体操、游泳、武术、滑冰、滑雪、轮滑等运动技术。

# 第二节 柔韧性训练

人体中每个关节的自然动作范围取决于肌腱、韧带、结缔组织和肌肉的结构安排。关节的动作范围界限叫作“末端姿势”。当一个肢体或一块肌肉被迫超出它的正常界限时，就会出现损伤。柔韧性训练通过逐渐增加关节的动作范围，从而减小受伤的可能性，同时也有助于通过最佳的动作范围来发挥功率。

柔韧性局限是技术不良和成绩差的常见原因之一。一个传统的关于柔韧性的广义定义是：一个关节或一系列关节实现动作范围的能力。

教练员和运动员们多年来已经创造了许多提高柔韧性的方法和手段。但不幸的是，其中许多方法虽然提高了柔韧性，但练习的时机有误，不能为训练或比赛带来帮助，或者柔韧性的提高是以失去关节的稳定性为代价的。传统的被动拉伸练习已经被错误地使用了几十年。近几年来，在准备活动中越来越多地采用更加积极和动态的方式去进行柔韧性练习，这些更加积极和动态的练习叫作“动员性练习”，其目的是为随后的训练和比赛做好身体方面的准备。

柔韧性活动主要有两类。

- 准备活动中的柔韧性练习。在准备活动中，选择使用接近运动员现有动作范围的动员性练习，使身体对将要执行的活动做出准备。

- 增加动作范围的柔韧性练习。这些练习的主要目的在于，针对一个或一系列关节，制定并执行增加其动作范围的长期计划。这些练习可以是训练课整理活动的一部分，或本身构成一个单独的柔韧性训练课。

## 一、准备活动中的柔韧性练习

还没有证据表明传统的被动拉伸练习能够减少受伤的机会，而防止受伤正是运动员在准备活动中进行这种练习的主要原因之一。运动员在准备活动中，使作用相反的肌肉群得到积极的练习，这将有利于在随后的训练或比赛中做出理想的表现。因为在运动员执行动作，尤其是在执行速度性动作时，肌肉必须快速收缩并沿着理想的方向去移动身体或器械，这时，对侧作用相反的肌肉必须要做出同等快速的放松。通过积极、动态的准备活动，采用适宜的动员性练习，就激活了这种运动所需的功能性柔韧性（图3-1）。传统的静力牵拉练习不能提供这种功能，实际上会“使肌肉进入睡眠状态”，这是与准备活动的目的相悖的。

图3-1　积极、动态的动员性练习的例子

## 二、增加动作范围的柔韧性练习

有时运动员的一个或一系列关节的动作范围受到限制，就需要通过练习加以改进。这应该在单独的柔韧性训练课，而不是在准备活动中进行。增加动作范围的柔韧性训练，都要使所选择的被牵拉的肌肉或肌肉群放松，才能增加动作范围。这不仅保护了肌肉，而且也保护了参与专门肌肉群工作的一个或多个关节。在柔韧性训练中，运动员应平稳呼吸且要增加呼吸深度，以促使肌肉放松、加快血液流动，动作要轻柔而缓慢。

提高柔韧性，如同提高其他体能能力一样，是一个缓慢的过程。增加一个关节的动作范围，必须把肌肉牵拉到超过它们正常的活动范围，并保持牵拉15～30秒，在这个保持时间内，可以根据所采用的牵拉方式和运动员的体能状态，变化牵拉范围。每周应该有若干次适宜的柔韧性练习。主要有两类牵拉练习。

### （一）主动牵拉

在主动牵拉中，由运动员控制动作。这些练习通常是在“末端姿势”下以静力方式进行的，可用于整理活动，持续6～10秒即可。如果在单独的柔韧性训练课中，采用主动静力牵拉的目的是增加动作范围，需要保持15～30秒。（图3-2）

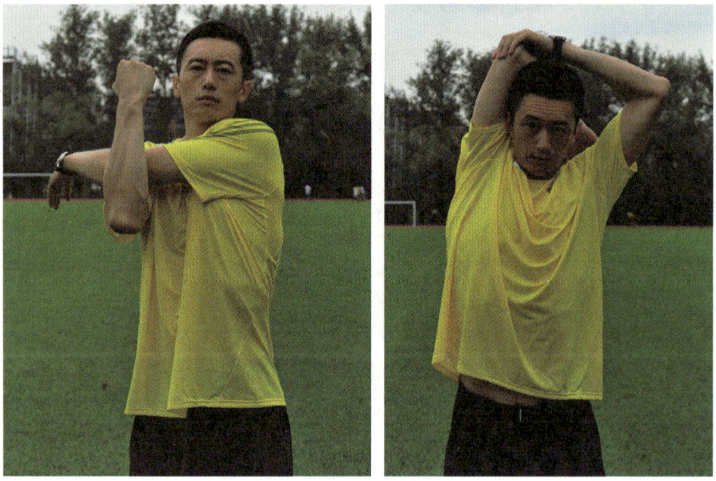

图3-2　主动牵拉练习

续图3-2　主动牵拉练习

续图3-2　主动牵拉练习

### （二）被动牵拉

在被动牵拉中，由一位同伴控制动作，运动员主动做出末端姿势，由同伴逐渐施加压力，这时运动员应该集中注意力于放松被牵拉的各个肌肉。只要能够在这种牵拉练习中技巧地控制牵拉过程，就能够有效地增加动作范围。（图3–3）

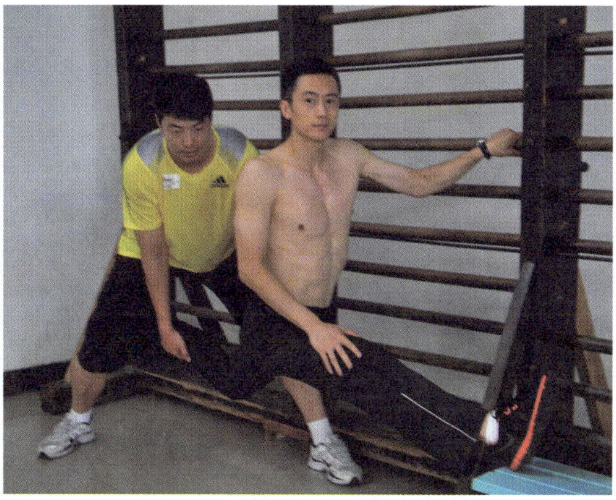

图3–3 被动牵拉

对于热身运动，动态拉伸是最有效的；而对于整理活动，静态被动拉伸和PNF拉伸的效果较好；若要增加运动范围，可尝试PNF拉伸和主动或被动的关节牵拉；为了促进恢复，PNF拉伸与等长收缩相结合的主动牵拉效果最好。

运动员常犯的一个错误就是过多地关注运动中某种常见的素质而忽略了其他素质。虽然某种素质的确比其他素质更为常用，但关注身体训练中的每种素质是很重要的，各种素质的不平衡就可能会引起运动能力的下降或运动损伤的发生。

## 第三节 速度训练

速度是人体非常快速地移动或做动作的能力。在田径运动中，速度可以指整个人体的最快速跑动，像短跑运动员一样；也可以指最适宜的速度，如跳跃项目助跑中受到控制的速度；速度还可以包括肢体的动作速度，如铅球和铁饼项目中投掷臂的速度，或跳跃项目中起跳腿的动作速度等。

### 一、田径运动中的速度类型

在田径运动中，速度常表现为以下类型：

- 反应速度：人体对各种信号刺激的快速应答能力，即一个刺激与运动员第一个动作之

间的时间间隔，包括在蹲踞式起跑中对于发令枪声的反应，以及运动员在某个项目中对于一些情况的快速反应程度。（图3-4）

- 最大速度：整个身体或肢体所能够达到的最快移动。
- 最佳速度：也称适宜速度，跳跃和投掷项目中的受到控制的速度，或者竞走和跑的任何距离中的最佳平均速度。
- 加速度：速度的变化率。
- 速度耐力：随着疲劳水平的上升，继续表现出最大或适宜速度的能力。
- 速度节奏：根据项目的需要，对速度的时空能够进行合理调节的能力。

最大速度

最佳速度

加速度

反应速度

速度耐力

图3-4　田径运动中的速度表现形式

## 二、速度素质的影响因素

影响速度的因素比较多，主要包括遗传因素、神经传导过程的灵活性、反应时、肌肉内部之间的协调能力、克服外部阻力的能力、动作实效性、意志力、肌肉类型、磷酸原系统供能能力、肌肉的放松能力等。

## 三、速度素质的训练方法与手段

### （一）反应速度的训练方法与手段

反应时是运动员接受刺激与他所做出的第一个动作之间的时间间隔。在速度训练中通常以测定“反应时”来评定运动员反应速度的好坏。有许多生理和心理因素影响着反应时。

**1. 动作反应练习**

规定多种练习动作，如蹲下、起立、跳起等动作，任意发出一个信号，运动员快速地做出应答反应。可原地进行练习，也可行进间进行练习。

**2. 各种预备姿势起跑练习**

做各种起跑动作，如蹲踞式、半蹲式、站立式、背向站立、弓步站位、交叉腿站立等，听到信号迅速起跑，跑出10~20米。

**3. 各种动作接加速跑**

运动员听到信号后完成蹲跳、立卧撑、前滚翻、侧手翻、滑步、变向等动作后迅速紧接加速跑，可加速跑10~20米。

**4. 追拍跑练习**

两人一组慢跑，前后距离2~3米。运动员们听到信号做加速跑，后者追上前者用手部拍打前者肩部，30米以内追上则为胜利。

### （二）移动速度的训练方法与手段

移动速度是在以磷酸原系统代谢为主供能的状态下，运动员在单位时间内快速位移的能力。应在运动员身心最佳、精力充沛、神经兴奋性较高的状态下进行练习。移动速度是一种综合能力的表现，它与力量、反应速度、动作速度、速度耐力及协调能力均有密切的关系。移动速度主要是以全力跑短距离的方法来发展的。

**1. 飞跑30**

如图3-5所示，教练员标出一段30米的加速区、一段30米的“最大速度区”和一段30米的控制减速区。最大移动速度的训练应该在运动员出现疲劳之前进行，所以，在重复次数和组数之间的恢复时间应该足够长，以保证人体从疲劳状态中得到恢复。在这个练习中，重点是发展磷酸原（ATP-CP）供能系统，在重复次数间应该恢复2～3分钟，在练习组间至少应该恢复5～8分钟，在一组练习中的重复次数不应该超过3次。

在“飞跑30”的练习中，运动员从站立起跑姿势开始最大限度地加速，他们试图在“最大速度区”之前达到最大速度。运动员在最大速度区力图保持步频，即他们双腿的运动速度。在最大速度区，运动员不应该表现出任何加速度，因为加速过程已经完成了。如果教练员在训练课中观察到一名运动员在最大速度跑时发生减速，就应该停止练习，而转换到其他一些更适宜的活动上，因为这时运动员已经不再是发展最大速度了。

图3-5　发展最大短跑速度的“飞跑30”练习

如果运动员的年龄较小，可以安排“最大速度区”只有10米的“飞跑10”练习（但加速区仍然是30米，减速区也是30米），然后逐渐过渡到“飞跑20”。成年运动员，可采用“飞跑30”，甚至“飞跑40”的练习。

**2. 重复跑练习**

- （60米~80米~100米~120米）×2组，次间间歇2分钟左右，组间休息3～5分钟，85%～90%的负荷强度。
- （30米~40米~50米~60米）×2组，次间间歇1～2分钟，组间休息3～5分钟。要求运动员用90%～100%的负荷强度完成任务。

在练习中，应要求跑动的幅度大、步频快。要确定适宜的休息间隔时间，使运动员的机体得到相对充分的恢复，以免训练强度下降。

**3. 速度力量练习**

- 抓举6~8次×2组　　负荷强度60%~80%
- 挺举3~6次×2组　　负荷强度70%~90%
- 卧推6~8次×2组　　负荷强度60%~80%
- 直立快挺举10~15次×2组　　负荷强度40%~60%
- 负重提踵10~15次×2组　　负荷强度40%~60%
- 负重半蹲8~10次×2组　　负重强度60%~70%
  4~6次×2组　　负重强度80%~90%

在这些力量练习中，要注意动作速度。

**4. 变速跑**

- 50米（快跑+慢跑~快跑+慢跑~快跑+慢跑~快跑+慢跑）×2~4组，组间休息5分钟。
- 100米（快跑+慢跑~快跑+慢跑）×2~4组，组间休息5分钟。

- 60米快+100米慢~60米快+100米慢×2~4组，组间休息5分钟。

**5. 下坡跑　坡度5°～8°**

30米斜坡接30米直道平跑，重复4~6组，组间休息3~5分钟。

## （三）动作速度的训练方法与手段

**1. 快速后蹬跑练习**

运动员在直道上进行30～50米的后蹬跑练习，要求高步频通过全程。后蹬积极有力，支撑腿可稍屈（160°～180°左右），摆臂幅度较大，身体稍向前倾。重复4~6组，组间间歇5分钟左右。

**2. 助跑十级跨步跳**

在有5米左右的助跑的前提下快速完成十级跨步跳练习。跨步跳不要求远度而要求速率，并具有节奏感。重复5~8组，组间休息3~5分钟。

**3. 助跑十级单足跳**

在有5米左右的助跑的前提下快速完成十级单足跳练习。要求动作的速度。重复5~8组，组间休息3~5分钟。

**4. 立定五级蛙跳**

原地站立重心提起，做立定跳准备，快速有力地完成五级蛙跳。要求动作正确，快速蹬伸，两脚扒地积极有力，双臂用力前摆。每组2~4次，重复4~6组，次间休息1~3分钟，组间间歇5分钟左右。

**5. 跑台阶**

台阶高度20~40厘米，30~60阶，要求高步频完成全程，脚蹬离台阶短促有力，摆臂有力、上体稍向前倾。下台阶也要求高频完成。重复8~12组，组间间歇5分钟左右。

**6. 投轻器械练习**

运动员可持较轻器械如竹竿标枪、垒球、实心球、铅球、铁饼，链球、沙袋等进行投掷练习，投掷物的大小重量要适宜，在动作正确的前提下，快速有力地完成原地或助跑投掷动作。

**7. 轻负重跑或跳的练习**

可负重较轻的沙袋、杠铃、哑铃、铃片、壶铃等器械，做跑动练习（30米左右），重复3~5组，组间休息5分钟左右，要求步幅较小，步频较快。也可做相应的跳的练习。

## （四）速度耐力的训练方法与手段

**1. 不同距离的间歇跑**

按跑的距离一般分为：短距离间歇跑（60~100秒）、长距离间歇跑（120~300秒）和长短距离相结合的间歇跑。采用间歇训练法时，应在机体未完全恢复的情况下开始下一次练习，间隙后的心率在120~140次/分以上。跑的距离和负荷的组数根据训练目的和训练水平而定，强度用心率控制。例如，进行短距离间歇跑时，强度控制在85%~95%，可进行80米×3次×3组，每次间歇90秒，组间间歇5分钟。

**2. 重复跑**

不同距离的重复跑，在机体基本得到恢复，或充分恢复的情况下反复进行练习。运动员根据自己的实际情况选择相应的距离或增减内容。例如：250~300米×3~5次，强度为80%~90%，间歇时间6~10分钟，间歇后心率在100~120次/分左右。

**3. 变速跑**

将跑的整段距离分成快跑段和慢跑段，可以对某一段距离提出强度要求，也可对所有快跑段提出强度要求，但应先以完成一定的量为主，逐步过渡到完成练习的强度。例如，100米快跑+100米慢跑或直道快+弯道慢，跑的距离由专项而定，练习的强度为本人最大强度的80%~85%。

### （五）速度节奏的训练方法与手段

**1. 不同步长和步频的变换跑**

距离60~80米，要求用不同的步长和频率进行加速跑练习；也可用摆放海绵块跑不同步长格的方法进行。重复6~8组。

**2. 放松大步跑**

下坡跑20米接直道大步跑60米。重复4~6组。

**3. 不同栏间距离的跨栏跑**

栏距由7~8米到13~17米，用快频率跨2~3个栏架变为用5~7步跨3个栏架或4个栏架。重复4~6组。

# 第四节　耐力训练

耐力是指人在一段时间内完成一定强度工作的能力，有时也被称为“持久力”。限制和影响成绩的主要因素是疲劳。当运动员的疲劳不容易出现，或能够在疲劳状态下继续完成动作时，就可以说他具备良好的耐力。没有耐力，运动员就很难重复其他种类的训练，因此，任何项目都要充分重视耐力素质的训练。

## 一、耐力素质的分类

训练学分类：

- 一般耐力：指运动员机体多组织、多器官系统长时间工作的能力。良好的一般耐力有助于各种运动训练取得成功，也能为专项训练打下良好的基础。
- 专项耐力：长时间持续地或者是多次重复地完成专项动作的能力。与专项运动成绩的提高有着直接关系。专项耐力取决于专项运动的特点。

生理学分类：

- 有氧耐力：机体在氧气供应比较充足的情况下，长时间运动的能力。有氧耐力训练的目的在于提高运动员机体氧运输的能力，促进机体的新陈代谢，为运动员承受更大负荷创造有利条件。

有氧训练既能够加强循环—呼吸系统的功能，又能够提高肌肉利用氧的能力。可以采用持续跑或重复跑发展有氧耐力。一个项目的持续时间越长，有氧耐力就越重要。

- 无氧耐力：在氧气供应不足的情况下，能坚持较长时间工作的能力及机体克服乳酸的能力。无氧耐力工作是在机体长时间处于供氧不足的状态下进行的，无氧耐力的目的就是提高机体承受氧债的能力。

无氧耐力具有两个重要的类型，第一类是速度耐力，它主要利用有氧和乳酸系统供能，但以乳酸系统为重点。发展速度耐力，有助于运动员在酸性物质堆积的情况下保持跑速。第二类是无氧耐力，是在短跑、跨栏、投掷和跳跃中保持最高速度所需要的耐力，它主要是以利用磷酸原系统（ATP-CP）为重点供能。

- 有氧与无氧的混合能力：有氧与无氧混合能力是介于无氧供能和有氧供能之间的一种耐力。它的持续时间长于无氧耐力，短于有氧耐力，如400米、400米栏、800米等项目。

## 二、耐力训练的影响因素

耐力训练与其他的身体训练有着紧密的联系。影响耐力训练的因素，除先天性的身体组织结构外，主要还有机体能量储备能力和能量交换能力、有机体机能的稳定性、身体的协调能力和力量的分配能力等。另外，运动员的个性心理特征，即顽强的意志品质和自觉性，在耐力训练中也起到了无比重要的作用。

## 三、耐力训练的方法与手段

### （一）发展一般耐力

可通过下列方法发展一般耐力。

**1. 持续训练法**

匀速持续跑：负荷量安排在1小时以上，负荷心率控制在150次/分，要求跑姿自然协调放松。持续训练跑应该在全年训练中采用，以达到恢复和再生的目的。

**2. 越野跑**

越野跑时可以保持负荷强度，亦可变化负荷强度，负荷量安排在1.5~2小时。这种训练方式是在自然环境中进行的，所以能够激起运动员的练习兴趣，同时延缓疲劳的出现。

### 3. 变速跑

负荷强度是从较小强度（心率130~145次/分）提高到较大强度（心率170~180次/分）。负荷量要求在30分钟以上。

### 4. 法特莱克跑

目的是发展有氧和乳酸系统的耐力。法特莱克跑能够提高运动员的兴奋性，吸收更多的新鲜氧气，延缓疲劳的出现。（图3-6）

### 5. 重复训练法

以下是一些长距离低强度重复训练课的示例：

- 2×10×200米（3000米跑的速度）[次间恢复=跑的时间，组间恢复：5分]
- 15×400米（5000米跑的速度）[次间恢复=跑的时间]
- 1分，2分，3分，2分，1分（10000米跑的速度）[次间恢复=跑的时间]

### 6. 高原训练

运动员可在海拔2000~2500米的高原上训练4～6周，回平原后2～4周参加重要比赛。高原训练方法还有高住低练、间歇性的低氧训练、模拟高原训练（高原屋、低压舱）等。

图3-6 非洲运动员在进行有氧训练

## （二）发展专项耐力

在田径运动中，不同的项目有着不同的竞技特点，对运动员的专项耐力也有不同的要求及训练方法。与一般耐力相同，运动员的专项耐力水平也是由其能源物质的储存及供能能力、支撑运动器官的功能及运动员对疲劳的心理耐受度所决定的。不同项目的专项耐力有着不同的表现和特征，这就要求运动员在训练中采用不同的训练方法和手段，并施加不同的运动负荷。

1. 投掷、撑竿跳高等快速力量性运动项目的专项耐力，主要表现为最大强度重复完成完整动作的能力（图3-7）。如撑竿跳高运动员要在长时间的比赛中多次越过横杆，铁饼运动员要力求在6次试投中达到理想的远度。因此，多次重复完成完整动作（或者接近比赛要求的专项练习），是发展此类项目专项耐力的主要训练内容。在负荷上一般采用中等偏上的运动强度。

图3-7　运动员在进行标枪比赛

2. 中长跑、竞走等耐力性运动项目专项耐力的要求，是用尽可能高的平均速度完成全程（图3-8）。除超长距离外，专项耐力的主要供能形式为糖酵解无氧代谢供能，其主要训练方法为大强度的间歇训练法、重复训练法及比赛训练法。其负荷一般采用超过个体乳酸阈的强度直至在较短段落中超过比赛的强度。负荷量，中距离运动员训练时达到比赛距离的3～6倍，长距离为1～3倍，两次练习间歇相对略长。采用大强度间歇训练时，应待心率恢复到120次/分左右时再进行下次练习。

图3-8　运动员在进行竞走比赛

3. 短距离跑等速度性项目的供能方式为磷酸原代谢供能，主要采用重复训练法和比赛训练法来提高专项耐力。多采用1/2至全程段落练习，负荷总量为比赛距离的3～10倍，负荷强度为95%～100%，两次练习之间须获得较充分的休息。

# 第五节　力量训练

力量是人体神经－肌肉系统工作时克服或对抗阻力的能力，它是神经与肌肉系统共同作用的结果。力量训练早已成为田径运动中身体训练的重要部分，它对速度、灵敏、耐力以及肌肉质量均有重要的影响，还可以有效地预防运动损伤的发生。（图3-9）

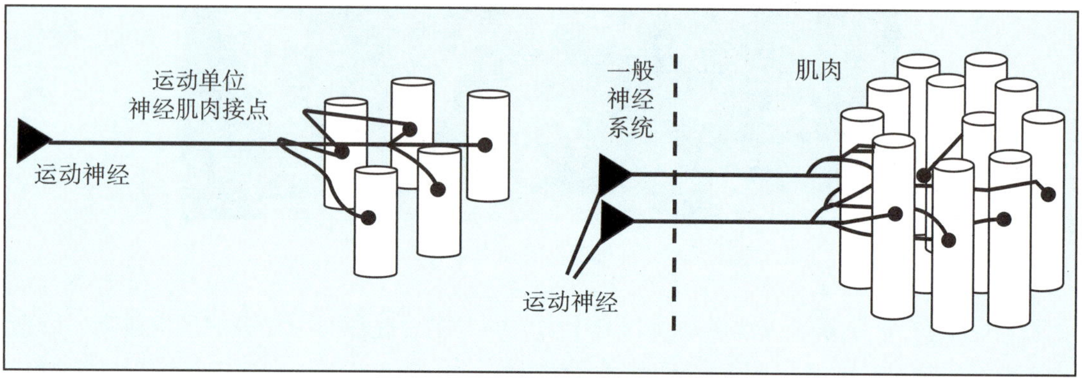


图3-9　神经—肌肉联接示意图

## 一、力量的类型

力量可以分为四种类型。

### （一）最大力量

最大力量是特定肌群在最适激活的状态下，产生最大随意收缩对抗外加负荷的能力，这一力量常在竞赛时产生。最大力量并不能决定动作能做得如何快，或动作能够持续多久。相对而言，最大力量对于需要克服大阻力或控制大力量的项目更加重要。从负荷重量的角度而言，75%~100%的负荷都可以发展最大力量，以90%的负荷为界，将最大力量负重（75%~100%）分为两个不同的功能区域，优先发展运动神经募集能力的最大负荷（90%~100%）和优先发展肌肉横断面积的次最大负荷（75%~90%）。从练习次数上也可以分为两个级别，即发展神经支配能力的练习（1～10次）和发展肌肉体积的练习（＞10次）。

作为快速力量发展的基础，最大力量是必要的基本素质。田径运动员应该是强壮的，但

不是“举重运动员”，他们的最大力量，必须按照对于爆发力能力的贡献而进行训练和评价。（图3-10）

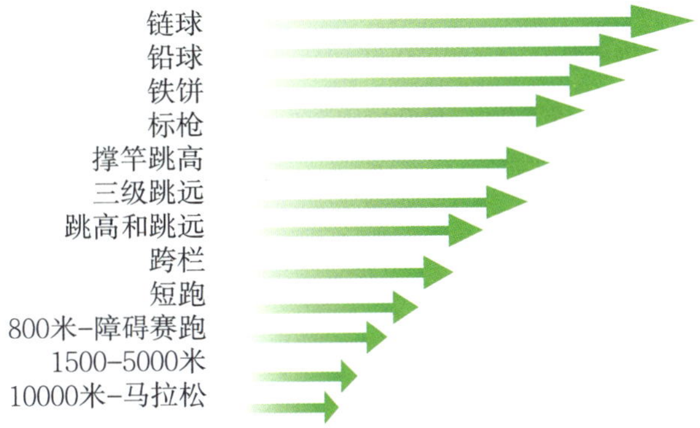


图3-10　最大力量对于不同田径运动项目的重要性

## （二）功率力量

速度力量和力量速度也可称为功率力量，是力量和速度的相互作用，它反映了收缩速度与动作速度之间的相互关系。它与运动员能够多么快地产生力量有关。当最大力量的发展具有一定的基础之后，就应该提高这种力量素质。在短跑、跨栏、跳跃和投掷等“爆发力”项目中，功率显然是很重要的。在“速度力量型”项目中，有些项目强调速度，而另一些项目则更侧重于力量。功率力量的提高主要取决于单位时间募集能力的提高和参与工作肌肉之间协调配合能力的改善。功率力量的表现形式可分为“启动”与“结束”两种，高的启动力量并不一定必然获得良好的结束力量。同样是以速度力量为主的运动项目，短跑的起跑和跳跃项目的起跳动作要求运动员在最短的时间内达到最大的力值，而投掷项目要求在技术动作结束时获得最大的力值。

## （三）反应力量

反应力量的产生主要是运动员利用了其肌肉和肌腱的弹性特性的潜力。当一块肌肉进行离心收缩时，就是肌肉在产生力量时动力性收缩引起了肌肉的拉长，它在“储存”能量。例如：一名运动员从跳箱上跳下落在地面，然后又向上弹跳了起来，这时，运动员的动作从一个离心收缩转到了向心收缩。

肌肉和肌腱的这种能量储存类似于牵拉一条橡胶带，随着牵拉，橡胶带变得更长并储存了能量，如果放开橡胶带，它就非常快速、几乎是爆发性地释放出储存的能量，并恢复到它的正常长度。在田径运动中，这个过程叫作“拉长—缩短周期”，也被简单地称为SSC。拉长-缩短周期，说明了肌肉和肌腱在经过离心牵拉的非常短的时间之后，具有产生很强的向心力量的能力。这些很强的向心力量被称为反应力量。

与最大力量和功率力量不同，反应力量具有两个特殊的机制：

- 能量储存：当肌肉受到牵拉时储存了能量（离心阶段）。
- 反射活动：使肌肉在缩短时快速重新获得能量（向心阶段）。

反应力量是力量的一个独立方面，往往不能通过最大力量或功率力量的训练而自动地得到提高。它是“爆发力”项目中取得良好成绩的关键因素。

### （四）力量耐力

这是肌肉在疲劳不断加深的情况下持续发力的能力。力量耐力是动作力量和持续时间的结合体。进行像仰卧起坐这样的练习，直到力竭，就是一种力量耐力的测试。这种力量特征，决定了那些需要在相当长时间内进行重复动作的运动员的成绩。力量耐力可以进一步细化为“最大力量耐力”“次最大力量耐力”和“有氧力量耐力”，可以根据专项特点选择负重，重点发展该力量负荷区域的耐力。

## 二、力量的决定因素

- 肌肉的横断面积。
- 单位横断面积的肌纤维密度。
- 跨关节杠杆的机械效率。
- 同时收缩的肌纤维数量。
- 肌纤维的收缩速度。
- 肌纤维兴奋的同步化效率。
- 神经纤维的传导速度。
- 与运动无关的肌纤维的抑制程度。
- 大直径肌纤维激活的比例。
- 不同类型肌纤维协作的效率。
- 控制肌张力时，各种牵张反射的效率。
- 作用于肌肉的神经纤维兴奋阈值。
- 肌肉收缩前的初长度。

## 三、力量的发展

负重训练和阻力训练二者都能够发展力量。由训练造成的结果使肌肉体积增大，被称为肌肉肥大。当停止力量训练时，根据逆性原则，这将会消失一些力量，肌肉体积也会缩小，肌肉体积的缩小被称为肌肉萎缩。肌肉萎缩是运动量太小或没有训练的直接结果，也可能是在受伤后恢复过程中出现的情况。

用低重复次数、阻力大或负荷大的练习发展最大力量的效果最好。可以采用适宜负荷的快速重复练习发展力量功率，而力量耐力的发展则是采用低阻力、高重复次数的练习。可以利用拉长—缩短周期（SSC）的练习，如跨步跳来发展反应力量。教练员可以把这些方法组合起来，形成一个整体的力量训练计划，对于不同项目，这种组合方式将有所区别。

对于年轻运动员，力量的“机会窗口”与青春发育期发生的激素变化有关。睾酮是与男性第二性征发展有关的激素，对于男孩子来说，随着睾酮水平的提高和达到高峰，力量的机会窗口发生在青春发育期之后的12～18个月。男孩可以在青春发育期之前进行力量训练，但训练效果不如等到睾酮水平升高时更加有效。女孩一旦进入青春发育期，控制女性特征的雌激素将占主导地位。对于女孩来说，有两个有效的力量“窗口”：第一个出现于青春发育期之前，这时获得的任何力量增长或神经适应都将保持到青春发育期之后；女孩子的第二个窗口出现于青春发育期之后，这时可以开始进一步的力量训练。

力量训练是以关节为支点对抗阻力所进行的一定范围的运动。力量训练的方法多种多样，可根据采用阻力和器械的不同对其进行分类。

### （一）器械练习

器械力量训练包括使用各种不同的、能产生各种阻力的器械（通常所讲的“力量练习器”）来进行抗阻练习。器械包括配重片、液体阻力、阻力棒或带，甚至是弹力带或阻力管等。

阻力或重量变化的目的是增加或减少练习的强度，动作幅度和运动位置由器械来控制。器械练习在一定程度上提高了训练的安全性，但可能会忽视运动中肌肉的稳定和肌肉间的协同作用。

### （二）自由重量练习

“自由重量”这个词指的是重量的路线可以自由地移动到任何地方。自由重量包括杠铃和哑铃，也包括壶铃、实心球及负在足踝和手腕的重量块、链等。采用自由重量练习时，无论是杠铃或是哑铃，重量的移动方位和方式是由运动员来控制的，而采用“力量练习器”时，虽然运动员能够举起很大的重量，但重量的运动路线却是由机器控制的。

使用自由重量训练的优势包括：

- 提供了更加多样的动作方式。
- 突显出肌肉的不平衡状态。
- 使全身参与练习，有助于发展关节部位的稳定性。
- 与力量练习器相比，能够产生更大的功率输出。
- 有助于发展身体核心稳定性力量。

自由重量使全身参与运动，可以同时发展许多肌肉和肌肉群的力量。它们还有助于运动员控制其关节和发展维持身体姿势的力量。由于运动的角度和轨迹没有限制，所以起稳定作用的肌肉必须收缩以保证关节在一个轨迹上运动。同时，由于练习动作的不固定，致使某些角度下的训练效果差，这是自由重量练习的不足。

运动员应该感觉他们正在试图在肩胛骨之间夹住一张纸币，在整个举重动作过程中，他们应该保持这种胸部和肩部的姿势，并感觉“夹住了纸币”。（图3-11）

硬拉和下蹲是常用的杠铃练习。在硬拉和下蹲中，躯干的姿势在本质上是相同的。运动员以躯干垂直姿势开始，胸部应该前挺，同时肩胛朝两个髋关节方向，向后下方牵拉。（图3-12）

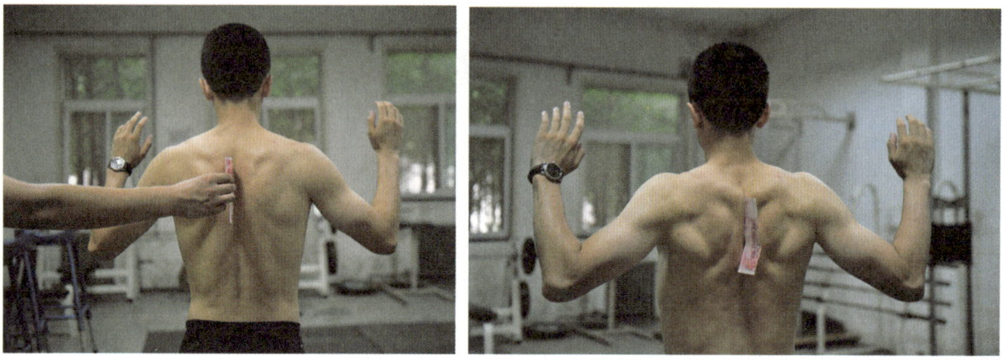

图3-11　举重动作过程中保持胸部和肩部的姿势

1. 硬拉

图3-12　硬拉正面和侧面图

## 2. 下蹲

下蹲主要有以下三种类型。

（1）后蹲（图3-13）

图3-13 后蹲图

（2）前蹲（图3-14）

图3-14 前蹲图

（3）前举蹲（图3-15）

图3-15 前举蹲图

### 3. 其他练习手段（图3-16、图3-17）

单腿蹬上台阶

负重弓步走

卧推

高翻

颈后推举

图3-16　自由重量练习图

哑铃卧推

哑铃弯举

实心球快速传递

续图3-16　自由重量练习图

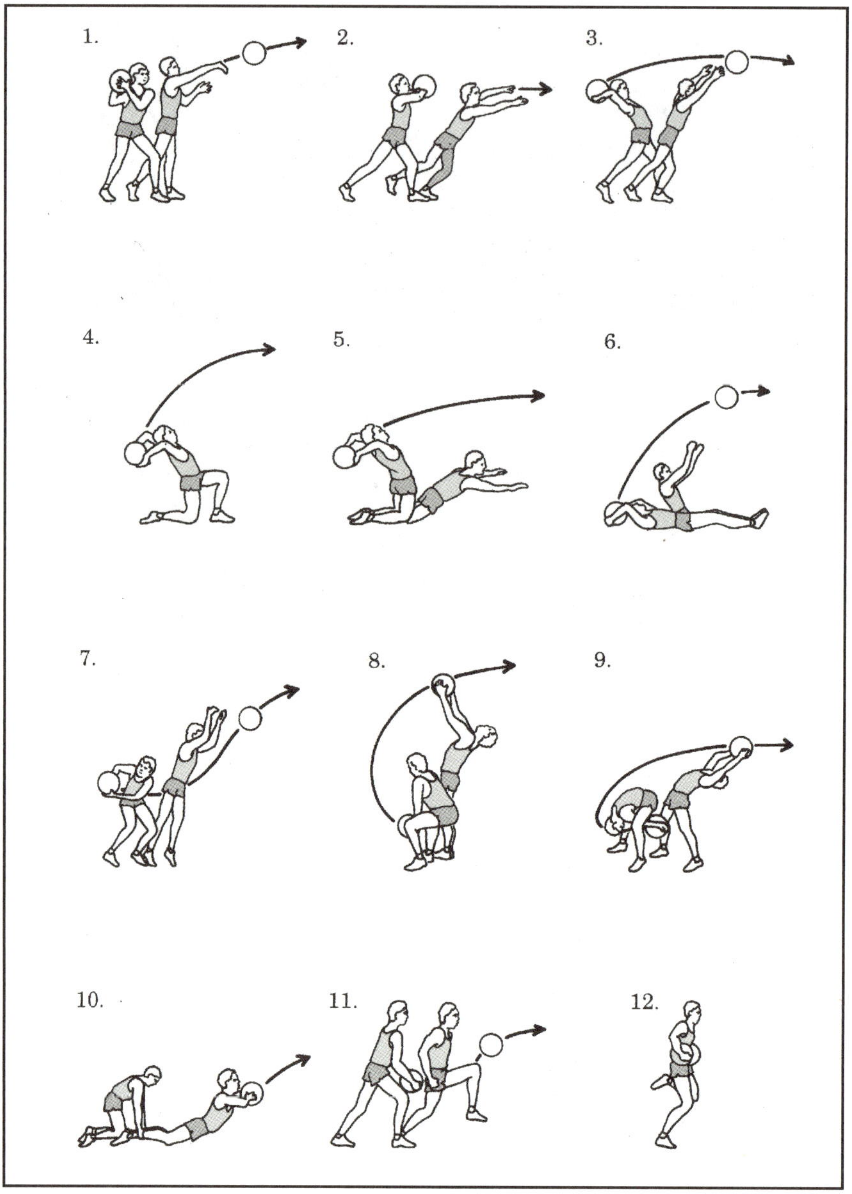


图3-17　用实心球进行练习

## （三）快速伸缩复合训练

快速伸缩复合（过去称之为“超等长”）训练是一种机械撞击刺激，迫使肌肉产生尽可能大的肌张力的方法，是指一种离心收缩后快速地进行向心收缩的练习。必须将离心与向心收缩作为一个不可分割的整体进行训练，如果离心和向心收缩转换的阶段稍微长几分之一秒，那么这个动作就是普通跳跃而不是典型的快速伸缩复合训练。常用的练习手段有：单足跳、单双脚跳深练习、击掌俯卧撑等。时间是快速伸缩复合力量训练的关键，肌肉的快速伸缩复合收缩应在0.2秒内完成，训练中应结合自身的专项特点发展快速伸缩复合力量，将“快速”和“流畅”放在首位，不应过于追求跳深的高度和跳跃的远度。有些跳跃练习的缓冲较大，脚与地面接触的时间已大大超过0.2秒，这是不符合快速伸缩复合力量收缩特性的。

### （四）自身重量练习

自身重量练习是利用运动员的身体重量作为运动中的阻力，自身重量练习中运动的角度和轨迹不受限制，如俯卧撑、引体向上、肋木举腿等。自身重量练习不需要任何设备和器材，可以在任何地方进行训练，另外，手段也可以有多种变化。自身重量练习中的重量恒定，只有当运动员改变身体姿态时才会发生变化。如俯卧撑的变化方式有：

- 指尖俯卧撑：用手指尖前支撑。
- 拍手俯卧撑：在每次撑起时拍手。
- 双脚架起俯卧撑：把双脚架在长凳或跳箱上。
- 单腿抬起俯卧撑：单腿直腿抬起。
- 单臂俯卧撑：一只手放在背后。

自身重量练习示例：（图3-18~图3-22）

图3-18　三角肌后撑起

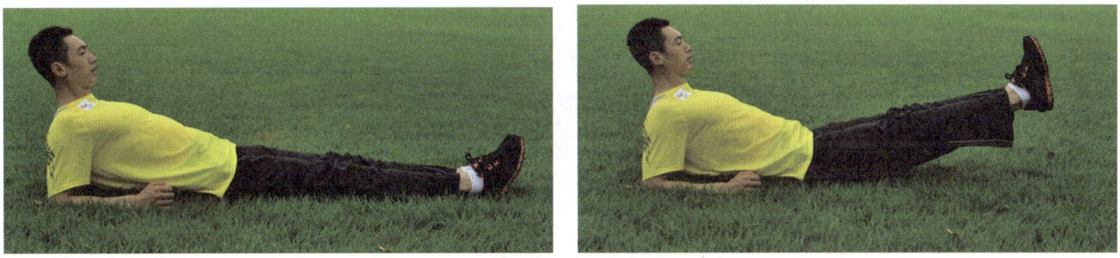

图3-19　静力抬腿

图3-20　背伸展

图3-21　蹲　跳

图3-22　摸高练习

## （五）循环训练

循环训练是将多项阻力练习组合起来进行，以达到发展一般或专项力量素质的效果。这种方式是运动员从一个练习的“站”进入下一个“站”，直到所有“站”的练习全部完成即为一个循环。在多名运动员一起训练时，这是一种理想的形式。在制订循环训练课计划时，教练员应该考虑身体的四个基本部位：双臂和双肩、背部、腹部、双腿和髋。部位的练习不能重叠，例如，腿部练习之后，不能再接着进行一个腿部练习。

应采用多种形式的变化，使循环练习的量和强度逐渐地得到提高。对于初学者来说，用时间来确定训练负荷是一个好办法，它可以使每位运动员能够按照其能力完成每个练习的重复次数，也能够使教练员容易地进行监督。

下面是使用自身体重作为阻力的循环训练的例子（图3-23）：

（循环次数1～5；每站的时间30～90秒；练习之间恢复15～45秒；循环之间恢复2～5分）

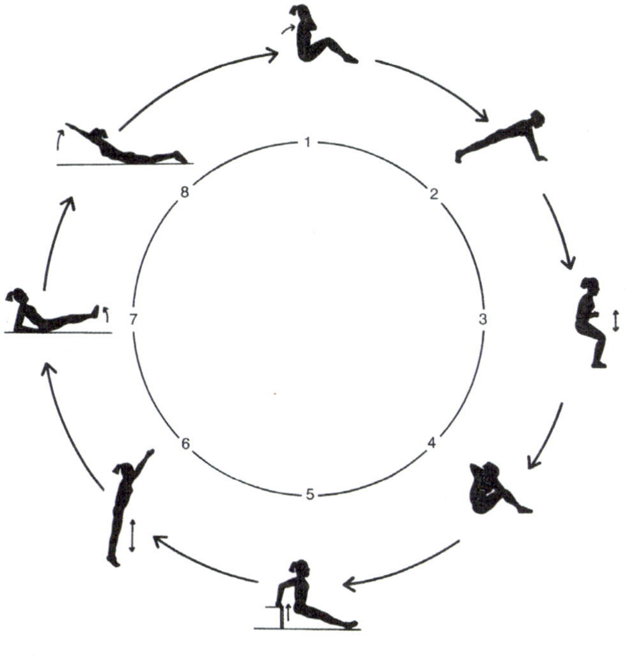


图3-23　循环练习示意图

## （六）功能性力量训练

功能性力量训练是一种训练理念，通过多关节、多维度、平衡能力、本体感觉和不稳定性在内的动作练习，达到提高全身肌肉整体工作能力和效率的目的。这种训练强调躯干部位和各关节周围小肌肉群的稳定辅助作用，它并不直接提高单块肌肉的收缩速度或力值，而是通过肢体稳定性的加强，主动肌与辅助肌、拮抗肌之间协作能力的提高，神经—肌肉支配能力的改善，来提高一个动作不同环节之间的衔接，动作与动作之间的配合，最终达到提高多块肌肉参与完成整体力量目标的能力。具体的训练方法包括悬吊训练、振动力量训练、核心力量训练、本体感觉功能训练等。

### （七）“3—5原则”

对于高水平成绩阶段的运动员，教练员应该考虑采用“3—5原则”作为指南，来组织其力量的训练课。

力量训练的“3—5原则”

每周3—5次训练课

每次训练课3—5个练习

每个练习3—5组

为了发展最大力量和功率力量

每组3—5次重复

每组之间恢复3—5分钟

这个“原则”是一个有用的指南。但实际上可能没有足够的时间每周安排3～5次力量训练课，如果是这种情况，每周最少也必须要安排2次训练课来发展力量。

## 思考题

1. 结合你的专项，思考并说明“最佳速度”的表现形式。
2. 如何发展爆发力？
3. 柔韧性活动有哪些分类？各自的动作特点是什么？
4. 有氧耐力的生理学基础是什么？

# 第四章
# 田径运动的竞赛组织

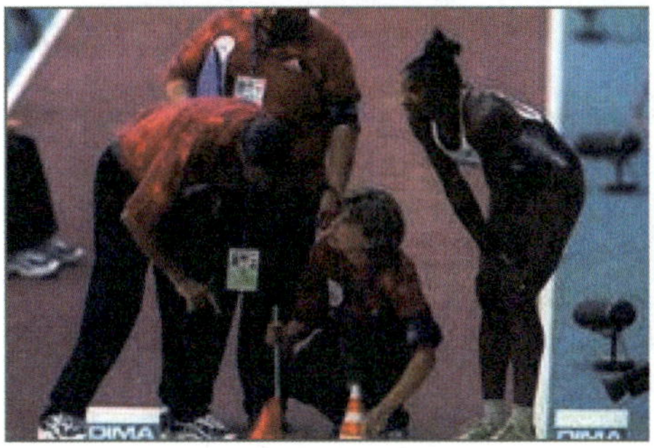

田径比赛是体育运动项目中参加人数最多、小项最多、场地器材最多、过程最复杂的比赛。田径比赛的组织和运行工作的好坏，会直接影响田径比赛的进程和效果。因此在举办田径比赛时，组织运行工作非常重要。

## 第一节　田径比赛的准备工作

田径比赛的准备工作包括：田径比赛的性质确定、田径比赛的规程制定、田径比赛的组织机构、田径比赛的场地器材准备等几项工作。

### 一、田径比赛的性质确定

田径运动的竞赛形式很多，根据不同的目的和任务，可组织成各种不同规模的田径比赛。一般分为正式的专业田径运动会和群众性的田径运动会。

正式的专业田径运动会包括奥运会的田径比赛、国际田联举办的田径比赛、各国田径协会举办的田径比赛，以及一些专业体育部门举办的田径比赛。这些田径比赛执行统一的规则，按照规范的流程进行比赛。比赛的主要目的是为专业田径运动员提供比赛的平台，创造优异的田径成绩。

群众性田径运动会的主要目的是为普通人群提供比赛的平台，是普及田径运动、发展人体机能水平、提高大众健康的媒介。群众性的田径运动会的设项灵活，可根据比赛的目的和参赛运动员的特点选择合适的比赛项目，并且可以增加非正规的项目。运动会的规模可大可小，执行的规则和规程也比较灵活，可根据比赛的需要，选择适当的比赛规则，制定适当的比赛规程。当然，这些规则和规程必须保证具有很好的公平性和操作性，以便能够使得每个运动员在公平的条件下顺利进行比赛。

在举办一项田径比赛时，必须考虑参赛运动员的性质和具体条件，确定比赛的性质，才能达到本次田径比赛的目的。

### 二、田径比赛的规程制定

竞赛规程是比赛的法规性文件，具有唯一性。比赛过程中的所有事件的处理，都必须遵守竞赛规程规定的条文内容。因此，在制定竞赛规程时，应该尽可能的详细制定有关比赛事宜的所有条目，文字和语句要规范准确，避免由于歧义而引起实际工作中的困难和纠纷。

竞赛规程主要包括下列几个方面：

- 主办单位
- 承办单位
- 竞赛日期和地点
- 参加单位
- 竞赛项目
- 参加办法
- 竞赛办法
- 计分办法
- 录取名次与奖励
- 报名、报到与技术会议
- 裁判员和仲裁
- 有关说明与附件等

根据比赛的性质和特点，各种比赛的竞赛规程内容可做适当调整。

下面是2013年全国田径锦标赛的竞赛规程（正式田径比赛）（表4-1）和北京体育大学第44届田径运动会竞赛规程（包括教工的非正式田径比赛）的范本（表4-2）。

**表4-1　2013年全国田径锦标赛竞赛规程**

| |
|---|
| 2013年全国田径锦标赛竞赛规程 |
| **一、主办单位**<br>国家体育总局田径运动管理中心（下称田管中心）。 |
| **二、承办单位**<br>江苏省体育局、苏州市人民政府。 |
| **三、竞赛日期和地点**<br>2013 年5 月29 日至6 月1 日在江苏省苏州市举行。 |
| **四、参加单位**<br>各省、自治区、直辖市、解放军、各行业体协。 |
| **五、竞赛项目**<br>男子（21 项）：100 米、200 米、400 米、800 米、1500 米、5000 米、10000 米、110 米栏、400 米栏、3000 米障碍、4×100 米接力、4×400 米接力、跳高、撑竿跳高、跳远、三级跳远、铅球、铁饼、链球、标枪、十项全能。<br>女子（22 项）：100 米、200 米、400 米、800 米、1500 米、5000 米、10000 米、100 米栏、400 米栏、3000 米障碍、4×100 米接力、4×400 米接力、跳高、撑竿跳高、跳远、三级跳远、铅球、铁饼、链球、标枪、七项全能、投掷。 |
| **六、参加办法**<br>（一）按2013 年国家体育总局田径运动管理中心选派参加的国际比赛或由国家体育总局田径运动管理中心主办和批准的比赛（包括室内、室外比赛）中运动员创造的最好成绩（含超风速）排名择优录取。大奖赛第二站后公布名单。<br>（二）各单项参赛名额的具体规定<br>1. 进入2012 年世界前20名的项目（男子110米栏、跳远、三级跳远、跳高；女子铅球、铁饼、链球、标枪），径赛前18 名；田赛前16 名。 |

续表

2. 其他项目田赛前12名，径赛分道项目及全能项目前16名，不分道项目前12名，接力项目前14 个队（每队4 人）。
3. 获得上述规定参赛资格的运动员都为在编人员。
（三）兼项运动员只占1个录取名额，如1名运动员在2个或2个以上项目中同时获得参赛资格，则占其排名较优项目的名额，如在2个项目中排名相同，则由田管中心抽签决定，另一项的名额由该项后续排名的运动员递补。
（四）凡是以在编身份参赛的运动员（包括接力项目），可兼报一项副项。
（五）除以上各项目规定参赛人数外，各项目成绩积分排名在前22名的运动员也可报名参加锦标赛（在报名表上须注明），需结合各单位参加青少年锦标赛参赛人数的比例（青少年锦标赛规程中有规定）进行报名，所需参赛费用自理。
（六）自费运动员及超编工作人员费用自理，自行与赛区联系。各单位在编运动员（含国家集训队运动员，但不含自费人员）与工作人员的比例：
1-7 名运动员：1 名工作人员；
8-11 名运动员：2 名工作人员；
12-15 名运动员：3 名工作人员；
16-19 名运动员：4 名工作人员；
20-23 名运动员：5 名工作人员；
24-27 名运动员：6 名工作人员，余类推。

**七、竞赛办法**

（一）比赛的场地器材须经中国田径协会审定。投掷器械需经国际田联认证和中国田径协会审定（已经认证和审定的器械厂家有金陵、飞宇、飞鹿，其中江苏金陵是中国田径协会指定的官方供应商）。可选两个品牌的器械作为比赛器械。为了使中国运动员适应世界大赛需要，男、女标枪须准备男80米级，女60米级各3 枝钢枪。运动员自备器械按规则第187条2执行。其他器材除撑竿自备外均由赛区准备。
（二）径赛项目录取参加决赛的办法
1. 男、女800米和1500米项目进行预、决赛，按预赛成绩录取前16名参加决赛。决赛以预赛成绩蛇形排列分两组，按决赛成绩排定名次。
2. 接力项目按成绩取前8名决赛。
3. 其他径赛分道项目根据报名人数按规则规定决定赛次，不分道项目直接决赛，参赛人数超过35人原则上按个人赛季最好成绩蛇形排序分组决赛。
（三）女子投掷团体参赛和录取办法
1. 女子铅球、铁饼、链球、标枪4个小项相加为女子投掷团体项目。
2. 各单位参加女子投掷团体项目时，须在4个小项中分别报满3人（每个小项至少有1名16至19岁青少年运动员），多报不限。
3. 参加女子投掷团体的运动员不可以兼报单项，也不允许1 人报2项，在报名时注明。
4. 女子投掷团体运动员与参加单项运动员同场进行比赛。如比赛举行及格赛，团体比赛运动员直接参加决赛阶段的比赛，但只有4次试投机会。如直接决赛，团体运动员不参加后3轮的比赛。
（四）田赛项目原则上超过18人举行及格赛。
（五）比赛检录时，运动员须交本人参赛卡，否则不能参加比赛。
（六）运动员比赛时必须穿着印有单位名称的统一服装（比赛背心、短裤），服装必须符合要求，否则不能参加比赛。由不同单位组成的接力联队，也必须着统一颜色的服装参加比赛。
（七）将对参赛运动员进行兴奋剂检查。
（八）由赛区准备录像设备，对比赛进行录像。
（九）此赛事为C 类。
（十）其他事项按中国田径协会审定的《田径竞赛规则2010—2011》和《田径竞赛2013年全国田径项目竞赛规程规则 2012—2013 修订部分》执行。

续表

八、计分办法
（一）单项前8名计分为9、7、6、5、4、3、2、1分，全能和接力项目计分加倍。
接力联队的得分将平均后分别计入其原注册单位。
（二）按各单位运动员在单项中得分之和，分别排列男、女团体总分名次。
（三）在每一个赛次（全能每一个单项）中，达到运动健将标准者均加2分；超全国青年纪录者加5分；超亚洲青年纪录者加10分；超全国纪录者加15分；超亚洲纪录者加20分；超世界青年纪录者加25分；超世界纪录者加35分。如同时超多种纪录，只按最高得分加一次。
（四）团体总分相等，以超世界纪录或成绩项数多者列前，如再相等以超亚洲纪录或成绩项数多者列前，再相等以创全国纪录或成绩项数多者列前，再相等以冠军多者列前，余类推。

九、团体比赛计分和运动员成绩积分办法
（一）女子投掷团体录取每个小项3名（1名16～19岁青少年运动员，其他2名运动员年龄不限，但须是注册运动员）运动员的最好成绩，以每人每小项比赛成绩积分相加（不加名次分），4个小项共计12名运动员最好成绩积分多的代表队排名在前，以此类推。
（二）报项不足4个小项的单位，从报满4个小项的单位之后开始排名，报项多的单位排名在前。
（三）参加女子投掷团体比赛时，每名运动员的名次分，将按单位获得团体名次计算成绩积分到每位运动员名下。

十、录取名次与奖励
（一）各单项分别录取前8名，前3名分别颁发金、银、铜牌，前8名分别颁发成绩证书。
（二）男、女团体各录取前8名。冠军队颁发奖杯，第2～8名颁发奖状。
（三）女子投掷团体录取前3名，分别颁发金、银、铜牌和成绩证书；不足3支队伍参加团体比赛时，只录取团体第1名。
（四）成绩水平奖的奖励办法
1. 水平奖的等级和奖励金额
（1）成绩水平奖的等级：按2012年世界田径各项目运动员排名第3、第6、第10名的成绩，分为一等、二等和三等。
（2）奖励金额：各等级对应的奖励金额分别为8万元、5万元、3万元人民币。
2. 成绩水平奖的具体实施和奖励办法
（1）根据运动员在锦标赛决赛上创造的成绩确定对应的成绩水平等级；
（2）运动员达到或超过成绩水平等级的每个项目只奖励前3名，按对应成绩水平等级的奖金额实施奖励。如出现1人以上在同一项目中达到成绩水平奖的同一等级，则名次列前者获得对应等级的奖金额，名次排后者比前者减少5000元，余类推。
（3）没有达到成绩水平等级的项目，只奖励该项目的冠军，其成绩须达到2013年世界田径锦标赛A或B的标准。A 标8000元、B 标5000元，其他名次不予奖励。
（4）接力队达到成绩水平奖等级或A、B 的标准，奖金额加倍。
（5）奖金所得税由承办单位代扣代缴。

十一、报名、报到与技术会议
（一）网上报名：赛前30天开通网上报名系统，赛前15天停止报名，逾期报名不予受理（网址：www.athletics.org.cn）。
国家体育总局田径运动管理中心地址：北京市东城区体育馆路2号
电 话：010−87183449，传真：010−67140801，邮编：100763
（二）赛区联系：见赛事补充通知。
（三）报到：比赛前2天到承办单位报到。大会提供住宿、市内交通，其他费用由各参赛单位自理。各单位在报名后出现报名参赛运动员和工作人员无法到赛区报到超过5人（含5人），而又没有按补充通知要求提前与赛区确认的，将交每人200元的竞赛安排损失费，不交费用的队伍将不允许参赛。
（四）在编的国家队运动员参赛由运动员代表单位负责报名，在秩序册中列入其代表单位，赛区要统一集中安排国家队食宿（名单由总局田管中心提供）。国家队的工作人员名单在秩序册上单独列出。
（五）凡规程中规定的交款，由赛区收取。不交纳者，将取消该单位参加下一次全国性田径比赛的资格。
（六）技术会议：比赛前2天召开技术会议，宣布竞赛有关事宜及确认参赛运动员名单，各单位选派1名领队和1名教练员参加。

续表

| |
|---|
| **十二、赛事代表**<br>由国家体育总局田径运动管理中心选派技术代表 2人、仲裁委员、技术官员8人、部分裁判员12人参加工作，其余由承办单位根据国家体育总局《体育竞赛裁判员管理办法（试行）》（体竞字［1999］153 号）选派。<br>**十三、未尽事项由承办单位于赛前45天在中国田径协会网上发补充通知。**<br>**十四、本规程的解释权属国家体育总局田径运动管理中心。** |

**表4-2　北京体育大学第44届田径运动会竞赛规程**

北京体育大学第44届田径运动会竞赛规程

**一、宗旨**

为贯彻落实“十二五”规划中构建学生竞赛体系的精神，促进校园体育文化的发展，培养全校师生良好的体育道德和公平竞争、乐观向上的体育精神，提高学生竞赛组织管理能力与田径运动水平，特举办此次运动会。

**二、主办单位**

北京体育大学

**三、承办单位**

竞技体育学院、田径教研室

**四、竞赛时间和地点**

2012年4月24—25日

北京体育大学田径场

**五、参赛办法**

（一）学生组

甲组

1. 竞技体育学院田径专项学生，以年级为单位参赛。
2. 教育学院田径专项学生，以年级为单位参赛。
3. 竞技体校田径专项非本科学生，以竞技体校为单位参赛。
4. 研究生院田径项目现役运动员，以研究生院为单位参赛。

乙组

1. 竞技体育学院非田径专项学生，以年级为单位参赛。
2. 教育学院非田径专项学生，以年级为单位参赛。
3. 武术学院学生，以武术学院为单位参赛。
4. 竞技体校非田径专项学生，以竞技体校为单位参赛。
5. 研究生院体育教育训练学专业学生，以研究生院为单位参赛。

丙组

管理学院、运动人体科学学院、体育传媒系、外语系、体育艺术系、康复系学生，均以院、系为单位参赛。

（二）教工组

1. 必须是我校工会会员。
2. 参赛运动员按不同年龄分为A、B、C三个组别。

A组：男46岁以上，即1966年（含）以前出生者。
　　　女41岁以上，即1971年（含）以前出生者。

B组：男36岁～45岁，即1976年～1967年出生者。
　　　女31岁～40岁，即1981年～1972年出生者。

C组：男35岁以下，即1977年（含）以后出生者。
　　　女30岁以下，即1982年（含）以后出生者。

续表

**六、竞赛项目**

（一）学生组

甲组

男子18项：100米、200米、400米、800米、1500米、5000米、110米栏、400米栏、4×100米、4×400米、跳高、撑竿跳高、跳远、三级跳远、铅球、铁饼、标枪、链球

女子18项：100米、200米、400米、800米、1500米、3000米、100米栏、400米栏、4×100米、4×400米、跳高、撑竿跳高、跳远、三级跳远、铅球、铁饼、标枪、链球

乙组

男子16项：100米、200米、400米、800米、1500米、5000米、110米栏、400米栏、4×100米、4×400米、跳高、跳远、三级跳远、铅球、铁饼、标枪

女子16项：100米、200米、400米、800米、1500米、3000米、100米栏、400米栏、4×100米、4×400米、跳高、跳远、三级跳远、铅球、铁饼、标枪

丙组

男子11项：100米、200米、400米、800米、1500米、4×100米、4×400米、跳高、跳远、三级跳远、铅球

女子11项：100米、200米、400米、800米、1500米、4×100米、4×400米、跳高、跳远、三级跳远、铅球

（二）教工组

1. 田径项目

A组 男子：1500米、立定跳远、铅球（5公斤），共3项

女子：800米、立定跳远、铅球（4公斤），共3项

B组 男子：100米、1500米、跳远、铅球（5公斤），共4项

女子：100米、800米、跳远、铅球（4公斤），共4项

C组 男子：100米、1500米、跳远、铅球（5公斤），共4项

女子：100米、800米、跳远、铅球（4公斤），共4项

集体项目：男子4×50米接力、女子4×50米接力，共2项

2. 趣味项目

A组

男子：沙包掷准、30秒跳绳、足球射门、筷子夹乒乓球、定位投篮，共5项

女子：沙包掷准、30秒跳绳、30秒踢毽、筷子夹乒乓球、定位投篮，共5项

B组

男子：沙包掷准、一分钟跳绳、足球射门、三砖渡河、定位投篮，共5项

女子：沙包掷准、一分钟跳绳、足球射门、三砖渡河、定位投篮，共5项

C组

男子：沙包掷准、一分钟跳绳、足球射门、三砖渡河、定位投篮，共5项

女子：沙包掷准、一分钟跳绳、足球射门、三砖渡河、定位投篮，共5项

集体项目：“8”字集体跳绳，共1项

**七、参加办法**

（一）学生组

1. 各参赛单位可报领队1人，教练2～4人。各组别每单位每项报名人数不超过2人，每人限报2项，可兼报接力。接力比赛每参赛单位可报男、女各一个队参加。

2. 所有参加比赛的学生必须经校医院体检合格后方可参赛。

（二）教工组

1. 参加单位：各基层分工会为报名单位。

2. 每单位可报领队1人，教练员1～2人，田径比赛项目每人限报 2 项，每项限报2人，可兼报接力，每单位接力限报1队。趣味项目单项每人限报 2 项，每项限报2人，可兼报集体项目。参加集体项目的单位每项限报 1 队。

续表

| |
|---|
| **八、竞赛办法**<br>（一）学生组<br>1. 比赛所用器材为标准器材，各单项比赛按照2011年田径比赛规则执行。<br>2. 400米和400米以下的径赛项目（含400米栏）2个赛次，每项按成绩录取前8名参加决赛。其他项目一次决赛按成绩录取前 8 名。<br>3. 凡竞赛项目报名不足3人或 3 队时取消该项目比赛，超过3人或3队但不足8人或 8 队的项目，减一录取。<br>4. 田赛项目比赛顺序由大会抽签排定。<br>5. 接力项目各单位参赛队服装统一。<br>（二）教工组<br>1. 田径比赛项目不进行预赛，只进行决赛，其中田赛每人只有3次试跳（掷），按成绩录取名次。<br>2. 田径比赛器材由大会提供，运动员不得使用自备器材。<br>3. 按照比赛时间，请提前15分钟进行检录。径赛项目检录地点在检录处，田赛及趣味项目检录地点均在该项目比赛地点。<br>**九、积分及奖励办法**<br>（一）学生组<br>1. 各单项录取个人前 8 名进行名次积分，分别为9分、7分、6分、5分、4分、3分、2分、1分。破校纪录积分加倍计算，接力项目积分加倍计算。<br>2. 比赛设团体总分奖，每个组别团体总分取前3名。<br>3. 每单项比赛完毕，现场对前3名进行奖励。团体总分取前3名现场进行奖励。如团体总分相等则以第一名多者列前。<br>4. 本次运动会设体育道德风尚奖，评选办法另行制定。<br>（二）教工组<br>1. 单项比赛各组均录取前8名给予奖励。（报名不足前8名的，录取前3名）<br>2. 竞赛及趣味项目名次按比赛成绩排列，成绩相等按项目录取办法判定名次。如完全相同则名次并列，取消下一名次。<br>**十、赛前技术会议**<br>本届田径运动会赛前技术会议定于4月23日14：30在田径馆召开，请各参赛单位的领队与教练员准时参加。<br>**十一、报名时间及办法**<br>（一）学生组<br>各院按要求报名，报名表打印后加盖单位公章和校医院公章，于2012年4月10日前交及田径教研室，同时将报名表电子版发送至××××@163.com。<br>联系电话：010-××××　　××××××<br>联 系 人：×××<br>（二）教工组<br>2012年4月1日以前将各单位参赛项目纸质报名表（加盖单位公章）及电子版报名表报校工会。<br>联系人：×××；电话：××××；电子邮箱：××××@bsu.edu.cn。逾期不予补报，报名后不得更改和弃权。<br>**十二、其他未尽事宜或变更事宜另行通知。**<br><br>2012年3月15日 |

## 三、田径比赛的组织机构

田径比赛的组织工作包括：

- 组委会工作——由组织委员会和办公室完成。
- 宣传工作——由宣传处完成。
- 竞赛工作——由竞赛处完成。
- 会务工作——由会务处完成。
- 安全工作——由安保处完成。

田径比赛的大会工作人员应根据组织工作内容建立相应的组织机构。不同规模的比赛，可建立不同数量的工作部门，安排不同数量的工作人员。

各部门应根据自己的职责搞好工作。既有明确分工，又要互相协作，以保证比赛的顺利进行。

## 四、田径比赛的场地器材准备

根据田径比赛的性质、时间、地点、参赛人数等因素进行场地器材的准备工作。场地器材是一项专业性很强的工作，要严格按照竞赛规则和规程的要求进行。注意要有一定的备份，以应对各种可能发生的情况。

# 第二节　田径比赛的编排记录公告工作

编排记录公告工作是田径比赛的核心工作之一，田径比赛的所有日程安排和所有比赛信息的收集、统计、传送和发布，均由编排记录公告组进行。编排记录公告组工作的质量和速度，会直接影响整个田径比赛的进程。（图4-1）

目前，在国外大型田径运动会中，没有编排记录公告组或编排纪录公告裁判员的设置，编排记录公告工作主要由技术代表和各项主裁判通过计算机系统完成。在我国一般的田径比赛中，依然保留了专门的机构负责田径比赛的编排记录公告工作。

田径比赛的编排记录公告工作主要分为：报名、赛前编排、赛时编排记录公告三个部分。

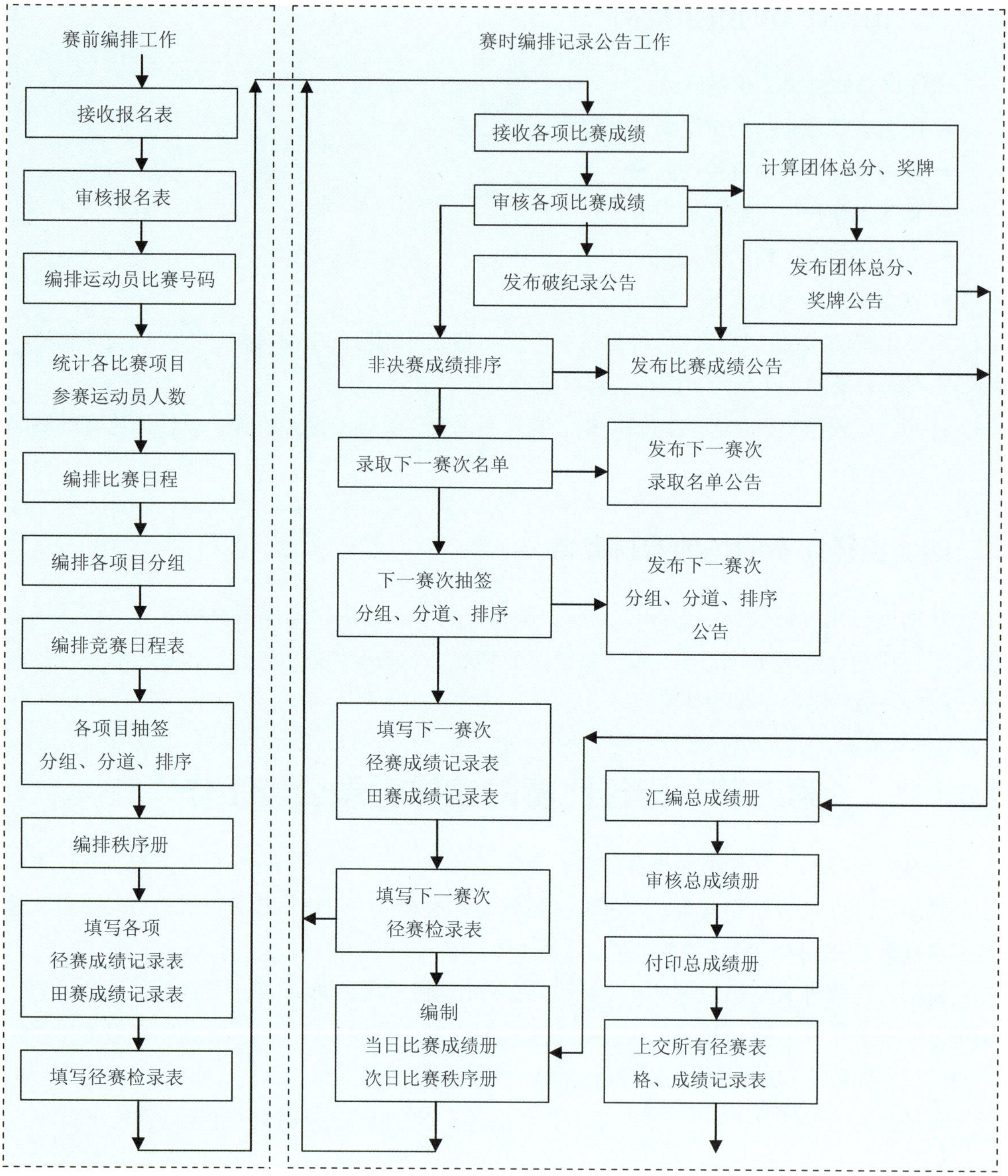


图4-1　编排记录公告工作流程图

# 一、报　名

所有运动员需要进行参赛报名后才能参加田径比赛。在一些群众性的田径比赛中，允许运动员临时报名参赛，但是也必须将临时报名的运动员数据及时报至编排纪录公告组。

参赛报名可采取传统的纸质文件报名和计算机报名。计算机报名又分为电子文档报名和网络报名。根据现在计算机和网络技术的普及，最好使用计算机网络报名，以提高准确性和效率。（图4-2）

男子甲组（运动员）

单位：教育学院11

| | 序号 | 姓名 | 性别 | 出生日期 | 项目1 | | 项目2 | | 项目3 | | 项目4 | | 项目5 | | 备注 |
|---|---|---|---|---|---|---|---|---|---|---|---|---|---|---|---|
| 4–5 | | | | | 项目 | 报名成绩 | 项目 | 报名成绩 | 项目 | 报名成绩 | 项目 | 报名成绩 | 项目 | 报名成绩 | |
| 6 | 1 | 刘威 | 男 | | 100米 | | 4×100米接力 | | | | | | | | |
| 7 | 2 | 张强 | 男 | | 100米 | | 4×100米接力 | | | | | | | | |
| 8 | 3 | 姚佳 | 男 | | 200米 | | | | | | | | | | |
| 9 | 4 | 杨泽义 | 男 | | 200米 | | | | | | | | | | |
| 10 | 5 | 杨洪 | 男 | | 400米 | | 4×400米接力 | | | | | | | | |
| 11 | 6 | 吴旭波 | 男 | | 5000米 | | | | | | | | | | |
| 12 | 7 | 邵壮 | 男 | | 110米栏 | | 400米栏 | | 4×400米接力 | | | | | | |
| 13 | 8 | 孙帅 | 男 | | 跳高 | | 400米栏 | | 4×400米接力 | | | | | | |
| 14 | 9 | 凯塞尔江· | 男 | | 跳高 | | | | | | | | | | |
| 15 | 10 | 赵雪川 | 男 | | 110米栏 | | 4×400米接力 | | | | | | | | |
| 16 | 11 | 李兵 | 男 | | 跳远 | | | | | | | | | | |
| 17 | 12 | 曹正斌 | 男 | | 4×100米接力 | | | | | | | | | | |
| 18 | 13 | 张卫超 | 男 | | 三级跳远 | | | | | | | | | | |
| 19 | 14 | 邓梓豪 | 男 | | 铅球 | | | | | | | | | | |
| 20 | 15 | 翟旺旺 | 男 | | 铁饼 | | | | | | | | | | |
| 21 | 16 | 郭升升 | 男 | | 标枪 | | | | | | | | | | |
| 22 | 17 | 郭俊良 | 男 | | 标枪 | | 4×100米接力 | | | | | | | | |
| 23 | 18 | 李冬 | 男 | | 三级跳远 | | | | | | | | | | |
| 24 | 19 | 刘佳萌 | 男 | | 4×100米接力 | | | | | | | | | | |
| 25 | 20 | 尼加提.阿山 | 男 | | 4×100米接力 | | 链球 | | | | | | | | |
| 26 | 21 | 余合翔 | 男 | | 4×400米接力 | | 400米 | | | | | | | | |
| 27 | 22 | 李红生 | 男 | | 跳远 | | 4×400米接力 | | | | | | | | |
| 28 | 23 | 赵琼 | 男 | | 链球 | | | | | | | | | | |
| 29 | 24 | 王铭潇 | 男 | | 铁饼 | | | | | | | | | | |
| 30 | 25 | | | | | | | | | | | | | | |

图4-2　田径比赛报名表（运动员）

# 二、赛前编排

## （一）编排运动员比赛号码

报名表收齐审核后，即可进行运动员的编号工作。运动员的编号有几种方法：

### 1. 按单位连续编号

按参赛单位顺序，先男后女或先女后男顺序编号。下一个单位紧接上一个单位的号码继续排号。这种编号方法可以节省号码布，但不便于辨别运动员所属单位，也不便于在本单位号码范围中临时增加运动员的编号。

### 2. 按单位整数编号

按参赛单位顺序，先男后女或先女后男整数编号，男女均以整数开始。这种编号方法可以比较容易地辨别运动员的所属单位，便于临时增加运动员的编号。但所备号码布数量必须多于运动员数量。

如果比赛设有不同的组别，如成年组、青年组、少年组等，也可按组别分别编号。

## （二）统计参赛人数

统计各单位及各项的参赛人数。

## （三）竞赛日程编排

竞赛日程是根据各个项目确切的参加人数，安排每一项、每一赛次、每一组次的具体时间。竞赛日程调整的原则是：以原排定的各项目决赛的日期、单元不变为原则，删减或调整其他赛次。

**竞赛日程编排时要注意：**

- 根据报名确认后的人数，调整各项目的赛次。如果需要取消某一赛次，则最好是取消非决赛赛次，以保证比赛的连续性和完整性，减少对运动员训练安排的影响。
- 如原预计有36人参加100米比赛，根据规则要进行预、次、复、决4个赛次。确认参赛后只有31人，则将赛次调整为3个赛次，取消次赛，保留预、复、决赛，日期和单元不变；原计划20人参加跳高比赛，根据规则要进行及格赛和决赛，确认参赛后只有14人，则取消及格赛，决赛日期和单元不变。
- 计算径赛（包括全能的径赛）各项次的组数，包括后继赛次的组数。如100米预赛，共31人参加，每组8人，可设4组。
- 根据径赛和田赛各项次的人数和组数，计算每个赛次的用时。现在大型比赛往往有赛前现场介绍运动员的过程，这样每组的用时应增加3～5分钟。
- 安排径赛的比赛时间时，要注意留出换项的时间。一般情况下，径赛的换项时间为5分钟，跨栏项目则再增加5分钟，障碍项目再增加10分钟。换项的时间可根据器材摆放和裁判员的工作水平做适当调整。
- 先安排全能项目各单项在每个单元的时间，在遵守规则规定的全能单项之间间歇时间的前提下，尽可能拉大时间间隔，以便全能运动员有更多的时间休息。
- 在每个单元的全能项目径赛的间隔中，安排其他径赛项目。
- 如果大会安排了当场发奖，则在安排径赛项目时间时，应考虑加入发奖的时间。一般来说发奖仪式，应在该项决赛结束后30分钟内进行。一项发奖仪式的时间一般为5～10分钟。
- 安排田赛时间时，要注意场地分布，尽量在同一时间内，均匀地分布不同类别的田赛项目，以便于观众观看比赛。
- 如果某项及格赛需分为2组进行，在场地、设备能够达到条件相等时，可安排两组同时比赛。否则应在第1组及格赛后，立即开始第2组及格赛。
- 完成竞赛日程编排后，应认真审核、校对，然后交技术代表、组委会和业务部门领导审核。

### （四）各项目抽签分组、分道、排序

按照分组、分道和排序的方法和要求，请技术代表或其指定的代理人，抽取全部所有径赛第一赛次及直接决赛的组次、各组运动员的道次和田赛及格赛、直接决赛的比赛顺序。分组分道后，一定要认真检查每项分组情况，避免出现误差，引起争议。

### （五）秩序册编制的有关内容

- 封面：封面应醒目地书写比赛名称、大会会标、主办单位、承办单位、比赛日期等。
- 目录。
- 竞赛规程、竞赛须知、补充通知。
- 组织委员会及各下属委员会（处或组）人员名单。
- 技术代表、技术官员、仲裁委员会、裁判员名单。
- 大会活动日程安排。
- 竞赛日程。
- 代表队名单（按单位排序，列出报名项目和报名成绩）。
- 各项目参赛运动员名单（按项目、运动员报名成绩排序）。
- 竞赛分组表。
- 运动会各类人数统计。
- 田径纪录和运动等级标准。
- 田径场地平面图。

## 三、赛时编排记录公告

赛时编排记录公告工作主要包括：接收、审核各项比赛成绩，发布成绩公告、新纪录公告和后继赛次录取名单，编排次日的项目和后继赛次，接收接力棒次表，统计团体总分，总成绩册的汇总等。

比赛开始后，编排组的几项工作同时开始，因此必须分工明确，各司其职，坚守岗位，善始善终。

### （一）接收、审核各项比赛成绩

径赛和田赛的比赛成绩送达编排记录处后，应由负责该项的编排裁判员立即进行审核。如发现疑问和错误，应立即通知该项主裁判和编排主裁判，令其确认或修改后，再进行下面的成绩公告和录取工作。

全能项目成绩到达后，除了审核成绩外，还要与全能裁判组一起核对单项得分和累计得分。

### （二）发布成绩公告

成绩审查校对后，立即发布该项次成绩公告。

有后继赛次的项目，除了每组的成绩外，还应发布该项次的综合成绩公告。综合成绩应按运动员在该项次中的比赛成绩排列，并填写录取的标志。

如果有破纪录成绩，还需单另发布新纪录公告。

### （三）录取后继赛次、分组分道、排序

在某一项次的各组成绩全部到达之后，由专人按照规则和规程规定录取后继赛次的运动员，并协助技术代表或其指定代理人进行分组分道、排序的抽签工作。然后填写、打印、公布后继赛次的参赛名单、后继赛次的径赛检录表和田赛成绩记录表。如系本单元和当天进行的后继赛次，要尽可能快地将检录表送到有关裁判组。

### （四）编排次日竞赛日程表和竞赛分组表

如果是分日确认的比赛，每天要安排专人接收次日比赛的确认表，统计各项人数，调整赛次，编排次日的竞赛日程，协助技术代表或其指定代理人进行分组分道、排序的抽签工作，编制次日所有项目的竞赛分组表。

### （五）接收接力项目的棒次表

指定专人，在规定时间内收取接力项目的棒次表，并迅速将运动员的棒次填写/录入到接力检录表中，打印并分发到各有关裁判组手里。重大比赛的棒次确定时间是赛前1～2小时，所以负责棒次的编排裁判应事前做好准备，尽快处理，以免耽误比赛进程。

### （六）统计团体总分和奖牌数

每项决赛成绩到达后，由团体总分统计员进行总分和奖牌数的累加统计。团体总分和奖牌统计应该每天公布1次。有条件的话，每个单元公布1次。

## 思考题

1. 田径比赛组织工作的主要内容有哪些？
2. 组织一个学校田径比赛，其赛前编排和赛时编排的重点工作是什么？
3. 田径竞赛规程的主要内容是什么？

# 第五章
# 田径运动场地基础知识

# 第一节 田径场地概述

田径运动场地是进行田径项目教学、训练和比赛的场所。田径运动竞赛规则对场地标准有明确规定，国际田联对场地的设计和建造也有严格的要求。标准场地是跑道长度为400米的半圆式田径场。

现代田径运动场地曾出现过蓝曲式、三圆心式、四角式等形状，20世纪初出现了半圆式场地。目前采用的400米半圆式田径场的弯道半径统一，设计、计算和丈量简便，并且有利于发挥跑速，因此，被国际田联确定为田径运动比赛的标准田径场。随着田径运动的发展和科学技术的进步，20世纪60年代初出现了塑胶合成材料铺设的田径跑道，使田径场地成为全天候的场地，从而极大地促进了田径运动的发展。

半圆式田径场的跑道是由2个180° 的半圆和2个直段所组成。

目前，国际田联承认的标准400米半圆式田径场的半径有36米、36.5米和37.898米。现在大型比赛的场地较多采用的半径为36.5米。标准半圆式田径场的结构见图5-1。

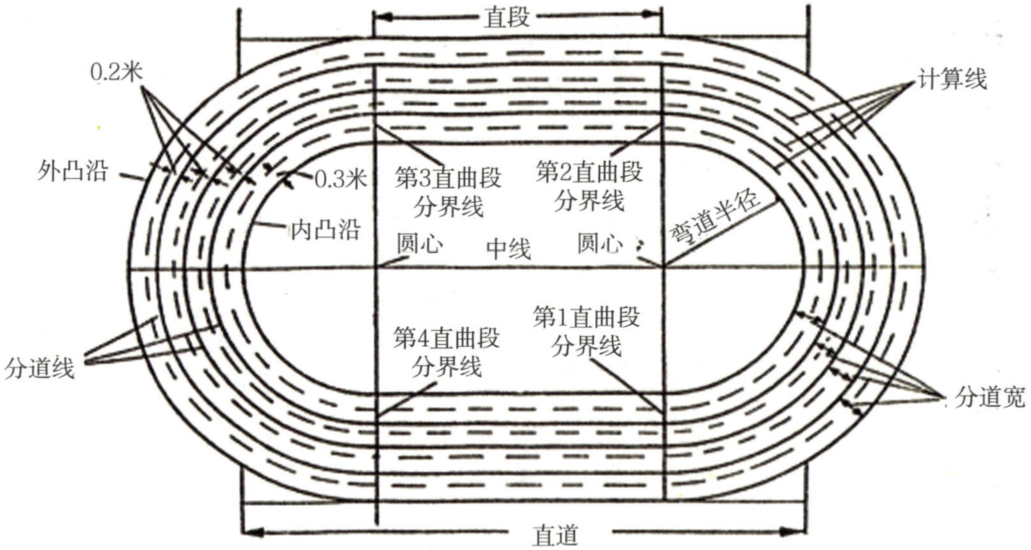


图5-1 标准半圆式田径场构成

● **中 线**

中线位于田径场的中间，把场地等分为东西两部分，在绘图和修建场地时必须以这条线为基线。

- **圆　心**

圆心在中线上，南、北弯道各有一个圆心，它是弯道内、外突沿和各条分道的圆心。

- **内突沿、外突沿**

内突沿和外突沿是跑道的内边标志和外边标志，内外突沿的宽度均为5厘米（不包括跑道宽度在内），高出地面5厘米。

- **直段、曲段分界线**

把跑道的直段与曲段分开的两条线，这两条线与场地的中轴线垂直，相交于圆心。田径场上有4条直曲段分界线。

- **直段、直道**

直段是两个弯道之间的跑道。直道是直段和直段两端的延长段。

- **跑道宽、分道宽**

跑道宽是内突、外突沿之间的宽度。分道宽是各条跑道的宽度。每条跑道宽度为1.22米。

- **分道线**

分道线宽5厘米，分道线计算在内侧分道宽度之内。

- **计算线**

计算线供计算跑道周长使用，第1条分道的计算线距跑道内突沿外沿0.30米，第2至第8道的计算线距内侧分道线外沿0.20米。

## 第二节　田径场地设施的有关标准

### 一、径赛场地

径赛场地是田径运动场地的主体，田径竞赛规则对跑道的长度标准和标线均有严格要求。

#### （一）跑　道

标准跑道的全长应为400米，应由2个平行的直道和2个半径相等的弯道组成。除草地跑道外，跑道内侧应用适宜材料制成的突沿加以分界。突沿高约5厘米，宽至少5厘米。如因举行田赛项目比赛而需临时移动突沿的一部分，则应用5厘米宽的白线标出原突沿位置，并在白线上放置锥形物或小旗，其高度至少20厘米，间隔至多4米，锥形物的底座边沿或小旗的旗杆应与白线外沿重合。

对于没有突沿的草地跑道，应用5厘米宽的线条标出跑道内沿，还应以5米间隔设置小旗。为防止运动员踩线，应将小旗放在线上，向场内倾斜，与地面成60°角。小旗规格约为25厘米×20厘米，旗杆长45厘米最为适宜。

应在跑道内突沿外沿以外30厘米处测量跑道长度。如无内突沿，则应在标志线外沿以外20厘米处进行测量。（图5-2）

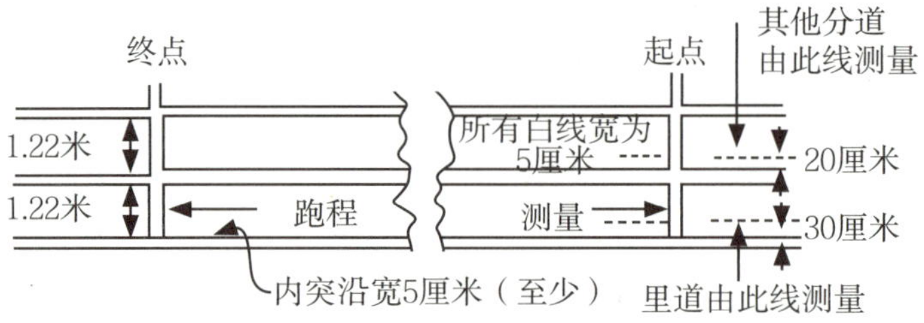


图5-2 跑道丈量线示意图

赛跑的距离应从起跑线后沿（离终点线较远的）量至终点线后沿（离起点线较近的边沿）。400米及400米以下各项径赛，每名运动员应占有1条分道，分道宽最小为1.22米 ± 0.01米，分道线宽5厘米，所有分道宽应相同。标准400米半圆式田径场应设6～8条分道。跑道的左右倾斜度最大不得超过1：100，在跑进方向上倾斜度不得超过1：1000。

## （二）跨栏跑

每条分道设置10个栏架，其他标准见下表5-1、表5-2。

**表5-1　男子跨栏跑比赛的场地标准（单位：米）**

| 组别 | 全程距离 | 栏架高度 | 起点至第一栏 | 栏间距离 | 最后一栏至终点 |
|---|---|---|---|---|---|
| 男子 | 110 | 1.067 | 13.72 | 9.14 | 14.02 |
| | 400 | 0.914 | 45 | 35 | 40 |

**表5-2　女子跨栏跑比赛的场地标准（单位：米）**

| 组别 | 全程距离 | 栏架高度 | 起点至第一栏 | 栏间距离 | 最后一栏至终点 |
|---|---|---|---|---|---|
| 女子 | 100 | 0.840 | 13 | 8.50 | 10.50 |
| | 400 | 0.762 | 45 | 35 | 40 |

## （三）接力跑

接力跑应在跑道上画出5厘米宽的横线，标明各段之间的距离和接力区中心线。每个接力区的长度为20米，在中心线前后各10米。接力区的开始和结束都从接力区分界线的后沿算起。

4×400米第一接力区（4×200米第二接力区）的中心线与800米起跑线相同。起终点线（第一直曲段分界线）前后各10米之间的距离为4×400米接力的第二、第三接力区。

进入非终点直段处的弧线，表示允许第二棒运动员（4×400米）和第三棒运动员（4×200米）可以离开各自的分道，切入里道。该线与800米跑的抢道线相同。

4×100米和4×200米接力项目，第二、第三、第四棒运动员可从接力区后面10米以内的地方起跑。应在每条分道上清楚标明此预跑线的位置。

## 二、跳跃项目场地

### （一）跳 高

跳高场地包括一个半圆形助跑区（半径至少20米，允许在任一方向上进行助跑）和落地区（至少5米×3米）。助跑道的长度不得短于15米。条件允许时，助跑道长度至少应为25米。助跑道和起跳区朝向横杆中心地点的总的最大倾斜度不得超过1：250。起跳区应保持水平。

### （二）撑竿跳高

助跑道长度至少应为40米，条件允许时，至少应长45米。助跑道宽度最小为1.22米±0.01米，助跑道的标志线宽5厘米。助跑道的左右倾斜度不得超过1：100，跑进方向上总的倾斜度不得超过1：1000。

撑竿插入的穴斗的底部长度为1米，底部的宽度自后向前逐渐变窄，后端为0.60米，前壁底部为0.15米，插斗底部与前壁成105°夹角，前壁长0.224米，插斗左右两壁向外倾斜，在靠近前壁处形成约120°夹角。落地区至少6米×6米。

### （三）跳 远

助跑道长度至少应为40米，助跑道宽度为1.22米±0.01米，应用5厘米宽的白线标出助跑道。起跳板应为长方形，用木料或其他适宜的坚硬材料制成，长1.22米±0.01米，宽20厘米（±2毫米），厚10厘米，涂成白色。起跳板应埋入地下，上沿与助跑道及落地区表面齐平。起跳板靠近落地区的边沿称为起跳线。紧靠起跳线前端应放置一块橡皮泥显示板，以便于裁判员进行判断。如不能安放上述装置，则应采用下列方法：紧靠起跳线前沿铺设软土或沙子，宽10厘米，与水平面成30°角。起跳线至落地区远端的距离至少应为10米。起跳线至落地区近端的距离为1~3米。落地区宽度最小2.75米，最大3米，落地区内应填充湿沙，沙面应与起跳板齐平。

### （四）三级跳远

助跑道长度至少应为40米。助跑道宽度为1.22米±0.01米，应用5厘米宽的白线标出助跑道。起跳线至落地区远端的距离不得少于21米。在国际比赛中，建议起跳线至落地区近端的距离：男子不少于13米，女子不少于11米。在其他比赛中，此距离应与比赛水平相适应。其他与跳远相同。

## 三、投掷项目场地

### （一）投掷圈

投掷圈应用带状铁板、钢板或其他适宜材料制成，其上沿应与圈外地面齐平。圈内地面应用混凝土、沥青或其他坚硬而不滑的材料修建。圈内地面应保持水平，低于铁圈上沿1.4~2.6厘米。铅球和链球投掷圈内沿直径应为2.135米（±5毫米）。（图5-3）

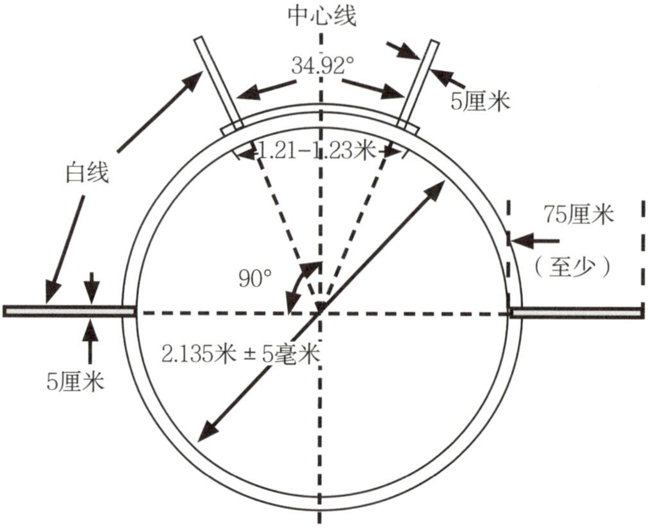


图5-3　铅球投掷圈平面图

铁饼投掷圈内沿直径应为2.50米（±5毫米）（图5-4）。铁圈边沿应至少厚6毫米，漆成白色。可在铁饼投掷圈内放置一个直径为2.135米的铁圈用于掷链球。

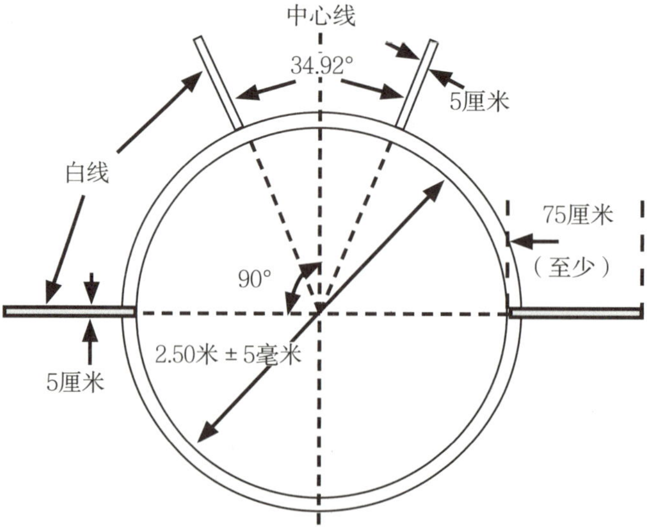


图5-4　铁饼投掷圈平面图

从金属圈顶两侧向外各画一条宽5厘米，长至少为75厘米的白线。此线可以画出，也可用木料及其他适宜材料制成。白线后沿的延长线应能通过圆心，并与落地区中心线垂直。

## （二）抵趾板

铅球场地的抵趾板应用木料或其他适宜材料制成，漆成白色，其形状应为弧形，以便使其内沿与铁圈内沿重合。抵趾板应安装在两条落地区标志线之间的正中位置，并固定于地面。抵趾板宽度为11.2～30厘米，长1.15米（±1厘米），高出圈内地面10厘米（±2毫米）。

## （三）标枪助跑道

标枪助跑道至少应长30米，至多长36.55米，条件许可时，应不短于33.5米。应用宽5厘米的两条平行白线标出助跑道，白线之间距离为4米。助跑道前端是半径为8米的一条弧线，运动员应在投掷弧后面投掷。投掷弧可以画出，也可用木料或金属制成，弧宽7厘米，涂成白色，与地面齐平。投掷弧两端向外各画一条白色直线，线宽7厘米，长75厘米，与助跑道标志线垂直。助跑道左右方向上的最大倾斜度为1：100，向助跑方向上的总的最大倾斜度为1：1000。（图5-5）

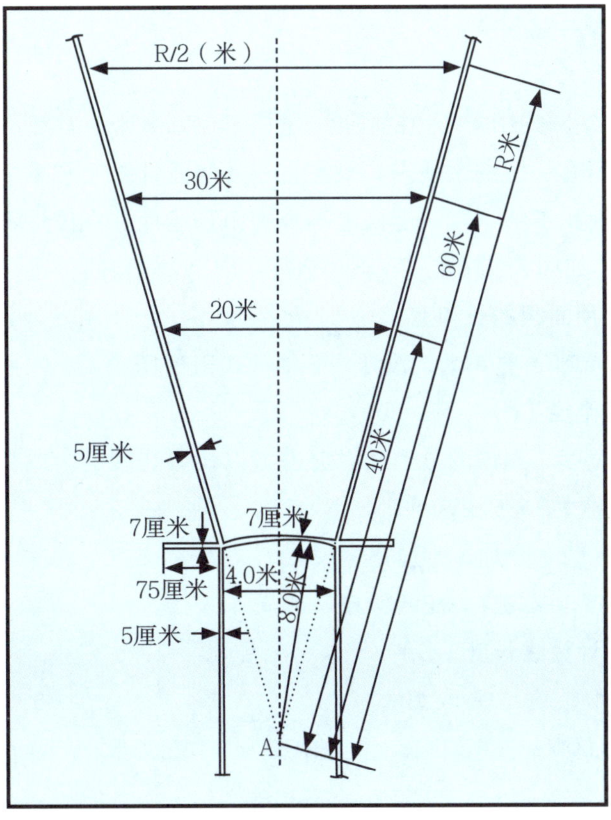


图5-5 掷标枪助跑道和落地区

### （四）落地区

应用煤渣或草地或其他适宜材料铺设落地区，器械落地时应能留下痕迹。落地区在投掷方向上的向下的总倾斜度不得超过1：1000。应用宽5厘米的白线标出落地区，其内沿的延长线应能通过投掷弧圆心，圆心角为34.92°。标枪扇形落地区的夹角约为28.96°。

## 第三节 不规则田径场地的设计步骤

在我国的中小学，由于校园面积所限，许多运动场地呈不规则形状，有的不够标准场地的面积，为了更好地开展田径运动，就需要修建一些不标准的田径场地。

首先要丈量地面的长度和宽度。例如：一个标准半圆式的400米田径场的总长度和宽度为：

中线长＝2（跑道宽＋半径）＋直段长

＝2（8×1.22+36.50）+84.39

＝176.91（米）

总宽度＝2（跑道宽＋半径）

＝2（8×1.22+36.50）

＝92.52（米）

因此，一个400米半圆式田径场地的长度应不短于176.91米，宽度不少于92.52米。此外，还要在田径场地周围留有一定的余地。如果在直道外侧设计跳远和撑竿跳高场地，还需要有更多的余地。如空地面积不够，则只能修建不规则田径场地。在设计不规则田径场地时，应把第一分道取为整数，如周长200米、250米、300米等，这样将便于比赛项目的设置。

**1. 丈量空地可利用面积的长和宽**

如：丈量空地长140米，宽70米，设计一个半圆式田径场。

**2. 初步计算弯道半径（r）**

弯道半径与地面宽度，预设的分道数、分道宽以及留有多少余地有关。跑道周围至少要留有1米的空地，跑道宽为6×1.22米＝7.32米。

半径（r）＝[地宽－2（余地＋跑道宽）]÷2

＝[70−2（1+7.32）]÷2＝26.68（米）

**3. 计算第一分道计算线长度（C）**

计算时半径（r）取整数，现r取26米。

C＝2π（半径＋0.30）＝2×3.1416×（26+0.30）=165.25米

### 4. 计算直段长

一直段长＝空地长－2（余地＋跑道宽＋半径）

＝140−2（1+7.32+26）

＝71.36（米）

两直段长＝2×71.36米＝142.72米

### 5. 计算跑道全长

跑道全长＝两个弯道长＋两个直段长

＝165.25+142.72

＝307.97米

初步计算，这块空地可修建一个307.97米的半圆式田径场地。

### 6. 调整跑道周长

为了使用方便，将跑道周长调整为整数，将307.97米调整为300米，从周长中减去7.97米。将7.97米从两边的直道上减去（7.97米÷2＝3.98米）。71.36米－3.98米＝67.38米。弯道保持原设计不变，每一直段长为67.38米。

### 7. 绘制场地图

将设计好的场地按一定比例绘制场地平面图，并在图上标明各径赛项目的起点和终点，田赛项目场地的布图。如果空余的场地不能设计成半圆式田径场，还可以根据具体情况设计成四角式方形田径场等。

## 思考题

1.如何确定跑道长度的计算线？其依据是什么？

2.如何设计一个不规则的田径运动场地？

3.400米半圆式田径场的优点是什么？

# 第六章　竞　走

# 第一节 竞走的技术原理

## 一、竞走技术的动作结构

竞走是以髋关节为轴转动、两臂协助摆动、双腿交互迈步、足跟领先着地的周期性运动。国际田联关于竞走项目的定义有两条重要的规定：（1）摆动腿的膝关节在足跟着地瞬间至垂直部位必须伸直；（2）两腿在双支撑过程中不允许有人眼可见的腾空。在比赛中，竞走裁判员仔细观察运动员在后脚离地前，前脚是否已经着地（即腾空时相）；运动员前脚着地瞬间至垂直支撑部位膝关节是否保持伸直（即屈腿时相）。任何技术犯规都将被给以“提示”“警告”，直至“取消比赛资格”的处罚。

竞走是单腿支撑与双腿支撑交替进行的运动，单支撑阶段是由前摆、前支撑、垂直支撑、后蹬（后支撑）、后摆等技术环节组成。双支撑是前摆着地瞬间与后蹬离地瞬间双脚同时触地的技术阶段。（图6-1）

图6-1　2009世锦赛亚军、2010世界杯冠军王浩的竞走技术

## 二、竞走的技术特征

竞走的主要技术特征表现为髋关节以围绕身体的垂直轴前后转动为主，同时伴有矢状轴和额状轴的适度转动；摆动腿着地至垂直支撑时相膝关节必须伸直；足跟着地明显，并柔和迅速地滚动到全脚掌直至脚尖蹬离地面；两臂和两肩协同用力配合髋关节的转动以增加步幅。良好的竞走步态表现为后蹬充分，步幅开阔，身体重心平稳。

### （一）躯干与摆臂技术

竞走时躯干正直或稍前倾，眼睛平视，颈、肩部放松，两肩连线与髋关节横轴连线形成交叉状的前后运动。（图6-2）

图6-2　世锦赛亚军刘虹的肩与髋、上下肢配合图

两臂前后摆动，大小臂屈约90°，半握拳，前摆至下颚与乳头间，后摆时大臂与地面接近水平。

### （二）髋的转动技术与步幅

竞走时髋关节以围绕身体垂直轴的左右转动为主，同时伴有围绕矢状轴和额状轴的适度转动，以补偿身体的平衡。当双脚支撑时，两腿的夹角要大，以形成开阔的步幅。（图6-3、图6-4）

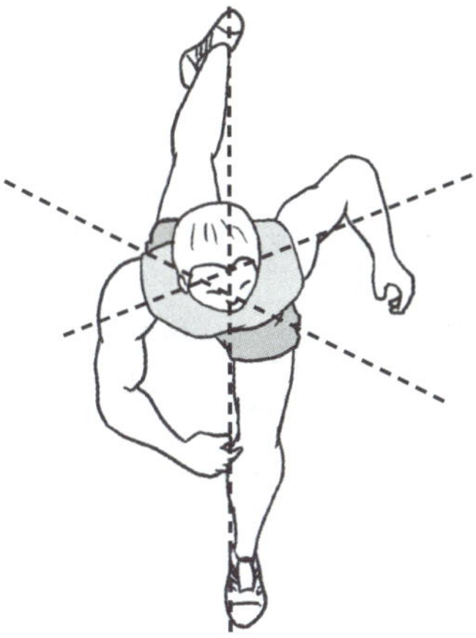

图6-3　髋关节动作的俯视图

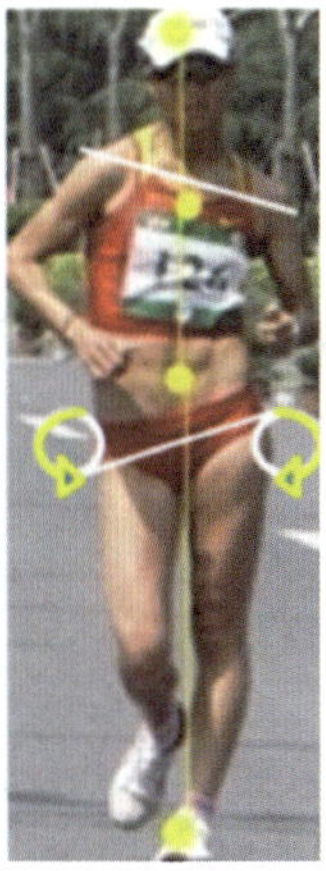



图6-4　髋关节的360°旋转动作图

## （三）后蹬、前摆与双支撑技术

后蹬是通过足跟着地滚动到前脚掌，由脚趾蹬离地面，此时由髋关节、膝关节、踝关节、趾关节顺序发力。

当膝摆过身体垂直支撑面之后，此时脚踝积极迅速地超越膝关节向前摆动，同时要求脚部贴近地面，形成以足跟明显着地的前摆技术。

后蹬离地瞬间，正值前摆脚着地瞬间，形成了竞走周期中的双支撑技术过程。（图6-5）

图6-5　后蹬与前摆（膝关节趋近直线摆动）及双支撑技术

## （四）前摆着地与垂直支撑技术

前摆着地至垂直支撑阶段腿必须伸直，这是规则限定的，垂直阶段左右两脚近乎重叠。当脚摆过垂直支撑点后，摆动腿脚踝快速超越膝部，前摆伸直落地。

前摆腿足跟着地，脚尖自然翘起，滚动到前脚掌，不必刻意勾脚尖，以免造成膝关节、胫骨前肌和脚踝部位的紧张。两脚的落点必须在一条直线上。脚应始终保持低位摆动，以提高动作速率并减少犯规。

图6-6　前摆着地与垂直支撑技术（脚部滚动动作）

## 三、竞走的步长与步频

步长与步频是决定竞走运动成绩的主要因素。但由于受人体解剖结构，各关节的灵活性、柔韧性及后蹬角度等因素的限制以及竞走规则的制约，竞走的步长只能保持在一定的范围内，其挖掘潜力有限。因此，在步长与步频的两个因素中，发展步频是提高竞走运动成绩的主要因素。

在训练中，要在保持适宜步长的前提下努力提高步频。在比赛中，要改善全程步长与步频的稳定性。表 6 － 1 为竞走运动员步频、步长与专项成绩的匹配类型，供参考借鉴。

**表6-1　竞走运动员步频、步长与成绩的匹配类型**

| 项目 | | 成绩 | | | | | | |
|---|---|---|---|---|---|---|---|---|
| | 5000米 | 28：00 | 27：00 | 26：00 | 25：00 | 24：00 | 23：00 | 22：00 |
| | 10000米 | 56：00 | 54：00 | 52：00 | 50：00 | 48：00 | 46：00 | 44：00 |
| 类型 | 步频（步/分） | 步长（厘米） | | | | | | |
| A | 180∫190 | 100∫96 | 103∫99 | 107∫102 | 111∫106 | 114∫109 | 119∫114 | 124∫119 |
| B | 191∫200 | 95∫91 | 98\|95 | 101∫98 | 105∫100 | 108∫104 | 113∫108 | 118∫114 |
| C | 201∫210 | 90∫87 | 94∫90 | 97∫93 | 99∫95 | 103∫100 | 107∫103 | 113∫108 |

# 第二节 竞走各技术阶段动作分析

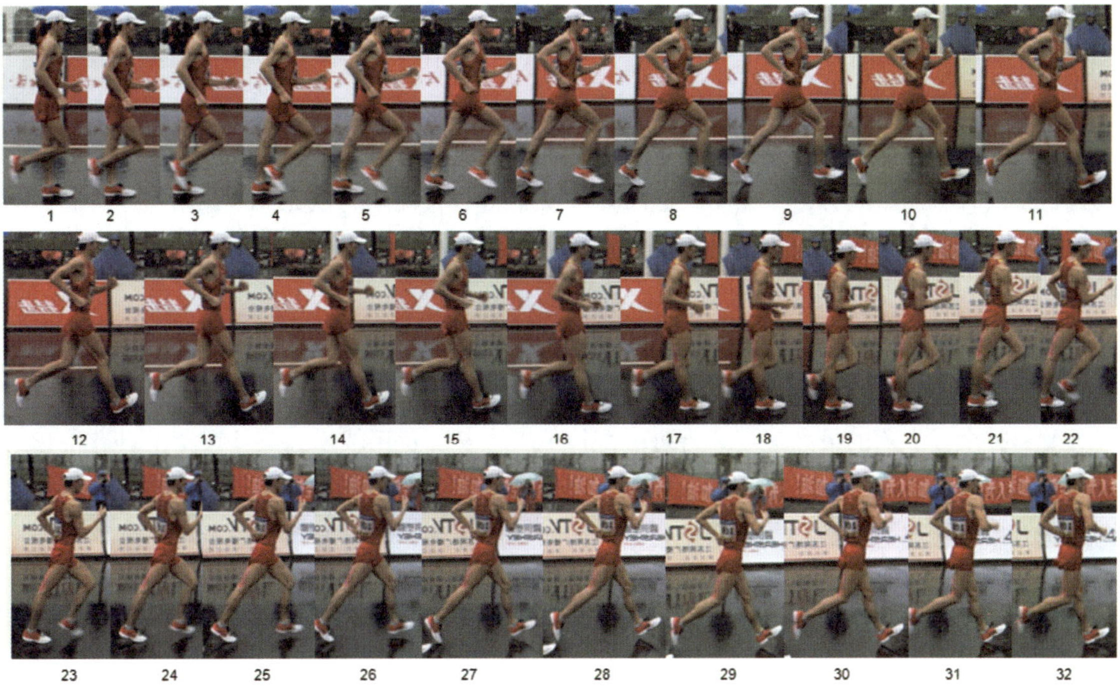

图6-7 2012伦敦奥运会男子20公里竞走冠军陈定的技术动作连续图

## 一、影响竞走成绩的关键因素

竞走是典型的耐力与技战术相结合的周期性竞速项目。男子20公里、50公里和女子20公里是世界大赛的3个正式比赛项目。

竞走是依靠裁判员肉眼观察进行主观判罚的竞速项目。竞走技术是反映与保持竞走项目本质特性的条件与基础，是竞走项目的生命，也是影响运动员取得运动成绩的关键因素之一。因此，竞走要求运动员保持竞速（比速度）和竞技（比技术）的高度统一。以下是影响竞走成绩的关键因素：

### （一）良好的竞走技术

竞走技术动作必须符合国际田联关于竞走的定义。良好的竞走技术包括技术的规范性、动作的实效性和技术的经济性。技术的规范性是指没有腾空和屈腿犯规；动作的实效性取决于动作的幅度、动作的速度和频率、动作的节奏感和动作的直线性；技术的经济性主要取决于动作的放松程度和技术的协调自然。

### （二）专项能力

专项能力是竞走运动员通过系统训练获得的主要竞技能力，是影响运动成绩的关键因素之一，主要包括专项耐力、专项速度和专项力量，另外还包括动作的协调性和柔韧性。

**1. 专项耐力是运动员取得优异成绩的根本**

长距离耐力性的竞走项目要求运动员必须具备高度发展的专项耐力水平。运动员的专项耐力主要以有氧代谢能力为主、同时提高有氧/无氧混合代谢耐力及无氧代谢耐力。有氧代谢耐力和无氧代谢耐力是混合代谢耐力的基础。逐步强化和提高混合代谢的速度耐力，既能促进有氧代谢供能的改善，又能促进专项能力的提高。

**2. 专项速度是运动员取得优异成绩的核心**

竞走比得是谁用时最短，最先到达终点，即在规定距离内比的是速度。因此，要求运动员既要具有全程平均的最高速度（合理分配体能），又要运用战术在某些段落上具有持续的加速能力。发展运动员的专项速度，要在有氧和混氧耐力的基础上，重点发展糖酵解供能的持续能力。与比赛速度最接近的混氧代谢供能的速度训练，能有效地促进专项速度，尤其是专项速度耐力的提高。

**3. 专项力量是运动员取得优异成绩的重要支撑**

专项力量是保持竞走技术、发展专项速度和专项耐力的重要支撑。竞走运动员的专项力量主要包括专项速度力量和专项力量耐力。要注意发展运动员的下肢肌肉群力量、髋部周围的肌肉群力量和下肢小肌肉群的力量。

**4. 协调性和柔韧性是专项能力和专项技术的“桥梁和纽带”**

良好的协调性和柔韧性对专项能力和专项技术的发展起着重要的“桥梁和纽带”作用。它们对专项能力和专项技术的促进和提高发挥着“润滑剂”的效应，良好的协调性和柔韧性可以避免伤病，提高肌肉弹性，又能够促进技术动作的实效性和经济性。

## 二、竞走各技术阶段的完成目的和动作特征

根据国际田联关于竞走的定义：“竞走是运动员与地面保持接触、连续向前迈进的过程，没有（人眼）可见的腾空。”对竞走技术有两个基本的要求：

- 在所有时间内必须有一只脚接触地面，前面的一只脚必须在后面的一只脚离开地面之前接触地面。
- 支撑腿从接触地面时刻开始，直到垂直姿势，必须伸直（膝关节不得弯曲）。

竞走是单腿支撑与双腿支撑交替向前的运动，单支撑阶段主要由前支撑和后支撑等技术环节所组成。双支撑是前摆着地瞬间与后蹬离地瞬间双脚同时触地的技术阶段。（图6–8）

图6-8 竞走的双支撑和单支撑动作图

## （一）单支撑阶段

### 1. 前支撑（图6-9）

图6-9 竞走的前支撑和后摆动作图

**目的：**前支撑是为了缓冲脚着地时在水平方向上的制动力。

**动作特征：**

- 前面一条腿的脚以足跟领先着地并做出滚动动作。
- 前面一条腿的膝关节必须伸展。
- 以髋关节转动带动后腿向前摆动（髋带腿）。
- 后摆腿超过支撑腿时，保持膝部和小腿的低姿势。

**常见错误：**

- 运动员的脚着地没有滚动。
- 着地时膝关节伸直程度不够。
- 后腿摆腿时膝部高抬。
- 身体重心偏后。

2. 后支撑（图6-10）

图6-10　竞走的后支撑和前摆动作图

**目的：**推动人体前移，充分蹬地获得较大步幅，为双支撑做准备。

**动作特征：**

- 后蹬时伸髋、伸腿、伸踝依次发力，最后以足趾蹬离地面。
- 前摆腿以腿带髋向前摆动，接近着地时伸直小腿、足跟领先。
- 着地时支撑腿伸直。
- 支撑腿的脚指向正前方，沿脚底外侧滚动。

**常见错误：**

· 后蹬腿蹬地不充分。
· 髋关节转动幅度小。
· 前摆与后蹬配合不好。

## （二）双支撑阶段（图6-11）

图6-11 竞走的双支撑动作图

**目的：**连接前支撑和后支撑阶段。保持双脚与地面接触，这是规则的要求。

**动作特征：**

- 在后脚脚尖提起时，前面的脚以脚跟领先着地。
- 两腿充分伸展。
- 双臂积极摆动。
- 髋关节的转动幅度最大。

**常见错误：**

- 双脚同时离地，腾空。
- 两腿夹角小，动作幅度不够。
- 髋关节没有充分转动。

# 第三节 竞走常用练习方法

## 一、体验式竞走（图6-12）

图6-12 体验式竞走图

**目的：**体会走的摆臂动作和蹬地与摆腿的自然动作。

要求：

注意事项：

· 可逐渐加节奏，但不能变成跑的动作。

- 按照竞走规则和竞走技术的要求。
- 舒适地迈步，保持身体高重心和连贯有节奏地竞走。
- 距离至少100米。

## 二、竞走完整练习（图6-13）

图6-13　完整竞走动作图

注意事项：

· 体会用力蹬地以推动人体，保持一定的步长。
· 集中注意力于双臂和双腿的摆动，共同强有力地工作。
· 身体高重心，双肩和双髋放松。

目的：发展后蹬腿和脚的蹬地能力，增加步长。

要求：

- 使后蹬脚更加用力地蹬地向前。
- 在每一步中，向前转动髋部。
- 保持与地面接触和伸直膝关节，脚落地时足跟领先着地。

## 三、沿直线竞走（图6-14、图6-15）

图6-14　（两脚走在直线上）

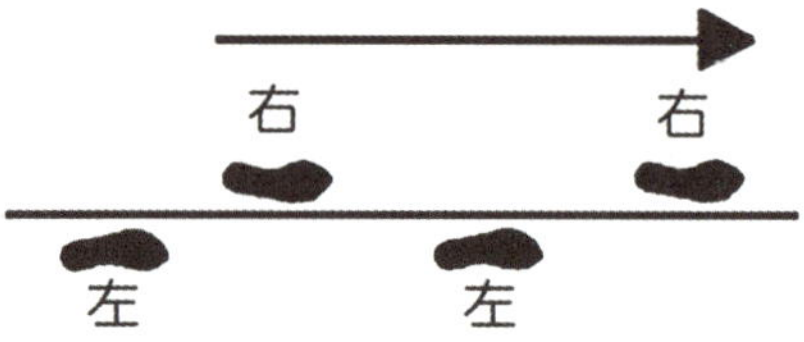


图6-15　（交叉竞走）

注意事项：

· 集中注意力向前，注意脚的着地方向。
· 着地的同时注意髋关节的转动。
· 先进行沿直线竞走，再进行交叉竞走的练习。
· 高重心走，但双肩和双髋要放松。

目的：发展转髋能力。

要求：

- 沿直线走，每一只脚都落在直线上。
- 加大步长，并把脚落在直线对侧。

## 四、专项灵活性练习（图6-16）

图6-16 不同手臂动作的竞走图

**目的：**发展肩部和髋部的柔韧性。

**要求：**

- 中速竞走，双臂向体侧展开，像“风车”一样前摆。
- 可与“把脚落在直线对侧”的练习结合进行。

**注意事项：**

· 双臂在动态过程中保持放松。

· 保持目视前方，尤其是结合走直线练习时。

## 五、专门性力量耐力练习

图6-17展示的练习是从初学者到高水平选手均可以采用的练习方法。该组练习的设计理念以全身力量练习为主，兼顾了竞走技术的改进。目的是发展髋关节的转动幅度和灵活性、上肢力量、腰腹肌力量、蹬地和摆腿力量，以及踝关节的蹬伸力量和伸展幅度等。

**注意事项：**

· 根据运动员特点选择练习内容和次数。

· 竞走和力量练习结合进行。

· 结合各阶段特点安排练习的组数。

图6-17　专门性力量耐力练习图

## 六、变换节奏竞走（图6-18）

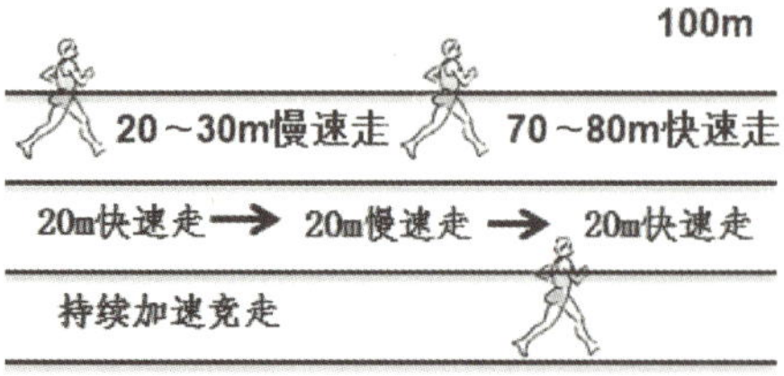


图6-18　变换节奏竞走示意图

**注意事项：**

· 在放松和保持技术动作的基础上，尝试变化速度的“档位”。
· 进展到400米以上距离时，每100米变化节奏。
· 注意胫部疲劳，根据情况安排重复次数。

**目的：**使技术适应各种速度水平。

**要求：**

- 改变节奏和速度走过100米。
- 逐渐增加变化节奏走的距离。

## 七、越过一定距离的竞走

**注意事项：**

· 集中注意力于技术的正确性，而不是速度。

**目的：**在疲劳情况下保持技术。

**要求：**

- 如100米快速走+100米慢速走或200米快速走+200米慢速走，总量至少1000米。
- 重复练习：中等匀速竞走1500～2000米。

## 思考题

1. 如何理解国际田联关于“竞走”的定义？
2. 为什么说技术是竞走运动的灵魂？
3. 竞走运动的步长与步频特点是什么？
4. 竞走专项耐力与专项速度的特点是什么？
5. 完整竞走技术应该包含哪几个动作阶段？各阶段的目的是什么？

# 第七章　跑

# 第一节 跑的技术原理

竞技运动中的赛跑技术与普通跑的自然方法有着紧密的联系，也有着显著的区别。普通跑是竞技运动赛跑的基础，普通跑的动作结构和能力有助于掌握和发展竞技赛跑的技术，但作为现代竞技运动的赛跑技术则更加科学，它能充分发挥人体的运动能力，并将赛跑运动成绩提高到更高的水平。

## 一、跑的动作周期分析

跑是单脚支撑与腾空相交替、蹬与摆紧密配合、动作协调连贯的周期性人体位移运动。在分析赛跑技术时，一般是以一个跑步周期为基础来进行（跨栏跑在平跑基础上，还需研究栏间跑和跨栏步技术）。应指出的是，跑步周期各阶段的划分是为了分析和研究跑动技术，实际上每个周期之间及一个周期各阶段之间都是完整连贯、不可分割的。（图7-1）

跑的一个周期就是一个复步，它是一个完整而连续的动作单元。在一个复步中左右腿各支撑一次地面，身体出现两次腾空。因此，在一个跑的周期中每条腿有两个时期和四个阶段。（图7-2）

图7-1 竞技赛跑技术图

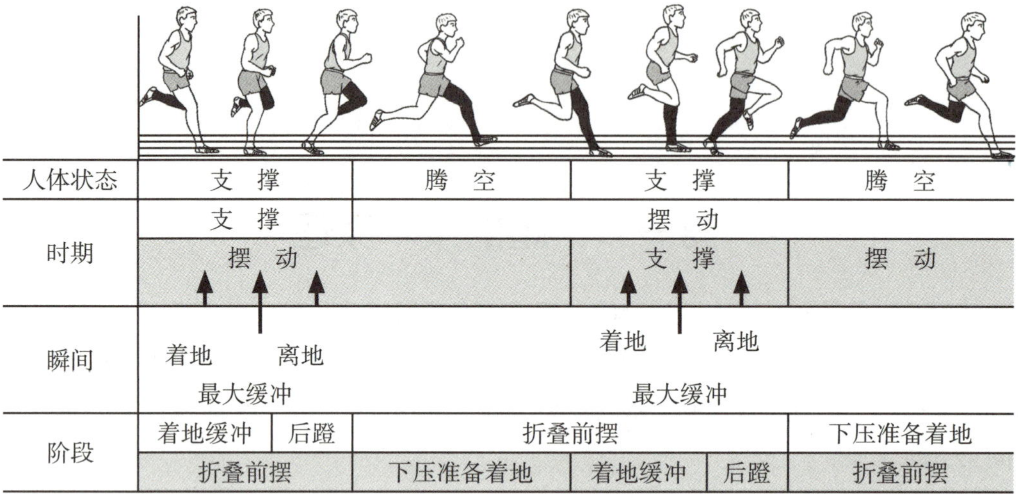


图7-2　跑的周期划分图

两个时期包括：支撑时期——从脚着地起至脚离地止；腾空时期——从脚离地起至另一脚着地止。在跑的支撑时期，通过支撑腿与地面的相互作用，使人体获得向前位移的动力；在腾空时期，人体依靠蹬地获得的速度和惯性继续向前移动。从单腿来看，在一个复步过程中要完成支撑和摆动两类动作。按动作时间比例，摆动动作要大于支撑动作。

为了便于分析和研究跑的技术，根据单腿的动作性质和技术任务，可将单腿分为相互衔接的四个动作阶段。

缓冲——从脚着地到身体重心速度的垂直分速减低到零时为止（从动作图像上看，是膝关节成最大屈曲）。

蹬伸——从身体重心速度的垂直分速为零时到脚蹬离地面（也称后蹬阶段）。

前摆——从脚蹬离地面至大腿前摆到最高位置止。

下落——大腿开始下落，髋关节伸展到下一步着地。

一般情况下，单腿动作阶段的划分主要是根据身体重心和环节重心及身体支撑点的关系来确定的。

在途中跑过程中人体总重心的移动轨迹，如同一条上下波动不大的连续的抛物线，最高点在腾空阶段，最低点在着地缓冲阶段。在跑动时由于两腿交替着地和身体腾空，身体总重心不仅有上下的波动，而且还由于两腿交替支撑，重心向支撑腿一侧交替移动而产生在水平面上的横向移动。如果跑动时人体总重心上下、左右波动过大，就会影响跑进速度。合理的跑动技术应尽量保持身体总重心的平稳，减小身体总重心上下、左右的过大波动。

## 二、影响跑的力

根据力学原理，力是一个物体对另一个物体的作用。力是使物体的运动速度和运动方向发生改变，或者使物体的形状发生改变的条件。与非生命体的机械运动不同，人体的运动，受力学规律的制约，同时也受到人体解剖、生理学规律和心理学因素的影响与制约。人在跑动时受到两类力的作用，即内力和外力。

### （一）内　力

内力是人体内部各部分相互作用产生的力。内力的作用力和反作用力着力点都在人体内部。内力只能引起人体某一环节相对于另一环节的运动，内力不能改变运动的状态，人体腾空后，如果没有外力作用而只有内力的作用，身体总重心移动轨迹不会发生改变。

内力主要是肌肉的拉力和器官的阻力。肌肉拉力是人体运动的源泉，它可以保持跑的身体姿势、控制动作的完成、改变身体与支撑物的关系。

同时，内力还包括人体组织器官的内阻力，如骨的阻力、关节囊韧带的阻力、对抗肌群拉长的阻力等。内力是人体实现跑动的根本，提高跑的技术水平的一项重要内容就是提高人体肌肉及参与运动动作的身体内部各器官和组织的准确、合理、协同用力的能力，获得与地面接触的最有效的姿势和能量。

### （二）外　力

外力是人体与环境（地面和介质）相互作用时产生的力。力的一方由人体施加于环境，另一方是环境施加于人体。由环境施加于人体的力能使身体重心运动轨迹和速度产生变化。

影响跑的外力主要包括：支撑反作用力、重力、空气阻力和摩擦力。

**1. 支撑反作用力**

在跑的支撑时期，由于肌肉收缩力作用于地面，人体从地面获得了大小相等、方向相反的反作用力，这个反作用力习惯上被称为支撑反作用力。在跑的支撑时期的每一瞬间，人体通过肌肉收缩作用于地面的力的大小和方向也在不断变化，在跑进中支撑反作用力的方向若与运动方向一致时，便成为推动人体前进的动力，反之则成为人体前进的阻力。支撑反作用力的大小和方向主要是由内力（肌肉收缩力）的大小和方向所决定的。人体给地面的作用力越大，地面给人的反作用力也越大。因此，跑的合理技术是尽量加大后蹬的推进力，减少着地阻力。

**2. 重　力**

重力是指地球对人或物体的吸引力。它的方向永远是垂直向下指向地心的。地面上的人体在运动的任何时候都要受到重力的影响和作用。人在平地跑动时，重力方向与运动方向相垂直，但由于蹬地方向总和地面构成一定的角度，使重心轨迹产生上下起伏，要使跑时的身体重心平稳就要克服重力的作用和影响。

在教学、训练中我们可以利用重力的作用来提高训练效果。由于重力的作用，跑上坡比平地跑要费劲，可以利用上坡跑来作为改进后蹬技术、发展后蹬力量的训练手段；而跑下坡比平地跑省劲，就可用下坡跑来作为发展频率和速度的训练手段。

弯道跑时，人体向转动中心倾斜，会产生一种由重力、支撑反作用力和摩擦力合成的指向弯道曲率中心的外力，即向心力。向心力能保证产生足够的向心加速度以克服离心现象，向心力的大小与跑道的半径和跑速的大小有直接关系。

#### 3. 空气阻力

跑时空气对人体一般是阻力，逆风跑时阻力更大。空气阻力的大小与人体相对运动的速度以及人体与空气的正面接触面积等因素有关。顺风跑相对阻力要小于无风和顶风，对跑的成绩有好的影响，但这并不能说就完全没有阻力存在了。“田径规则”中对风速有一定的规定：“每秒风速超过2米者单项破纪录无效”，这只是对顺风跑阻力减小程度的一种限制，从而使比赛的条件基本一致。由于空气阻力的影响，在跑的技术上，要求身体适当前倾，逆风时前倾要更大一些，以减小迎风面积。总之，在跑进时，跑速、风速、风向的不同，受到的空气阻力大小也不相同。

#### 4. 摩擦力

两个物体在它们接触面之间存在着阻碍它们运动的力，这个阻碍运动的力就是摩擦力。摩擦力的方向与运动的方向相反。人在跑动时，跑道面的性质和跑鞋底的结构决定着摩擦力的大小。赛跑运动员穿跑鞋主要是为了增大蹬地时的摩擦，从而取得牢靠的支撑以增强蹬地的效果。

### （三）跑时力的相互作用

#### 1. 着地缓冲

自脚着地到膝关节缓冲到角度最小时止。

当脚在身体重心投影点稍前方着地时，由于人体重力（P）和支撑反作用力（R）的合力（f）是向后上方的（图7-3），与人体运动的方向相反，不可避免地要产生阻碍人体前进的阻力，这个阻力实质是地面给人体的支撑反作用力，结果使跑速减慢。这个阻力的大小与人体质量和加速度、着地点距身体重心投影点的距离、着地时的角度和方向有关。也就是说这个阻力的大小与人体的质量成正比，与人体的重心从着地瞬间到移至垂直部位时的速度成反比，由于人体的质量是不变的，从着地瞬间到垂直部位移动的速度越快阻力越小，脚着地阶段所用的时间越长阻力也就越大。着地前踢小腿是错误的，它会使着地点过远而造成阻力加大。

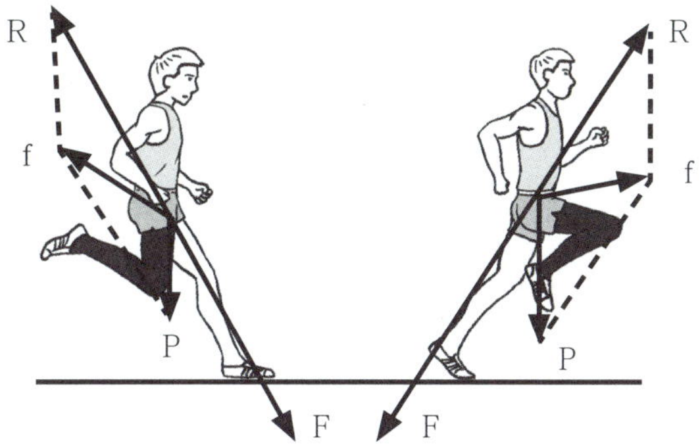


图7-3　跑时的作用力图

从理论上讲，跑的着地点应该距人体重心投影点愈近愈好。但实际上，由于跑的速度快、腾空时身体顺时针动量矩较大，为了达到应有的步长，为了使支撑腿缓冲动作做得完善，使伸肌拉长，以便增加这些肌肉在后蹬时的收缩力和维持人体的动态平衡，人体骨骼肌的收缩需要一个过程，肌肉在缩短之前，需要一个时间上的准备，所以着地点一般都在重心投影点的稍前方。因此，着地缓冲阶段的主要任务是减小和克服因着地而产生的冲击力（即阻力），为迅速过渡到垂直支撑（开始后蹬前）创造良好的用力条件，也可以说缓冲是后蹬前的准备和蓄力。

对着地缓冲技术的具体要求是着地动作要富有弹性。着地前膝微屈，着地时用前脚掌做积极的“扒地”动作，着地刹那小腿与地面几乎垂直，在靠近身体重心投影点稍前方着地，着地腿的肌肉积极完成退让性工作，使支撑反作用力的方向比较向上，以减小着地时的阻力，使支撑腿尽快地过渡到垂直支撑部位。缓冲动作从脚着地支撑到垂直支撑其缓冲动作的顺序是：踝、膝、髋依次弯曲缓冲，特别是踝关节和脚掌的缓冲着地动作对减少阻力冲量起着重要的作用。

### 2. 后　蹬

自身体离开垂直支撑面至后蹬结束离地为止。

后蹬是推动人体前进的主要动力阶段，是跑的重要技术环节。在后蹬阶段中，人体重力（P）和支撑反作用力（R）的合力（f）是向前上的（图7-3），是人体向前跑进的动力。人体能加速向前运动，就是后蹬支撑反作用力克服重力和空气阻力的结果。后蹬所产生的支撑反作用力有两个分力：一是垂直分力，它克服重力而且大于重力才能使人腾空；另一个是水平分力，它是使人向前加速运动的动力。

当身体离开垂直面便开始了跑的主要阶段——后蹬阶段，此时膝关节仍保持一定的弯曲，但脚踵已经提起，这是后蹬前的准备动作，当身体继续移过支撑阶段2/3时，才开始蹬伸地面的动作，后蹬用力的顺序是，首先从伸展髋关节开始，然后是膝，最后是踝关节蹬伸离地。

从最大缓冲至蹬离地面时（即蹬伸阶段）的冲量是通过支撑腿的伸膝、伸踝关节的活动而产生的。因此，跑时摆动腿的摆动、躯干扭转以及全身协调配合的动作，对增大后蹬力量起着重要的作用。跑的技术理论强调，结束后蹬时髋、膝、踝三个关节要充分伸直（即后蹬要充分），最后用脚趾蹬离地面。

后蹬用力要集中表现在向前的效果上，向前的效果，可以从后蹬角度中反映出来。同时，掌握好蹬伸的时机和用力的方向、用力顺序也都是较为重要的。跑的技术要求减小后蹬角，增大蹬地力来加大蹬地用力的水平冲量。较小的后蹬角是由较大的后蹬水平分力所决定的，因此，必须加大后蹬水平分力及其冲量，才能表现出较小的后蹬角。在后蹬角度一定的情况下，后蹬力越大，其水平分力也越大。

后蹬角是指蹬地腿蹬离地面时，力点和身体重心的连线与地面的夹角。掌握合理的后蹬角，除了有利于获得较大的水平速度外，还能减小身体重心的上、下起伏和加快步频。

### 3. 腾　空

后蹬结束时用力的支点已处于支撑腿的后下方，后蹬获得的支撑反作用力通过人体总重心的加速作用使人离地转入腾空，后蹬离地的角度取决于水平分力和垂直分力的大小。合理的腾空抛物线又取决于后蹬角，而滞空时间的长短则取决于腾空的高度和速度。

在腾空阶段由于人体受空气阻力和重力的影响，使后蹬获得的向前的加速度有所减弱。为了缩短腾空时间，提高频率，在腾空阶段两腿要相对于髋关节做快速的相向运动。两腿的相向运动经过两个阶段：（1）两腿分开到最大夹角时，两腿出现制动，其大腿一部分动量传给小腿，因而小腿增加了运动速度，使小腿顺惯性自然摆出；（2）积极并腿的相向运动，由于在并腿动作时，前腿是相对于髋关节向后移动的，所以这个动作能使前腿快速着地。

蹬地腿在离地腾空后，首先要最大限度地放松蹬地腿，利用惯性使大小腿屈膝折叠，这个折叠是在腾空阶段后腿的前摆过程中发生的，在前脚着地阶段后腿即进入最大的折叠状态，这个折叠动作完成得好，折叠得充分，将有利于缩短摆动半径，有利于减小转动惯量，有利于提升角加速度。

## 三、决定跑速的因素

决定跑速的主要因素是步长和步频。

步长是指每个单步的长度，即两脚着地点之间的距离。它是后蹬距离（蹬地脚离地瞬间身体重心超过蹬地脚尖的水平距离），腾空距离（腾空中身体重心通过的水平距离），着地距离（着地时摆动腿脚尖超过身体重心的水平距离）的总和。

步频是指单位时间内两腿交换的次数，在一定时间内所跑的步数，取决于跑完每一步用多长的时间，而跑一步所用的时间可视为与地面保持接触的时间和腾空时间的总和。

步长取决于身体形态（主要是腿长）、关节灵活性、动作协调性、腿部力量和蹬伸动作的质量；步频取决于神经冲动速度、四肢肌肉的快速力量水平和协调性水平。

在步长和步频两个因素中，保持一定的步长，提高步频；或保持步频，增加步长都可以使跑速得到提高。由于项目不同，个人特点和训练水平不同，步长和步频的比例关系也是不同的。

影响步长和步频的因素主要包括后蹬的效果，摆动腿摆动的力量、幅度和速度，蹬与摆的结合，适宜的上体姿势及支撑与腾空时间的比例等。

## （一）后蹬的效果

决定后蹬效果的因素有：后蹬的力量、后蹬的速度、后蹬的方向、后蹬的角度以及后蹬用力的顺序等。

### 1. 后蹬的力量和速度

根据牛顿第二定律，物体的加速度（a）与作用力（F）成正比，与物体的质量（m）成反比（F=ma）。m是人体的质量，在后蹬时是个常数，从公式可以看出后蹬力量（F）愈大，产生推动人体前进的加速度（a）也愈大，因此，增加腿部力量对提高跑速具有非常重要的作用。

在跑的后蹬阶段，人体水平速度的增加是由蹬地力的水平冲量所决定的。从最大缓冲至蹬离地面瞬间的冲量是通过支撑腿的伸髋伸膝伸踝关节的活动而产生的，跑的技术要求在用力距离相同的前提下，尽量缩短用力时间。因此，提高后蹬的速度必须要具备很强的爆发力，即在最短时间内通过一定的后蹬工作距离。

### 2. 后蹬的角度和方向

后蹬时在支撑反作用力不变的情况下，适当缩小后蹬角度，可以增加水平分力，减少重心抛物线的起伏，以达到增大步长的目的，另外也不致延长腾空时间而影响步频，从而更快地推动人体前进。人体不同于机械运动，减小后蹬角度是有限的，一般短跑的后蹬角度为50° 左右，中长跑为55° 左右。

后蹬的方向应力求与人体前进的方向一致，后蹬的方向偏左偏右都会产生分力而影响人体重心向前移动的直线性。

### 3. 后蹬的用力顺序

正确的用力顺序可以减少能量的消耗，是决定后蹬力量大小的重要条件。人体肌肉力量的发挥和它工作前的初长度关系密切。因此，必须掌握好后蹬的发力时机，合理的后蹬发力时机是从支撑腿缓冲至髋伸展时开始的，此时伸膝、伸踝的双关节肌处于拉长状态，是发力的最佳时机，正确的后蹬用力是以髋、膝、踝依次伸展的顺序进行的。

## （二）摆动腿摆动的力量、幅度和速度

后蹬结束离地后，支撑腿随即变成以髋为轴的向前摆动，这个摆动动作直接影响到步幅

和步频。同时，摆动腿摆动的力量、幅度和速度又直接影响到后蹬的力量、幅度和速度。

根据转动力矩的原理，要使摆动的速度快，必须缩短摆动半径，当支撑腿离地后，要及时放松参加后蹬的肌肉群，屈髋肌积极收缩，大腿带动小腿积极向前摆动，膝关节放松，小腿顺惯性与大腿自然折叠，折叠得充分就能减少半径，从而使转动惯量缩小，使摆动速度加快。

短跑技术中非常注意髋部迁移和骨盆沿身体纵轴的转动，也就是常说的“送髋”，即骨盆在后蹬时绕支撑腿一侧髋关节的三个轴做边前移边上提的运动，摆动腿带动髋部前移和转动使摆动腿摆动的幅度增大。摆动腿的摆动幅度和摆动速度也会影响蹬地的力量、幅度和速度。当摆动腿膝部摆至最远部位时，大腿积极下压，“扒地式”的着地动作，有助于缩短腾空时间和加快跑的频率。

### （三）蹬与摆的结合

每跑一步必须是一腿向后蹬地，另一腿向前摆动，蹬是摆的基础，摆可以加强蹬的效果。因此，蹬摆技术在用力方向、时机上的协调配合，可以加大步长和提高步频，从而带动身体重心更快地前移。蹬地力量是人体前进的动力，那么，跑时人体的向前移动则是蹬摆结合的结果。注重蹬摆结合，可以说是现代跑的技术的一个突出特点。

### （四）适宜的上体姿势

头的位置和动作以及眼的视线，能够影响身体的平衡，在运动中，身体通常是随着头的移动而移动的，跑时头要保持正直，后仰或低头都会影响到身体重心位置的变化，从而影响速度。

上体接近正直有利于髋关节伸肌群和屈肌群的工作，便于髋部前送和骨盆沿人体纵轴的转动，使蹬地后伸的幅度和摆动腿摆动的幅度增大，有利于提高后蹬效果和增大步长。上体适当前倾有助于提高后蹬效果，如果前倾过大，则会给摆动腿的前摆带来困难，造成步长缩短，还会因腰背肌群过分紧张而妨碍跑速的发挥。上体后仰也是错误的，不利于后蹬用力。短跑途中跑上体一般前倾5° ~8° 左右，中长跑的前倾角度要相对小一些。

臂的摆动，当左腿向前迈出时，同侧臂（左臂）向后摆出，其异侧臂（右臂）同时向前摆出，以达到维持身体平衡的目的。另外，通过神经系统的协调作用，摆臂对于加快腿的蹬摆动作也有一定的促进作用。摆臂时要注意动作方向，要积极放松并与下肢动作协调一致。

### （五）支撑与腾空时间的比例

跑的腾空时期与支撑时期在时间上应该有适当的比例，在一个复步中，优秀短跑运动员的腾空时间比支撑时间要长，中长跑运动员的腾空时间与支撑时间近似相等。在跑的支撑时期中，缓冲时间要短于后蹬时间。

# 第二节　短　跑

## 一、影响短跑成绩的关键因素

### （一）专项训练学因素

对于一个短跑运动员而言，制胜因素很多，但最为显著的要素是速度（图7-4）。短跑中的速度是肌肉快速、爆发性收缩的结果，这种收缩转化为快速跑进中所需要的平稳高效的身体运动。影响短跑成绩的关键因素及各参数的关系如图7-5所示。

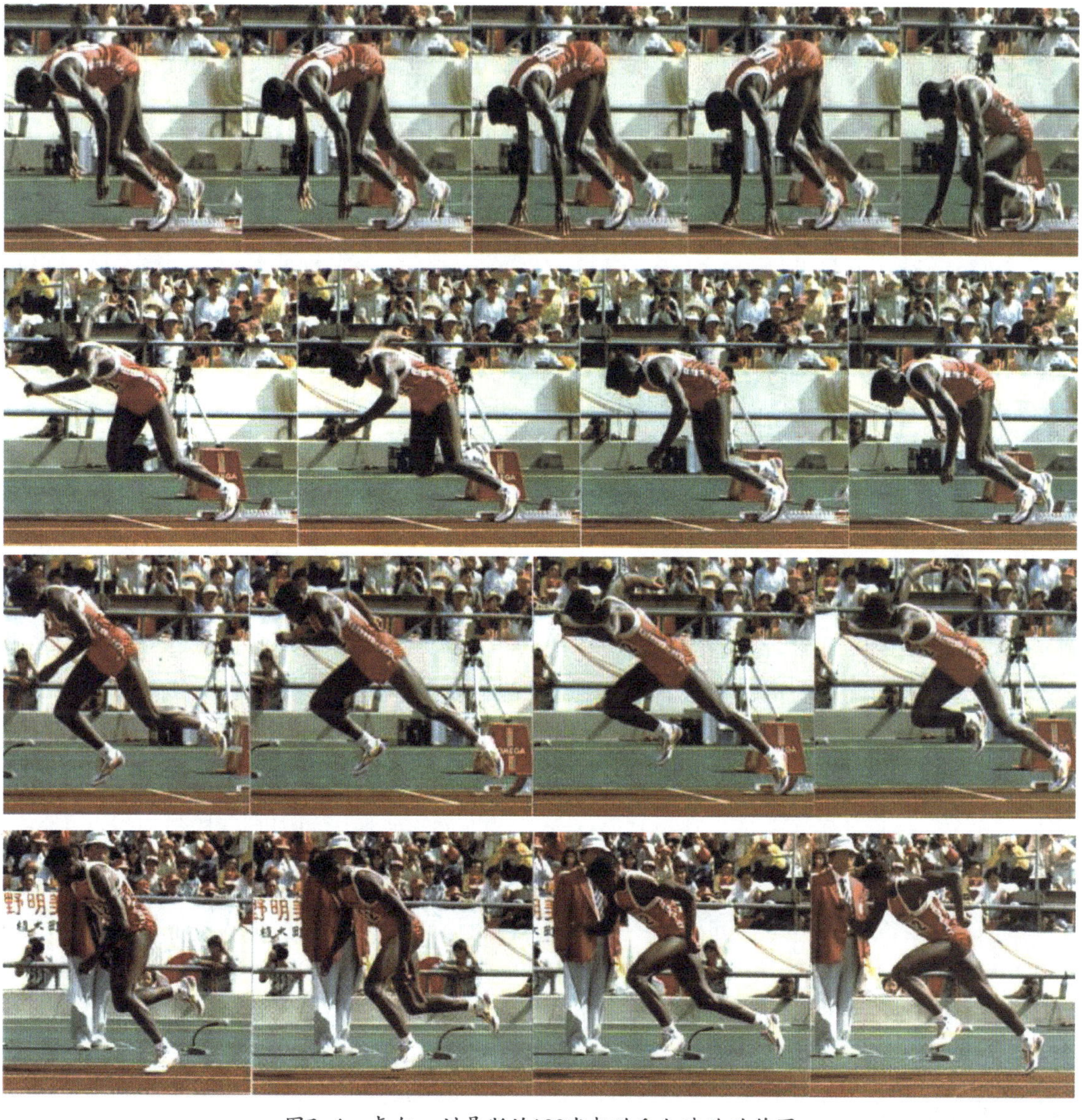

图7-4　卡尔·刘易斯的100米起跑和加速跑动作图

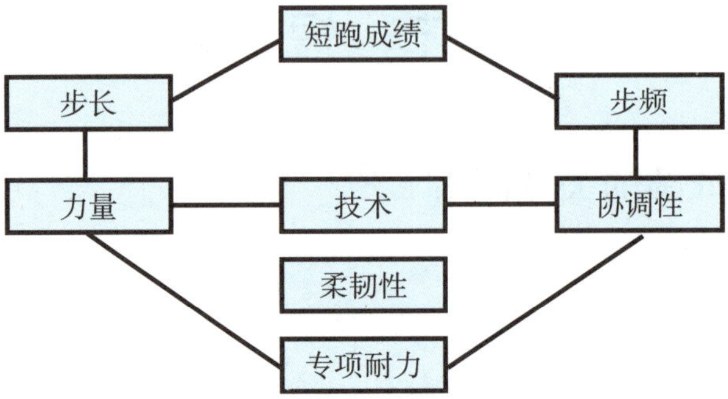


图7-5　影响短跑成绩的因素及其关系图

从图7-5可知，决定短跑成绩的主要因素是步长和步频。当代国内、外的优秀短跑运动员都具有较高的步长和步频能力。在实际中，影响步长和步频的主要因素有肌肉收缩的力量、技术和神经肌肉的协调性。

骨骼肌收缩的速度主要取决于肌肉纤维的构成。肌肉中的快速收缩肌纤维的比例，与最大速度有着密切的关系，而快肌纤维的最快收缩速度每秒钟可达到40次。通常优秀短跑运动员快肌纤维的百分比要高于长跑运动员。长跑运动员则含有更多的慢收缩肌纤维，这种慢收缩肌纤维的收缩速度每秒钟仅为10次，所以人们常说短跑运动员是天生的。但是，这种说法并不全面，因为在肌肉收缩转化为短跑所需的有效运动的过程中存在着技巧和技术的成分。这些技能可以学习、训练并不断提高。训练同样还可以提高一些生物动力能力，如对短跑结果有贡献的力量、柔韧性、协调性及专项耐力。另外，训练也可以增强不同肌肉纤维种类的活性，进而能有效地提高肌肉的收缩速度。近期的研究也并未证实人体肌肉的纤维种类是无法变化的假设，而除了肌纤维的组成之外，神经系统和新陈代谢参数也是影响短跑成绩的重要因素。

## （二）步长和步频因素

步频是单位时间内完成的步数，步长则是每步两脚之间的距离。步长和步频是矛盾的统一体，它们既相互对立，又相辅相成，在发展速度时随意超出运动员自身的能力范围，无限制地提高步频或步长中的任何一个因素，必然会造成另一个因素的下降，这将无助于速度的提高。因此，要通过科学训练，在提高身体素质和改善跑的技术的同时，均衡地提高步频和步长的水平。

通常按100米的平均步长和步频来计算运动员的步长指数（即步长/身高）和步频指数（即步频×身高）。研究资料表明，成绩在10.42秒左右的男子100米运动员的步频指数达到8，步长指数达到1.2；而成绩在11.60秒以内的女子100米运动员的步频指数达到7.5，步长指数达到1.15。一般来讲，男子8和1.2，女子7.5和1.15可以作为衡量男、女短跑运动员步频和步长均衡发展的重要参数。

## 二、起跑各技术阶段的完成目的和动作特征

蹲踞式起跑分为：“各就位”“预备”后蹬和加速四个阶段。（图7-6）

图7-6　蹲踞式起跑完整技术

### （一）起跑器的安装调整（图7-7）

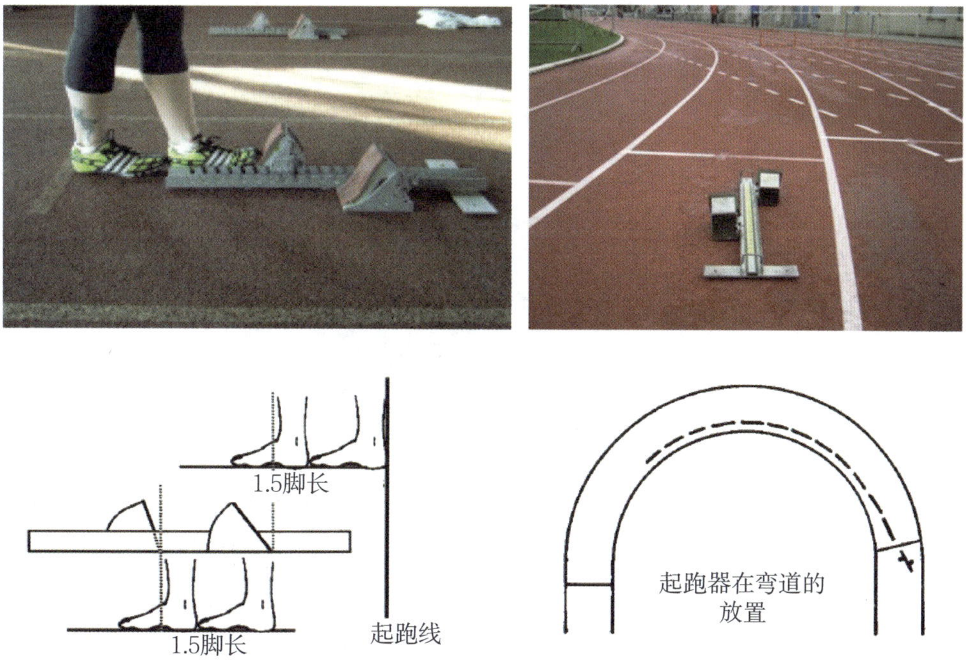


图7-7　起跑器的放置

**目的：**放置起跑器，以适合短跑运动员的身体形态和能力。

**安装要求：**

- 起跑器前踏板在起跑线后1.5脚长处放置。
- 起跑器后踏板在前踏板后1.5脚长处放置。
- 起跑器前踏板通常放置得较平。
- 起跑器后踏板通常放置得较陡。

## （二）“各就位”阶段（图7-8）

图7-8　“各就位”动作示意图

**目的：**获得最适宜的初始姿势。

**动作特征：**

- 双脚触起跑器。
- 后面一条腿的膝关节接触地面。
- 双手放在地面上，间距略宽于肩宽，手指形成拱形。
- 头部与背部呈水平姿势，目视正下方。

> **常见错误：**
> · 两手撑地距离不合适。
> · 颈部/背部肌肉过度紧张。

## （三）“预备”阶段（图7-9）

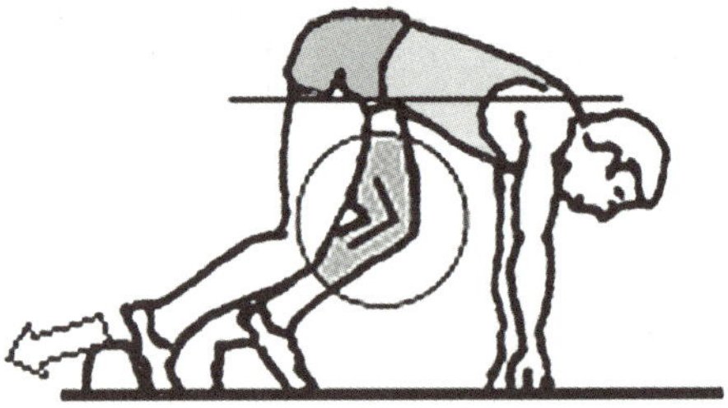

图7-9　“预备”动作示意图

**目的：**进入和保持最适宜的起跑姿势。

**动作特征：**

- 双脚脚跟向后压。
- 前面一条腿的膝关节呈90°角。

> **常见错误：**
> · 臀部抬起高度不合适。
> · 重心靠后。

- 后面一条腿的膝关节呈120°～140° 角。
- 双髋略比双肩高，躯干前倾。
- 双肩略处于双手前面。

## （四）“后蹬”阶段（图7-10）

图7-10　起跑“后蹬”动作示意图

**目的：**快速离开起跑器和准备第一步跑进。

**动作特征：**

- 双脚用力向后蹬压起跑器。
- 双手同时离开地面，然后交替摆动。
- 后面一条腿的蹬地有力而短促，前面一条腿的蹬地用力稍弱，但时间较长。
- 在身体前倾的姿势下，后面一条腿迅速前摆。
- 后蹬过程中伸展膝关节和髋关节。

> **常见错误：**
> · 摆臂和蹬地配合不协调。
> · 摆臂不积极。

## （五）“加速”阶段（图7-11）

图7-11　“加速”阶段动作示意图

**目的：**提高速度，做出有效的向短跑动作的过渡。

> **常见错误：**
> · 上体抬起过早。
> · 步幅控制不好。

**动作特征：**

- 前面的脚快速用脚掌落地完成第一步。
- 保持身体前倾。
- 腿在折叠过程中保持小腿与地面平行。
- 逐步增加步长和步频。
- 跑过20～30米后躯干逐渐伸直。

## 三、短跑单步各技术时期的完成目的和动作特征

短跑的每一步都包括支撑和腾空两个时期。（图7-12、图7-13）

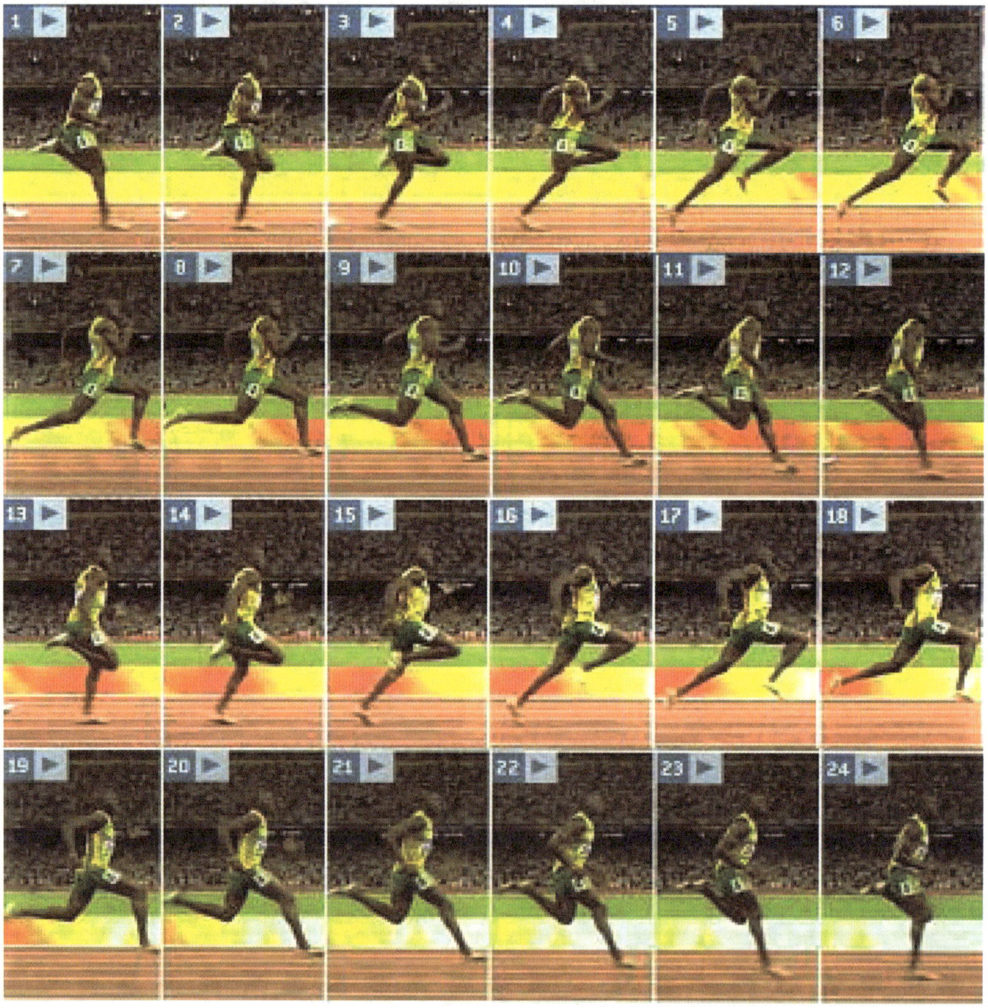


图7-12　博尔特在第29届奥运会100米比赛中的技术图

图7-13　短跑单步技术动作结构图

## （一）支撑时期

支撑时期包括前支撑和后蹬两个阶段。（图7-14）

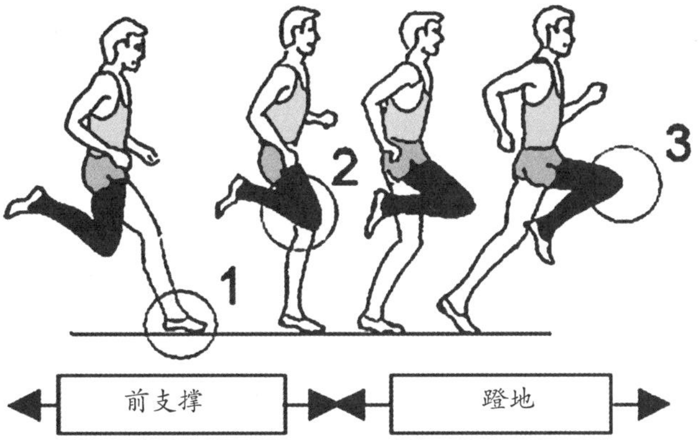


图7-14　前支撑和后蹬阶段

**目的：**脚触地时实现最小减速，后蹬时最大加速。

**动作特征：**

- 脚掌鞭打式触地。
- 在缓冲中支撑腿膝关节最低程度地屈曲，摆动腿向上折叠。
- 人体蹬地时支撑腿的髋、膝和踝关节强有力的伸展。
- 摆动腿大腿快速向前上方抬起至水平姿势。

**常见错误：**

- 缓冲过大。
- 脚触地时扒地不积极。
- 蹬伸不积极。
- 蹬摆配合不协调。

### （二）腾空时期

腾空时期包括折叠和前摆两个阶段。（图7-15）

图7-15　途中跑腾空动作图

**常见错误：**

· 腾空过高，重心起伏大。
· 摆腿折叠不够。
· 落地不积极。

**目的：**最大限度的后蹬向前推动身体，准备有效的落地动作。

**动作特征：**

- 摆动腿膝关节向前上方摆动（继续后蹬和加大步长）。
- 支撑腿膝关节在折叠阶段明显屈曲（达到短的摆动半径）。
- 鞭打扒地，把脚着地产生的制动动作减到最低程度。

**注意事项：**

· 动作协调放松。
· 身体重心提起。
· 注意摆臂动作。

## 四、短跑常用练习方法

### （一）跑的专门练习（图7-16）

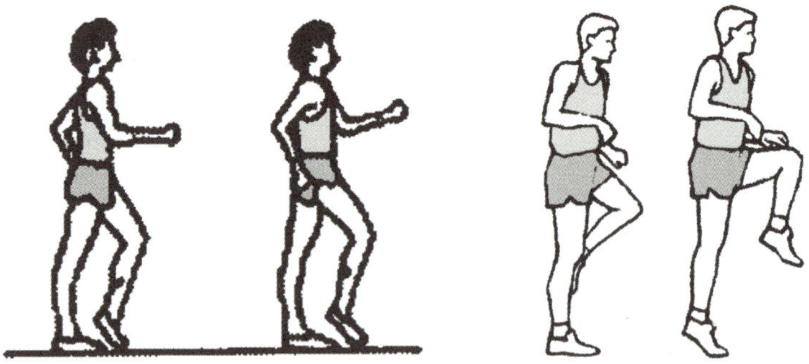

小步跑　　　　高抬腿跑

后折叠小腿跑　　　　车轮跑

图7-16　跑的专门练习示意图

**目的：** 发展跑的基本技能。

**要求：**

- 身体正直，充分提髋。
- 高抬腿练习做到“大腿与地面平行”。
- 后折叠小腿跑做到“脚跟上提”。
- 车轮跑时膝关节放松，躯干不能后仰。
- 目视正前方，在练习接近结束时连贯地加大步长。

## （二）抗阻力跑（图7-17）

图7-17　抗阻力跑

**目的：** 发展后蹬能力和专项力量。

**要求：**

- 保持高重心跑，身体正直。
- 保证支撑腿的充分伸展和短暂的触地时间。

**注意事项：**

· 可采用同伴或器械施加阻力。
· 阻力适中。

## （三）加速跑

**目的：** 发展加速能力和最大速度。

**要求：**

- 逐渐加速至最大速度。
- 身体放松，蹬摆配合。
- 随着加速逐渐加大步长和步频。

**注意事项：**

- 在快速跑区段保持步频。
- 保持摆臂动作的快速和放松。

## （四）行进间跑（图7-18）

图7-18　行进间跑

**目的：**发展最大速度。

**要求：**

- 根据运动员年龄和水平，标出一个20~30米的区域，在此区域内最大速度跑进。
- 在高速区域保持最高步频。
- 保持双臂动作的快速和放松。

**注意事项：**

- 预跑阶段充分加速。
- 如果不能保持速度就停止练习。

## （五）各种形式的站立式起跑（图7-19）

图7-19　不同的站立式起跑

**目的：**提高反应速度和加速能力。

**要求：**

- 听到信号快速启动。
- 全身集中用力。
- 充分后蹬和前摆。

**注意事项：**

- 注意爆发式启动。
- 可采用听觉、触觉反应起动。

### （六）完整蹲踞式起跑

**目的：**掌握蹲踞式起跑的完整技术。

**要求：**

- 根据个人情况调整合适的起跑器位置。
- 听到信号快速跑出。
- 充分后蹬和前摆。
- 躯干逐渐抬起。

**注意事项：**

· 动作协调放松。
· 蹬摆配合、爆发式启动。
· 注意上体不要过早抬起。

# 第三节 中长跑

2 1
4 3
6 5
8 7

图7-20　中长跑的途中跑技术

10　　　　9

12　　　　11

续图7-20　中长跑的途中跑技术

## 一、影响中长跑成绩的关键因素

### （一）一般耐力

一般耐力是中长跑运动员长时间跑的能力。发展一般耐力，要求运动负荷强度在有氧阈左右。练习场地要求不高，在户外、田径场等均可。一般耐力是中长跑运动员最基本的素质，它受先天因素和后天因素的影响。运动员呼吸循环系统的机能水平决定了运动员一般耐力素质水平的潜能，一般耐力素质水平越高的人在中长跑运动训练方面将有更大的提升空间，也就是具备了达到高水平中长跑运动员的潜能。一般耐力也可通过后天的训练获得，人体通过长时间相对稳定的负荷刺激，可改变心血管系统和呼吸循环系统各器官的形态机能以适应这种负荷刺激的要求。长时间的一般耐力练习，可增大心室的容积和肺泡的充气量，这将使安静心率降低并增大每搏输出量，提高了运输氧的能力，这就为高强度且持续时间长的中长跑比赛打下了可提供更多能量的基础。一般耐力在中长跑训练中占据着最大的比例，是中长跑运动员提高运动水平的基石。（图7-20）

### （二）专项耐力

专项耐力是中长跑运动员在专项比赛或专项训练时，长时间承担高强度负荷刺激的能力。运动负荷强度接近或等于无氧阈速度，练习距离与专项比赛距离相近。训练场地应能满足专项强度练习的需要。专项耐力训练是提高专项成绩最必要的和最为有效的途径，人体对运动负荷刺激产生适应是身体机能变化的机理，专项耐力只有通过专项负荷刺激、负荷刺激强度近似甚至高于专项比赛强度才能提高专项能力，即提高专项耐力水平，才能建立起身体对专项负荷刺激的适应性。专项成绩的提高是通过专项耐力水平的提高而实现的。

### （三）跑的技术

跑的技术是指在跑的过程中身体各部分所表现出的运动特征。好的中长跑技术具有实效性、经济性及稳定性的特点。上下肢的蹬摆与呼吸节奏协调一致，保证运动中人体的能量代谢稳定且有效满足运动需要。每个人的身体形态是不一样的，也就决定了每个人的跑的技术会有些差异。合理的跑的技术有利于运动员更好地发挥竞赛潜能。

### （四）相关运动素质

中长跑虽然是耐力性项目，但专项耐力的提高受多种运动素质的影响，速度水平特别是绝对速度的水平制约着专项速度耐力的提升空间。如，当今世界优秀的男子10000米运动员，在最后一圈（400米）的冲刺跑中，用时为53秒左右。如果一名运动员的400米最好成绩也只有53秒的话，是绝对没有可能在这么激烈的比赛中取得好名次的。力量素质，特别是力量耐力的提高有助于专项速度耐力的提高和运动损伤的预防。柔韧及协调能力的提高，可改善运动技术，提高跑的经济性和节奏感。根据运动员自身条件，对各运动素质进行诊断与评定，在训练中有针对性地安排各相关运动素质的训练内容，并优化各练习内容的比例，可最大限度地挖掘运动员的专项潜能。

## 二、中长跑主要技术环节的完成目的和动作特征

中长跑虽是技术动作相对简单的运动，但在竞赛中，运动员的跑步技术也是影响运动能力的重要因素之一，水平越高的运动员对跑步的技术要求也越高。

### （一）起跑（图7-21）

中长跑项目的比赛，均采用站立式起跑。800米项目出发时为分道跑，1500米及以上距离的比赛均采用不分道跑，但5000米和10000米的比赛人数超过12人时，可将运动员分为两组同时起跑。起跑在中长跑比赛中很重要，起跑后抢占有利的位置会对比赛结果产生较大的影响。

图7-21　中长跑起跑技术示意图

**目的：**从站立姿势做出有效的起跑。

**动作特征：**

- 前脚接近起跑线放置，另一只脚自然放置于距起跑线两脚左右的地方。
- 前面的脚支撑体重。
- 两臂处于与双腿动作紧密同步的姿势。
- 起跑时身体前倾，前支撑腿用力蹬伸。

**常见错误：**

· 预备信号后，两腿站立过直。
· 预备信号后，上体前倾不够。
· 预备信号后，仰视前上方。
· 听到鸣枪后，蹬摆不协调。

## （二）着地支撑（图7-22）

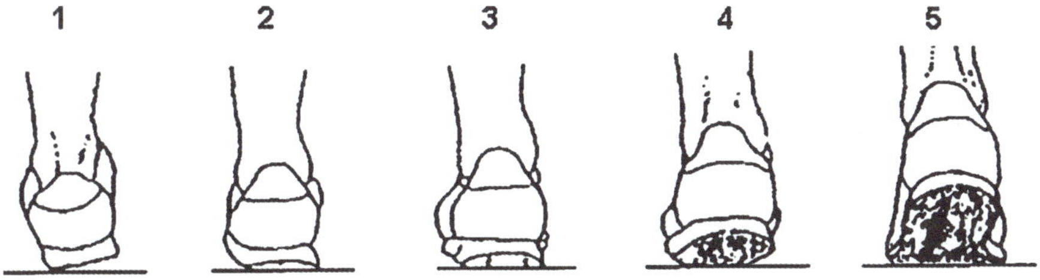


图7-22　脚的着地支撑过程

**目的：**减少地面冲击、身体重心平顺前移。

**动作特征：**

- 每名运动员都具有个人的脚部放置特点。
- 总体来说：在较长距离、速度较慢的比赛中，脚跟外侧先着地。在较短距离，速度较快的比赛中，脚中部或前部先着地。
- 脚部滚动至脚趾尖离地。
- 起跑20～30米后躯干逐渐伸直。

**常见错误：**

· 脚着地生硬，不柔和。
· 全脚踩踏式着地，有声响。
· 过于用脚趾部位着地，即踮着脚尖跑。
· 过于用脚跟部位着地，即坐着跑。

### （三）腾空（图7-23）

图7-23　中长跑腾空技术动作图

**目的：**保持身体的平衡与稳定，平顺过渡到下肢的前支撑。

**动作特征：**

- 腾空技术受制于上下肢的蹬摆技术。
- 中距离比赛同长距离比赛相比，需要更短的支撑时间和更大的步幅，即腾空时身体的移动速度和移动距离均较大。
- 在跑的过程中，身体重心上下起伏的幅度尽可能小。

**常见错误：**

- 腾空时身体重心起伏过大。
- 跑动过程中身体左右晃动过大。
- 摆动腿抬得过高或过低。
- 跑动时，躯干后仰或过于前倾。

## 三、中长跑常用的练习方法

### （一）中长跑的专门练习（图7-24）

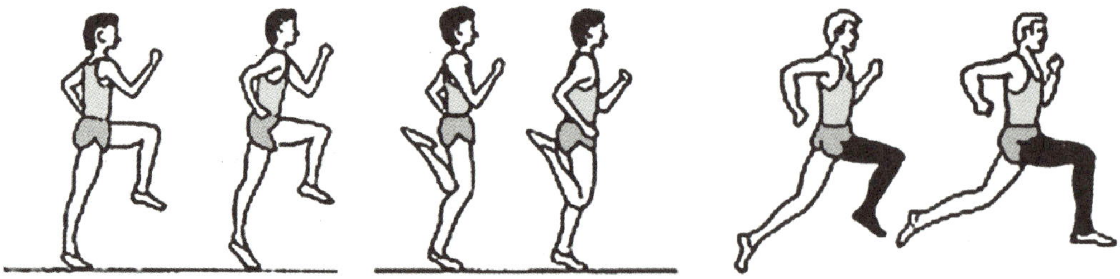

图7-24　跑的专门练习

**目的：**提高跑的基本技能和协调性。

**要求：**

- 在20～60米的距离进行跑的专门练习。
- 强调正确动作和动作频率。
- 在每个专门练习结束后，紧接着跑出20米。

**注意事项：**

· 折叠跑练习要求“脚跟上提”。
· 高抬腿练习要求“大腿与地面平行”。
· 目视正前方，在练习接近结束时连贯地加大步长。

## （二）站立式起跑（图7-25）

图7-25 起跑练习

**目的：**提高站立式起跑的反应能力、协调性和加速能力。

**要求：**

- 站在起跑线后大约2米。
- “各就位”阶段，放置一只脚接近起跑线。
- 另一只脚约以肩宽的间距放在后面。
- 身体轻微前倾，体重放在前面的支撑腿上。
- 双臂动作与双腿动作同步。
- 鸣枪时，前面的脚蹬离起跑线跑出。

**注意事项：**

· 轻微的使用后面的脚帮助维持平衡。
· 前屈身体不能太低。
· 集中注意力跑离起跑线。

## （三）追逐跑（图7-26）

图7-26 追逐跑练习

**目的：**提高反应速度和加速能力。

**要求：**

- 采用一条棍子或绳子（1.5米）。
- 在一条线上慢跑。
- 前面的运动员松开棍子（或绳子），追逐开始。

> **注意事项：**
> · 后面运动员集中注意力对前面运动员的动作做出反应。
> · 全力追逐。

## （四）跑的节奏练习

**目的：**改善跑的节奏，提高控制节奏变化的能力。

**要求：**

- 个人练习。
- 可以改变跑的节奏。例如，400米：第一个100米采用5000米比赛的速度、第二个100米采用3000米比赛的速度、第三个100米采用1500米比赛的速度、第四个100米采用800米比赛的速度。（用比赛中程的跑速，而不是冲刺的跑速。）
- 采用同样节奏跑3圈。
- 创造性地采用各种节奏跑，培养速度感的“档位”。

> **注意事项：**
> · 体会跑的节奏。
> · 注意力集中在自己跑的节奏上，忽略跑道上的其他运动员。

## （五）持续跑练习

**目的：**发展一般耐力、专项耐力以及恢复体力。

**要求：**

- 保持相对稳定的跑速。
- 呼吸节奏与跑的节奏协调一致。
- 跑动中重心平稳，动作经济实效。

> **注意事项：**
> · 根据训练目的确定跑速。
> · 持续跑的时间依运动员水平和训练目的而定，如0.5~3小时不等。
> · 呼吸节奏可以根据自己的习惯，如，两步一吸两步一呼、三步一吸两步一呼等，形成自己的风格。

## （六）越野跑（图7-27）

图7-27　越野跑练习

**目的：** 发展一般耐力、力量耐力以及恢复体力。

**要求：**

- 选择与训练目的相适宜的练习场所。
- 制定户外训练的安全预案。
- 跑速可相对稳定，也可有所变化。

**注意事项：**

· 发展力量耐力要选择地面起伏较大的跑动线路。
· 恢复练习要选择较平坦的草场或松软地面。
· 遇有车辆经过的线路要安全第一。
· 做好运动员衣物及饮水安置。

## （七）重复跑练习

**目的：** 发展速度耐力、专项耐力，提高耐乳酸能力。

**要求：**

- 练习强度接近或超过专项比赛强度。
- 根据练习目的安排重复练习次数和练习距离。
- 严格限定练习之间的间歇时间。

**注意事项：**

· 发展速度耐力一般采用距离较短的练习，如12×200米或10×400米等。
· 发展专项耐力一般采用距离较长的练习，如6×1000米或5×2000米等，但练习总量一般要等于或高于专项距离（马拉松或距离更长的比赛项目除外）。
· 这种练习与其他强度较大的练习的间隔在2天以上。
· 练习间歇一般为1~3分钟。

## （八）法特莱克跑（图7-28）

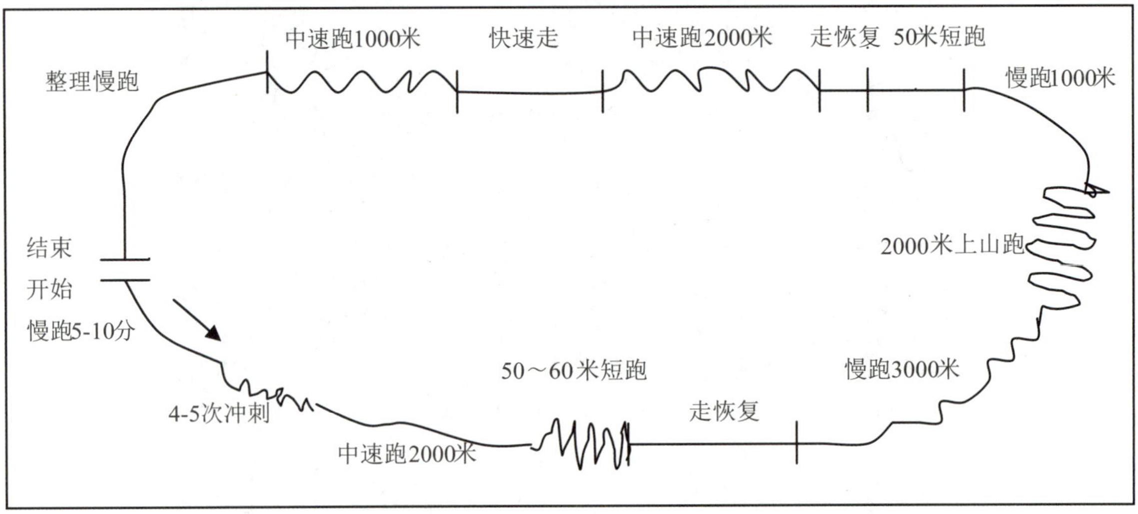


图7-28 法特莱克训练法范例（中跑）

**目的：**发展多种素质能力和一般耐力。

**要求：**

- 练习内容应尽可能发展多项运动能力。
- 练习的总时间宜在1～2小时。
- 练习内容应突出耐力项目的特点，即安排距离较长的跑的练习。

**注意事项：**

· 要根据训练场地条件和训练目的设计练习线路和练习内容。
· 注意运动员的补水。
· 比赛期一般不安排这种练习。
· 练习线路可以设计为单圈，也可设计为多圈重复同样的内容。
· 有别于身体素质训练中的“循环练习”，突出耐力练习的特点。

## （九）专项练习（测试）

**目的：**发展专项竞技能力。

**要求：**

- 接近百分之百的运动强度。
- 按比赛要求安排测试。
- 跑的节奏可根据训练要求有所变化。

**注意事项：**

· 专项测试是检验专项能力的最有效的办法，也是提高专项能力的最有效的手段之一。
· 中跑、长跑、马拉松由于比赛距离差异较大，专项测试在年度周期中安排的频次应依次减少。

# 第四节　跨栏跑

图7-29　跨栏跑技术图

续图7-29　跨栏跑技术图

跨栏跑是在快速跑动中连续跨过一定数量、一定高度和一定间隔距离栏架的短距离径赛项目，属于非对称的周期性运动。由于在全程设有固定数量、固定距离、固定高度的栏架，因此，跨栏跑是田径运动中技术复杂、节奏性很强、锻炼价值很高的项目之一。（图7-29、表7-1、表7-2）

表 7-1　奥运会正式跨栏跑比赛项目的设置参数

| 性别 | 项　目 | 栏高（厘米） | 栏数（个） | 起跑至第1栏（米） | 栏间距（米） | 最后一栏至终点（米） |
|---|---|---|---|---|---|---|
| 男子 | 110米栏 | 106.7 | 10 | 13.72 | 9.14 | 14.02 |
| | 400米栏 | 91.4 | 10 | 45 | 35 | 40 |
| 女子 | 100米栏 | 84 | 10 | 13 | 8.5 | 10.5 |
| | 400米栏 | 76.2 | 10 | 45 | 35 | 40 |

表7-2　室内跨栏跑比赛项目的设置参数

| 性别 | 项　目 | 栏高（厘米） | 栏数（个） | 起跑至第1栏（米） | 栏间距（米） | 最后一栏至终点（米） |
|---|---|---|---|---|---|---|
| 男子 | 50米栏 | 106.7 | 4 | 13.72 | 9.14 | 8.86 |
| | 60米栏 | 106.7 | 5 | 13.72 | 9.14 | 9.72 |
| 女子 | 50米栏 | 84 | 4 | 13 | 8.5 | 11.50 |
| | 60米栏 | 84 | 5 | 13 | 8.5 | 13.00 |

## 一、影响跨栏跑成绩的关键因素

### （一）运动员的平跑速度

跨栏跑属于短距离的速度项目，运动员的平跑速度是获得跨栏跑成绩的基础。现代世界优秀跨栏跑运动员跨栏跑技术的一个显著特点就是强调以速度为核心，注重全面提高周期动作速度和跑动速度。随着跨栏跑运动水平的提高，跨栏跑运动员对速度也越来越重视，世界优秀跨栏运动员都具备很高的平跑速度。

### （二）过栏技术

“跨栏步”技术的好坏，直接影响过栏速度及栏间跑的技术与速度节奏，是跨栏跑完整技术的关键。现代优秀跨栏跑运动员运动成绩的提高主要表现在“跨栏步”过栏速度的不断提高，过栏与栏间跑的速度更加接近，过栏技术更加简捷与娴熟。（图7-30）

图7-30　刘翔的过栏技术图

### （三）跑跨结合能力

跨栏跑运动员在比赛全程中要跨越固定数量、固定距离、固定高度的栏架，跑跨在高速中完美结合是提高成绩的关键，其核心是减少跨栏步的腾空时间与加快栏间跑的步频。因此，跑跨结合能力是影响跨栏跑运动成绩的一个重要因素。

### （四）全程跨栏跑的节奏

全程跨栏跑的节奏对跨栏跑运动成绩起着重要的作用。节奏是动作的时间特征，由于栏架的位置固定，当加快步频时也必须兼顾适宜的步长，为获得合理的全程跨栏跑节奏应该平衡个人跑的速度和过栏技术，使跑的节奏稳步提高，使全程节奏稳定、流畅。现代世界优秀跨栏跑运动员在注重提高跑动速度、缩短过栏腾空时间的同时，强调建立适合个人特点的全程跨栏跑节奏。

## 二、跨栏跑各技术阶段的完成目的和动作特征

### （一）起跑至第1栏技术（图7-31）

图7-31　起跑至第1栏（直道栏）技术示意图

**目的：** 快速、积极、平稳地跑向第1栏，创造准确的起跨点和较高的速度，为全程顺利过栏奠定良好的速度和节奏基础。

**动作特征：**

直道栏

- 适宜的起跑动作姿势。起跑时身体与地面的夹角比短跑运动员大，两腿及两臂协调一致积极蹬摆。
- 积极的加速。起跑后应利用积极的后蹬和有力的摆臂动作来逐渐加快速度，上体抬起的速度要比短跑早些。

> **常见错误：**
> - 蹲踞式起跑技术掌握不好。
> - 起跑加速不够，起跑后第1步太小。
> - 起跑至第1栏的节奏不稳定。
> - 起跑至第1栏起跨点不准确。

- 以准确的节奏踏上起跨点，起跨上第1栏时身体已接近途中跑姿势。
- 起跑至第1栏，一般用8步，也有用7步的（取决于身高、腿长、速度、力量等因素）。

400米栏

- 在弯道上起跑时，起跑至第1栏距离较长，比直道栏过栏更从容。
- 400米栏起跑技术与400米平跑基本相同，但仍要求一定的步数和节奏。
- 男子一般跑20～23步，女子一般跑23～25步。

## （二）“跨栏步”技术（图7-32）

完整的跨栏步技术可分为：起跨，腾空过栏，下栏着地三个阶段。

图7-32 跨栏步示意图

### 1. 起跨阶段（图7-33）

图7-33 起跨阶段

**目的：**为迅速过栏创造更大的腾起初速度和适宜的腾起角度。

**动作特征：**

- 起跨前要获得一个较高的身体重心位置。
- 适宜的起跨距离。
- 起跨离地前身体重心积极前移，保持适宜的起跨角度。
- 充分高摆攻栏腿，加大两腿夹角。
- 身体各部分动作连贯，配合协调。

**常见错误：**

- 起跨消极，起跨时身体重心低并且靠后。
- 蹬地不充分，屈腿跳栏。
- 起跨点近，怕栏。
- 摆动腿踢腿上摆。

### 2. 腾空过栏阶段（图7-34）

图7-34 腾空过栏阶段

**目的：** 最大限度地减少速度损失和腾空时间。

**动作特征：**

- 起跨时尽量保持已达到的水平速度，过栏后水平速度下降不大，使过栏和栏间跑动作连贯。
- 摆动腿向正前方攻栏，过栏后尽快积极下压；起跨腿折叠沿身体侧面前拉。
- 起跨与下栏保持高的身体姿势，减小过栏和栏间跑时身体重心的波动差。
- 过栏时两腿剪绞速度快，下栏动作迅速。
- 上下肢动作配合协调、平衡、连贯，既有一定的动作幅度，又能发挥较高的动作速度。

**常见错误：**

· 摆动腿前摆时大小腿折叠不够，导致摆动腿直腿过栏或盘腿绕栏。
· 起跨腿蹬地不充分，过早提拉起跨腿。
· 过栏时起跨腿拖在后面，两臂摆动不协调。
· 上下肢配合不协调，上体扭转，起跨腿同侧肩落后。

### 3. 下栏着地阶段（图7-35）

图7-35 下栏着地阶段

**目的：** 尽量减少水平速度的损失，使身体平稳、快速地转入栏间跑。

**动作特征：**

● 摆动腿下压积极，起跨腿提拉迅速，两腿动作协调、积极、连贯。

● 着地点距身体重心投影点要近，落地角度大。

● 下栏支撑重心高，支撑时间短，栏后支撑时间明显比栏前支撑时间短，水平速度损失少，离栏速度快。

● 上体保持适当前倾，两臂配合，两腿动作积极有力。

**常见错误：**

· 下栏时身体失去平衡，动作停顿。
· 摆动腿下压不积极，身体重心落后。
· 下栏落地时支撑不稳，上体后仰，两臂摆动不协调。
· 起跨腿提拉不到位，落地点偏离前进方向。

## （三）栏间跑技术（图7-36）

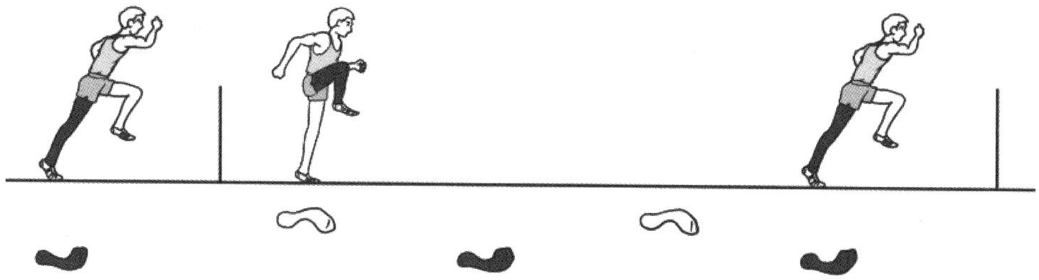

图7-36 栏间跑（直道栏）技术示意图

**目的：**以正确的节奏和尽量快的速度跑过每一栏间，为跨栏步创造速度和准确的起跨点。

**动作特征：**

直道栏

● 栏间三步步长比例是：小、大、中。

● 提高直道栏栏间跑的速度，主要是靠加快栏间三步的频率和跑的正确节奏。

● 栏间跑时保持身体重心高，起伏小，频率快，节奏稳定，清楚，方向正，直线性强。

**常见错误：**

· 身体重心低，脚掌缺乏弹性。
· 栏间跑第一步太小，影响栏间跑的节奏。
· 下栏后身体不平衡，破坏了栏间直线性。
· 栏间跑时摆臂幅度小，蹬摆配合不协调。

400米栏

● 400米栏的栏间跑男子一般跑13～15步，女子跑15～17步。

● 栏间跑步数和节奏的改变应根据运动员个人训练水平而定，不应盲目模仿，也不要在临场比赛时任意改变。

● 单数步节奏：男子采用13或15步，女子采用15或17步。要求在全程中始终用同一起跨腿过栏。

双数步节奏：男子采用14步，女子采用16步，要求在全程中两腿轮流起跨过栏。

混合节奏：采用单数步和双数步混合节奏。例如：前几个栏间跑13步，后几个栏间跑14步。

## 三、跨栏跑常用练习方法

### （一）摆动腿专门练习

目的：改善摆动腿的攻栏动作。

要求：

- 利用肋木、墙壁或树木等做摆动腿攻栏动作。
- 距离肋木、墙壁或树木1.5～2米处起跨腿向前一步支撑。
- 摆动腿屈膝前摆，脚掌踏上前方肋木、墙壁或树木。
- 摆腿与两臂摆动协调配合。

> **注意事项：**
> · 控制好上步距离。
> · 起跨腿落地后高重心支撑。
> · 上体和摆动腿异侧臂随摆动腿同时做前伸动作。
> · 动作连贯不出现脱节现象。

### （二）起跨腿专门练习（图7-37）

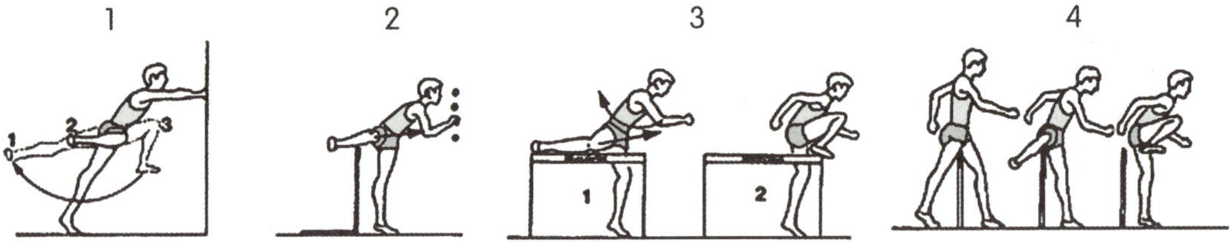


图7-37 起跨腿专门练习

目的：学习与改善起跨腿的提拉动作。

要求：

- 手扶肋木、墙壁或树木等站立。
- 体侧横向或纵向放一栏架做起跨腿提拉动作练习。
- 摆动腿在栏侧高重心支撑。
- 起跨腿大小腿折叠屈膝前拉至身体正前方落下。

> **注意事项：**
> · 两眼平视正前方，上体不扭转。
> · 髋横轴始终与栏架平行。
> · 提拉时保持起跨腿大小腿屈膝紧收，脚掌外翻。
> · 提拉动作连贯不出现停顿现象。

### （三）行进间摆动腿栏侧过栏练习

目的：改进摆动腿的攻栏动作。

要求：

- 跑道上摆放3～5个栏架，栏间距3～8米。
- 走动或慢跑中做摆动腿栏侧过栏练习。

● 起跨腿在栏前高重心蹬伸，摆动腿屈膝高抬前攻。

● 上体和两臂协调配合完成攻栏动作。

**注意事项：**
· 控制好起跨点。
· 动作速度保持适中。
· 摆动腿攻栏时上体和摆动腿异侧臂同时前伸。
· 动作连贯不出现脱节现象。

### （四）行进间起跨腿栏侧过栏练习

**目的：** 加强起跨腿提拉过栏的动作效果。

**要求：**

● 跑道上摆放3～5个栏架，栏间距3～8米。

● 走动或慢跑中做起跨腿栏侧过栏动作练习。

● 起跨腿准确踏上起跨点并正确做出摆动腿攻栏动作。

● 提拉动作连贯，拉至身体正前方落下。

**注意事项：**
· 控制好起跨点位置。
· 动作速度保持适中，先完成摆动腿攻栏动作。
· 起跨腿提拉时身体横轴保持平行，不扭转头部。
· 动作连贯不停顿，落地后继续跑进。

### （五）完整跨栏步技术练习（图7-38）

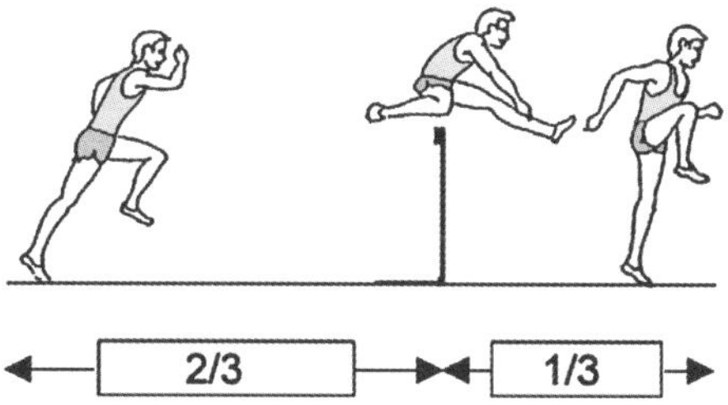


图7-38　跨栏步练习

**目的：** 学习与改进跨栏步技术。

**要求：**

● 栏间距离7～8米或11.5～12米，摆放4～5个栏架。

● 栏间跑分别可采用小步频跑或3步或5步节奏跑。

● 上体保持前倾，摆动腿屈膝前摆攻栏。

● 起跨腿紧收拉至身体正前方落下。

**注意事项：**
· 栏间跑时动作放松，不要紧张。
· 控制好起跨点位置，起跨前2步加速。
· 栏架高度根据情况逐渐升高。
· 强调摆动腿和起跨腿过栏动作的正确性。

## （六）栏间跑节奏练习（图7-39）

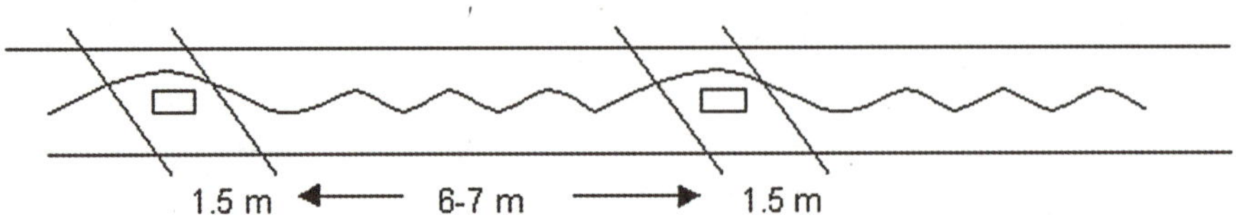


图7-39 节奏感练习

**目的：**改进栏间跑的节奏。

**要求：**

- 标出1.5米的间隔，各个间隔的间距约6～7米。
- 在间隔标志内放置小障碍物（如实心球、海绵块等）。
- 跑动越过间隔障碍，障碍之间用3步节奏，步频要快。
- 跑过障碍区时不要跳。

**注意事项：**
· 自然跑进，目视前方，不要跳过障碍。
· 体会3步节奏。
· 根据情况适时调整障碍位置。
· 保持跑跨节奏的一致性。

## （七）起跑过第1栏技术练习

**目的：**学习与强化起跑过第一栏的技术动作。

**要求：**

- 标准距离摆放1个栏架。
- 运用蹲踞式起跑，用或不用起跑器。
- 在起跑线前画出3条线，分别是起跑后前3步的落地点。
- 用8步跑至第1栏，并平稳跨过第1栏。

**注意事项：**
· 控制好起跑姿势。
· 起跑后两臂积极摆动，用力迈出前3步。
· 起跨前2步身体应成正常跑的姿势。
· 控制好起跨点，跨过第一栏。

## （八）跨栏跑完整技术练习（图7-40）

图7-40 跨栏跑完整技术练习

**目的：**练习与强化跨栏跑的完整技术。

**要求：**

- 采用7～8.5米间距放置栏架。
- 栏间运用3步节奏跑。
- 根据练习者的实际情况逐渐升高栏架高度。
- 保持跨栏步与栏间跑动作节奏的一致性。

**注意事项：**

· 有节奏地完成跨栏步和栏间跑的技术动作。
· 目视正前方，不要看栏架或扭头看起跨腿。
· 保持身体适度前倾，两臂协调配合。
· 下栏后不停顿，连续向前跑进。

# 第五节　接力跑

图7-41　美国前苏联女子4×100米接力跑技术图

7

8

9

10

11

12

13

14

续图7-41　美国前苏联女子4×100米接力跑技术图

15　　16

17　　18

续图7-41　美国前苏联女子4×100米接力跑技术图

国际大型比赛有4×100米和4×400米两个接力项目。4×100米接力比赛时，每名运动员必须在本队分道内跑完规定的距离（图7-41）。4×400米接力比赛，第一棒运动员在自己的分道内跑完一圈后，第二棒运动员接棒后仍然要在本队的分道内继续跑进，当跑完第一个弯道后，所有道次运动员方可跑入第一道。

## 一、影响接力跑成绩的关键因素

接力跑技术包括短跑技术和传接棒技术两个部分。比赛成绩取决于各棒次队员的跑速和传接棒技术以及传接棒的时机。

### （一）每名运动员的短跑成绩

接力跑比赛由四名运动员组成，运动员需跑完规定的距离。如果每名运动员的短跑成绩都非常出色，总的用时就最少，这是影响接力跑成绩的基本因素。

### （二）传接棒的技术

规则规定，运动员必须在接力区内完成交接棒，但用什么方法或动作传接棒没有限制。通过大量的实践发现，传棒运动员从上向下传棒（称为“下压式”）或从下向上传棒（称为

“上挑式”）的效果最好。目前，几乎所有的接力跑运动队都采用这两种技术。

传接棒技术的选择要因人而异，因为它要受到身高、臂长、手掌大小和传接棒队员习惯的影响。总体目标是要确保传接棒技术的默契、精确、安全和快速。

无论采用哪一种传接棒技术，在4×100米接力时，都应是第一棒、第三棒运动员沿分道内侧跑进（可以节省跑的距离），以右手将接力棒分别传递给第二棒和第四棒运动员的左手，第二棒运动员沿着分道外侧跑进，以左手将棒传递给第三棒运动员的右手。为了能始终保持高速度，4×100米接力运动员都要采用不看棒的接棒方式。4×400米接力跑的传接棒技术相对简单，但由于传棒人最后跑速已不快，所以接棒人应慢速跑进，目视传棒人，顺其跑速接棒，然后再快速跑出。

### （三）传接棒的时机

规则规定，运动员必须在20米的接力区内完成传接棒。理想状态是运动员在相对稳定，且较高速度的情况下完成传接棒，这个时机可称为传接棒的最佳时机。

对于绝大多数4×100米接力的优秀运动员来说，接棒的最佳位置应在接力区后10米内。因为这时候，传棒运动员仍处于高速跑进中，而接棒运动员（在接力区前10米的预跑区处起跑）也基本完成了加速任务而进入高速阶段。如在接力区的前半段传接棒，接棒运动员正处于加速起动阶段，传棒运动员以高速跑进，传接棒运动员之间的速度差异将会给传接棒的配合带来难度，造成传接棒运动员之间的距离过近而影响传接棒技术的正常发挥，也难以得到较长的获益距离，甚至会产生“掉棒”的危险。

### （四）接力队员的棒次安排

接力跑是集体项目，在决定战术时，应综合考虑以下几个方面的因素：起跑的能力、快速跑的能力、对传接棒技术的掌握程度、意志品质和身高等。

- 宜选择起跑快、速度好的运动员担任第一棒队员。如一开始能领先，可为全队创造获胜的心理优势。
- 理论上4×100米接力跑，第一棒运动员可跑110米的距离，第二、第三棒运动员各跑约130米，第四棒运动员约跑120米。因此，后三棒运动员应使用速度保持能力较好的运动员。
- 第一棒运动员只传，第四棒运动员只接。传接棒能力较弱的运动员可考虑放在这两棒的位置上。
- 在水平不相上下的情况下，第四棒运动员在最后几米的表现往往会对胜负起决定性的作用。在充分考虑速度能力的同时，宜将意志力特别强的运动员安排在最后一棒。

总之，4×100米各棒次运动员安排的原则是：第一棒持棒跑106～108米，应安排起跑技术较好并善于跑弯道的运动员；第二棒约跑126～128米，应安排专项耐力及传接棒好的运动员；第三棒约跑126～128米，应安排除了具备第二棒队员的条件外，还要善于跑弯道的运动员；第四棒约跑120米，应安排短跑成绩最好，冲刺跑能力强，同时具备顽强的竞争精神的运动员。4×400米各棒次运动员安排的原则是：第一棒安排技术良好且实力较强的选手，力争成为领先者，这样有利于对全队士气的鼓舞，第四棒应是全队实力最强的运动员，按实力及竞技状态排序，一般为乙、丙、丁、甲。

## 二、接力跑各技术阶段的完成目的和动作特征

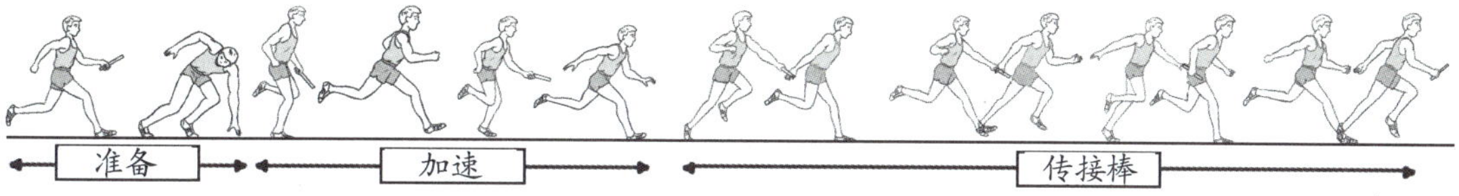


图7-42 接力跑传接棒完整技术过程

### （一）4×100米接力跑技术（非目视传接棒）

非目视传接棒分为三个阶段：准备、加速和传接。（图7-42）

在准备阶段，传棒运动员保持最大速度跑进，接棒运动员做好起跑姿势；在加速阶段，接棒运动员在20多米的加速距离内尽快加速，传棒运动员通过保持最大速度，使他们的速度达到同步；在传接棒阶段，运动员尽可能用较短的时间完成传接棒动作。

**1. 准备阶段（图7-43）**

图7-43 准备阶段

**目的：**为加速和传接棒做好准备。

**动作特征：**

● 接棒运动员可在10米的预跑区内做好起跑准备。

● 在地面上放置起跑标志（可用胶布，不能用粉笔等在地面留下印记），提示接棒运动员应该何时起跑。

> **常见错误：**
> · 接棒人起跑太早或起跑标志线离接力区过远。
> · 高估传棒人的跑速或接棒人过于紧张。

2. 加速阶段（图7-44）

图 7-44　加速阶段

**目的：**保持和发挥传接棒运动员的最大速度。

**动作特征：**

- 接棒运动员必须连贯加速。
- 传棒运动员要保持最大速度。

**常见错误：**

· 接棒人没按应跑的分道一侧跑进，给传递接力棒造成困难。
· 传棒人超过接棒人。

3. 传接阶段（图7-45）

图7-45　传接阶段

**目的：**安全和快速地在接力区内完成传接棒。

**动作特征：**

- 传棒运动员集中注意力于接棒运动员的手。
- 传棒运动员把接力棒递进接棒运动员手中。
- 接棒运动员感觉到触棒时，尽快握住接力棒。
- 在传接棒的过程中，两名运动员位于分道中他们各自的一侧。
- 传棒运动员必须留在分道中，直到所有运动员完成传接棒。

**常见错误：**

· 接棒人接棒时回头看，影响跑速。
· 传棒人持棒前送太早，或接棒人接棒臂后伸太早，影响速度的发挥。
· 掉棒。

（1）下压传接棒技术

接棒运动员向后伸出手臂，掌心向上，拇指向内（图7-46）。传棒运动员将接力棒“压”送到接棒运动员的手掌。两人的间距应为1米或更大些。

目前大多数运动员使用下压式传接棒技术，但采用下压式传接棒技术时，接棒运动员的手臂要充分向后伸出，这样容易造成接棒的手臂上、下或左、右晃动，对传接棒的顺利完成有一定影响。

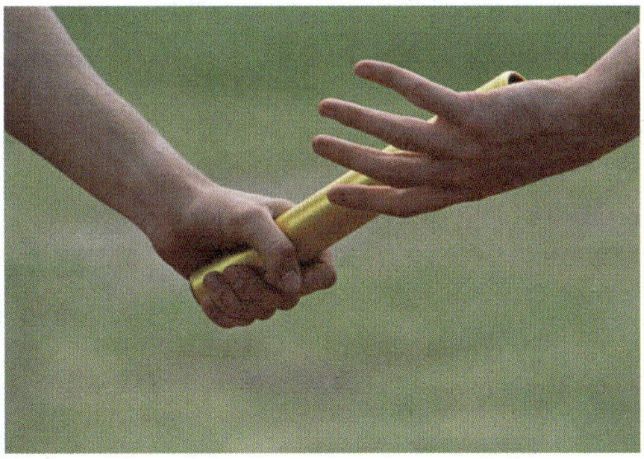

图7-46 下压传接棒技术

（2）上挑传接棒技术

接棒运动员在髋部高度向后伸出手臂，掌心向后，虎口张开向下。传棒运动员向接棒运动员充分张开的虎口间上挑接力棒（图7-47）。上挑式传接棒的优点是接棒人向后伸手的动作比较自然，容易掌握。缺点是接棒后，接棒人的手握着接力棒的中部，为避免第三棒、第四棒传接时接棒运动员抓棒的部分越来越少，造成掉棒或影响持棒快跑，而必须在跑进中附加换手或调整手与棒的接触部位的动作（即倒棒）。

图7-47 上挑传接棒技术

## （二）4×400米接力跑技术（目视传接棒）

接棒运动员以接近和符合传棒运动员的速度跑进。接棒运动员面向跑道内侧，伸出左臂做接棒动作，传棒运动员右手持握接力棒，并伸臂传向接棒运动员。接棒运动员左手接过接力棒，并立即换向右手持棒。在4×400米接力跑中，接棒运动员对有效地完成传接棒技术起主要作用。（图7-48）

图7-48　4×400米目视传接棒技术

## 三、接力跑常用练习方法

### （一）介绍目视传接棒

**注意事项：**
- 持接力棒自然跑动。
- 接棒人接住接力棒。

**目的：**了解目视传接棒的方法和技巧。

**要求：**

- 在40×40米面积内随机移动，每2名运动员1只接力棒。
- 从身体前面、侧面和后面传接接力棒。
- 2人一组，在2米接力区内练习目视传接棒。

### （二）介绍非目视传接棒（图7-49）

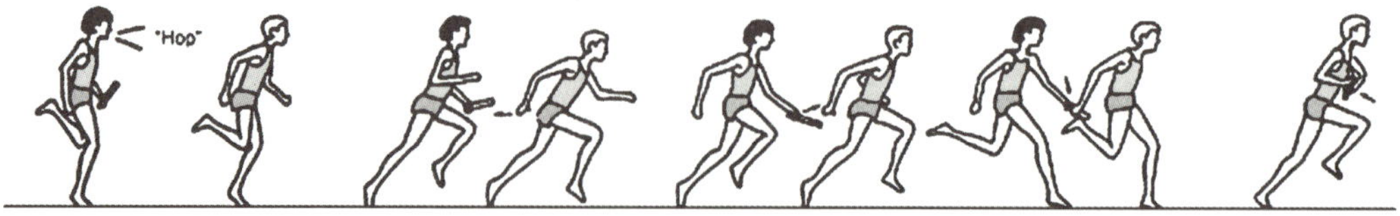

图7-49 非目视传接棒技术示意图

**目的：**了解非目视传接棒的方法和技巧。

**要求：**

- 使用下压或上挑传接棒技术。

**注意事项：**
- 2人练习，在走或慢跑速度下轮流传接棒。
- 4人一组重复练习，右手→左手→右手→左手传接棒。

● 自然地走、慢跑或跑，目视前方。

● 传棒运动员对接棒运动员发出向后伸手接棒的命令，随即传接棒。

### （三）提高速度进行非目视传接棒练习

**注意事项：**

· 2人一组练习。

· 从中速到快速，在50～70米距离内传接棒（重复2～3次）。

**目的：**在更快速度下适应传接棒技术。

**要求：**

● 采用下压或上挑传接棒技术。

● 自然地快跑，目视前方；在3步或更多步之前，发出接棒口令；接到棒后牢固握紧接力棒，不要随意抓棒。

### （四）传接棒的完整技术练习

**注意事项：**

· 在不同分道上（内道和外道），4人一组跑进，进行设置和不设置对手的练习。

· 采用更短距离练习，如4×50米或4×75米。

**目的：**在各种条件下完善传接棒技术。

**要求：**

● 设置检查标志，站立式起跑。

● 传棒运动员以最快速度跑进。

● 当传棒运动员到达检查标志时，接棒运动员快速出发。

● 集中注意力，传棒运动员以最大速度跑进接力区，接棒运动员不要向后看，最大限度地加速离开传棒运动员。

## 第六节 障碍跑

图7-50 男子3000米障碍运动员佛朗希思科（意大利，成绩8:08.57）的过栏技术

图7-51 2012伦敦奥运会女子3000米障碍比赛过水池的瞬间

## 一、影响3000米障碍跑成绩的关键因素

### （一）专项技术

3000米障碍跑是中长跑与跨越障碍相结合的田径运动项目。3000米障碍跑需要在全程跨越35个特设障碍，因此，运动员不仅要具有长跑的身体素质和顽强的意志品质，而且还要掌握正确的跨越障碍和水池的技术。（图7-50、图7-51）

**1. 过栏架技术**

跨栏跨越法：近似400米栏的过栏方法，是男女运动员广泛采用的先进的跨越障碍的方法，其优点是人体重心起伏小，水平位移速度大，跨越障碍过渡自然。

**2. 过水池技术**

跨越水池技术有两种方法，踏上跳下法和跨栏跨越法：

（1）踏上跳下法：是一种运动员在途中跑进的惯性下起跳踏上障碍越过水池的方法。此方法被广泛采用，它的优点是易于控制平衡，安全性强。

（2）跨栏跨越法：运动员采用跨栏方式，跨越水池，没有二次起跳环节。其优点是重心低，速度快；缺点是不易控制身体平衡，危险性较大。

**3. 障碍间节奏**

3000米障碍跑全程有34个障碍间跑。由于在途中要跨越35个障碍物，这就使全程变成了一种特殊节奏的中长跑，要尽力保持顺畅，避免因跨越障碍架或水池出现节奏混乱。另外，由于3000米障碍跑是不分道进行的竞赛项目，实战中运动员相互干扰较多，节奏的改变和调整也是运动员面临的一个重要难点，这主要体现在每个障碍架和水池前后10～20米跑段的节奏控制和掌握。

### （二）专项能力

影响3000米障碍跑运动成绩的专项能力主要包括专项耐力，专项速度，专项力量，动作的协调性、灵活性和柔韧性（图7-52）。协调性、灵活性和柔韧性的发展可以有效地提高跨越障碍架和水池的技术水平。3000米障碍跑时，运动员的有氧供能占70%，无氧供能占30%，这一能量代谢特点表明，在一般耐力基础上的专项耐力是影响3000米障碍跑的关键因素。

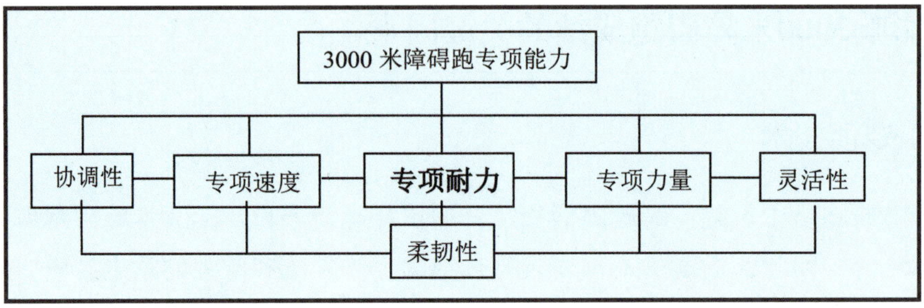


图7-52　影响3000米障碍专项能力的有关因素

## 二、3000米障碍跑各主要技术阶段的完成目的和动作特征

### （一）跨越障碍架技术阶段

#### 1. 助跑和起跨（图7-53）

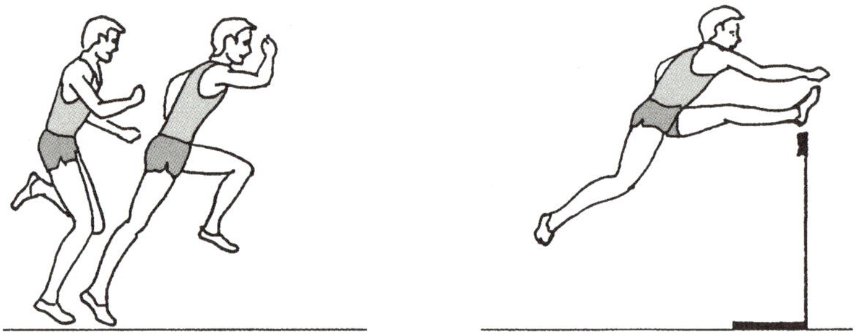

图7-53　跨越障碍架起跨动作图

**目的：**在最大限度地减小速度损失的情况下，做出从跑向跨越障碍栏架的连贯过渡。

**动作特征：**

- 起跳角度相对较小。
- 起跨腿的髋、膝和踝关节充分伸展。
- 摆动腿的大腿快速前摆。

**常见错误：**

· 起跨点离障碍栏架太近、太远，起跨角度太高或太低。

· 起跳腿的蹬伸不积极。

#### 2. 过栏（图7-54）

图7-54　3000米障碍的过栏动作

**目的：**最大限度地减小腾空的时间和速度损失。

**动作特征：**

- 起跨距离取决于速度。
- 身体低重心越过障碍栏架。
- 越过障碍栏架后，前面的摆动腿积极下压。
- 快速过渡到跑步动作，保持跑的节奏。

**常见错误：**

· 起跨腿蹬地不充分，过早提拉起跨腿。
· 过栏时起跨腿拖在后面，摆动腿下压不够。
· 上下肢配合不协调，上体扭转。

### 3. 着地（图7-55）

图7-55 3000米障碍的下栏着地动作

**目的：**在最大限度地减小速度损失的情况下，做出从跨越障碍栏架向跑的连贯过渡。

**动作特征：**

- 摆动腿下压积极，起跨腿提拉迅速，两腿动作协调、积极、连贯。
- 着地点距身体重心投影点要近。
- 下栏支撑重心高。

**常见错误：**

· 在落地时身体出现制动或下沉。
· 起跳腿向前运动慢，跑进方向不在一条线上。
· 没有重新建立跑的节奏。

## （二）越过水池技术阶段（图7-56）

图 7-56 3000米障碍越过水池的完整动作

### 1. 起跨与蹬踏栏架（图7-57）

图7-57　起跨与蹬踏水池栏架动作

**目的：**在最大限度地减小速度损失的情况下，做出从跑向越过水池栏架的连贯过渡。

**动作特征：**

- 起跨角度相对较小。
- 起跨腿的髋、膝和踝关节充分伸展。
- 摆动腿的大腿快速摆到水平位置。

**常见错误：**

· 起跨点离水池栏架太近或太远。
· 起跨腿的蹬伸不积极。
· 摆动腿的大腿摆不到水平位置。

### 2. 越过水池栏架（图7-58）

图7-58　越过水池栏架动作和脚的着离动作

**目的：**最大限度地减少越过水池栏架的时间。

**动作特征：**

- 运动员踩上水池栏架。
- 支撑腿屈曲，躯干前倾。
- 用脚的中部落在水池栏架上。
- 越过水池栏架时需要保持速度。
- 全部动作过程保持人体低重心。

**常见错误：**

· 身体在栏架上的运动路线偏移。
· 运动员踩上栏架，脚的接触和蹬离动作不正确。
· 跨过栏架，运动员摆动腿在栏架上“钩住”。

3. 蹬离水池栏架的跨步（图7-59）

图7-59　3000米障碍的蹬离水池栏架动作

**目的：**做出长、平线路的跳跃，立即过渡到跑的动作。

**动作特征：**

- 蹬离栏架的动作方向为向前、向下。
- 在腾空过程中双臂维持平衡。
- 躯干前屈。
- 支撑腿几乎充分伸展准备落地。
- 落地后摆动腿快速向前用力。

**常见错误：**
· 身体在栏架上的运动路线偏移。
· 蹬离栏架无力。
· 身体失去平衡。

## 三、3000米障碍跑常用练习方法

### （一）踏上起跨点练习

**目的：**调整步伐以顺利跨越障碍栏架。

**要求：**

- 标出一个环形路线，以不均匀的间距放置低的障碍（如纸箱）。（图7-60）
- 在环形路线上跑。
- 为跨越每一个障碍调整步长和步频。
- 保持跑的节奏。

**注意事项：**
· 目视前方，尽可能早并协调地调整步伐，以确定适宜的起跨点。
· 调整步伐时保持正常的节奏。

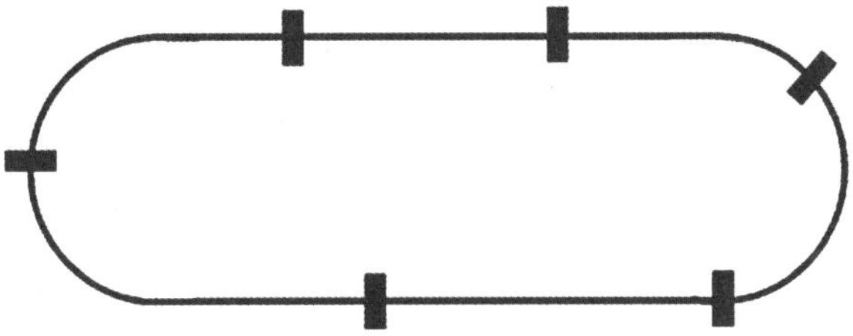

图7-60　环形路线示意图

## （二）跨越障碍架技术练习（图7-61）

图7-61　跨越障碍架技术练习

**目的：**掌握跨越障碍架技术并保持跑的节奏。

**要求：**

- 越过2~3个障碍栏架。
- 障碍架间距至少30米。
- 障碍架前适当加快助跑速度。
- 跨过障碍架落地时保持高重心。

**注意事项：**
- 充分起跨，在障碍栏架上保持身体低重心。
- 跑跨衔接自然，保持平稳节奏。

## （三）跨越水池技术练习（图7-62）

图7-62　跨越水池技术练习

**目的：**学习过水池技术。

**要求：**

- 采用20米助跑，以过水池栏动作越过一个障碍栏架落在沙坑。
- 在栏上保持动作节奏，跑出沙坑。
- 检查落地距离。
- 加入其他运动员共同练习。

**注意事项：**
- 提早“看到”障碍栏架，调整步伐。
- 蹬离障碍栏架，在空中保持身体姿势片刻。
- 落地时控制动作，跑出沙坑。

### （四）过水池完整技术练习

**目的：**掌握过水池技术。

**方法：**

- 通过30米助跑，以过水池栏动作越过一个障碍栏架落在沙坑，并跑出沙坑30米。
- 不要标出起跨点（必须为每一次过栏调整步伐）。
- 保持动作节奏。
- 加入其他运动员共同练习。

**注意事项：**
- 穿钉鞋，以保证安全。
- 以平衡的姿势蹬离障碍栏架，越过“水池”。
- 在控制动作的情况下落地，迅速重获跑的节奏。

## 思考题

1. 人体跑动时，影响步频与步长的主要因素是什么？

2. 短跑的起跑及加速跑的技术要领有哪些？试分析思考在实际教学中容易出现的错误动作及纠正方法。

3. 请举出三种发展一般耐力的练习方法。在运用这些方法时有哪些要求及注意事项？

4. 影响跨栏跑成绩的关键因素有哪些？为什么这些因素对成绩起重要作用？

5. 作为教练员（或教师），你如何安排四名运动员在4×100米接力跑中的棒次？为什么？

6. 障碍跑过水池的完整技术包括哪几个阶段？各阶段的技术特征是什么？在教学中容易出现的错误动作有哪些？

# 第八章 跳 跃

# 第一节 跳跃运动的技术原理

田径运动中的跳跃项目分为跳高、撑竿跳高、跳远和三级跳远四个项目。

跳跃项目技术动作的基本特征是：运动员通过助跑，获得向前的速度，然后利用某一条腿做起跳动作，使人体跳离地面，在空中行进一段距离后，落在地上（或海绵垫上）。

## 一、决定跳跃成绩的因素

跳跃项目的成绩，主要是由运动员跳离地面后，身体在空中行进路线的高度或远度所构成的。从物理学的角度上看，这是一个抛物线的运动轨迹（撑竿跳高起跳离地后，人体并未脱离支撑，而是要借助撑竿来完成一系列动作，所以，撑竿跳高人体重心的运动轨迹有其特殊性）。（图8-1、图8-2、图8-3）

图8-1 跳高身体重心轨迹图

图8-2 跳远身体重心轨迹图

图8-3 三级跳远身体重心轨迹图

任何物体离地后在空中的运行轨迹，决定于离地瞬间物体移动的速度和方向。在田径专项理论中，用起跳初速度代表起跳离地瞬间的速度，用起跳角度代表起跳离地瞬间的方向（相对于水平面）。

决定抛物线远度的公式为：

$$S=\frac{V_0^2\sin 2\alpha}{g}$$

决定抛物线高度的公式为：

$$H=\frac{V_0^2\sin 2\alpha}{2g}$$

注：S=质心抛射远度 H=质心抛射高度 $V_0$=质心抛射初速度 α=质心抛射角度 g=重力加速度。

从公式中各个变量的特性看，重力加速度g是常数，在跳跃过程中不会变化，而质心抛射角度α变化的幅度有限，理论上为0°～90°之间。实际上在跳远、三级跳远和撑竿跳高项目中，角度α一般在17°～25°之间；跳高项目中，角度α一般在50°～70°之间。除去这两个变量，质心抛射初速度$V_0$的大小，对质心抛射远度S和质心抛射高度H就起了决定性的影响作用。

由于运动员在起跳的瞬间，身体重心距离地面有一段距离，这个高度对跳跃的成绩也有一部分影响。

综上所述，在跳跃项目中，决定运动成绩的主要因素为：腾起瞬间重心距地面的高度、腾起初速度和腾起角度。（图8-4）

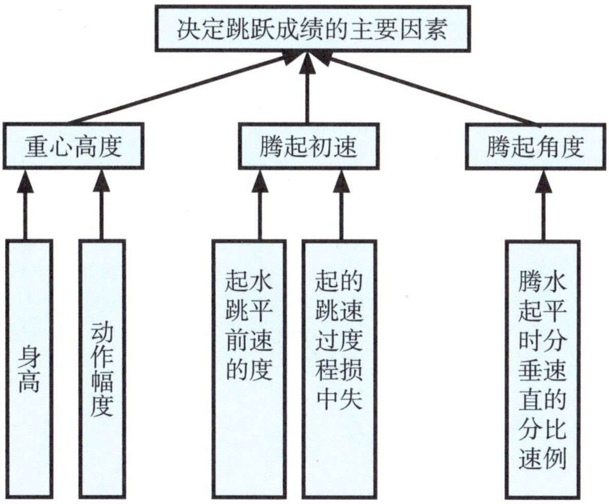


图8-4 决定跳跃成绩的主要因素示意图

腾起瞬间身体重心的高度受运动员自身高度（尤其是下肢的长度）和参与起跳的各运动环节的位置所制约（如摆动技术合理能提高身体重心的高度）。

腾起角度的大小取决于运动员腾起瞬间向前的水平分速度与向上的垂直分速度的比例，这与蹬地反作用力的方向有关。

腾起初速度则受运动员起跳前获得的水平位移速度和该速度在起跳的过程中损失程度的影响。

## （一）跳高项目的成绩构成

运动员跳高的高度是由三个垂直高度的总和所决定的（图8-14），这就是跳高理论中三个高度的重要公式：$H=H_1+H_2-H_3$。

### 1. 高度H1

$H_1$与运动员的身体形态有关。

身材高、下肢长的人，重心也高，这对跳高成绩极为有利。另外，运动员起跳时的身体姿势会直接影响身体重心的变化。例如，在起跳时两臂和摆动腿充分向上高摆，提肩，拔腰，整个身体充分向上的伸展，髋、膝、踝三个关节的充分蹬伸，整个身体纵轴的垂直程度，这些都会影响身体重心的位置。

### 2. 高度$H_2$

高度$H_2$是运动员获得比赛成绩的主要成分，跳高成绩的高低主要由$H_2$的大小所决定。

高度$H_2$由起跳瞬间的腾起初速度和起跳角度所决定。起跳腾起初速度取决于运动员在起跳时将已有的水平分速向垂直分速转换的效果，以及在起跳时通过下肢用力蹬地获得地面的反作用力的大小。起跳角度取决于运动员起跳时水平分速和垂直分速的比例。（图8-5）

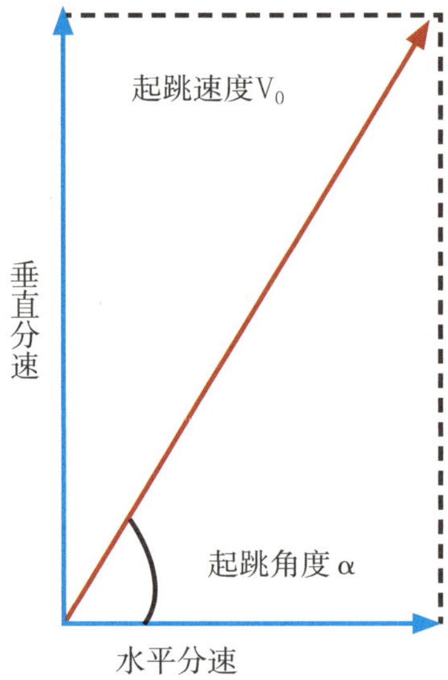


图8-5 跳高起跳瞬间速度-角度示意图

### 3. 高度$H_3$

高度$H_3$是运动员身体重心腾起的最高点与横杆的距离。采用背弓姿势，尽可能减少身体重心与横杆上沿的距离，这样在$H_2$高度相同的情况下，运动员则可以越过更高的横杆。

理论上讲，通过人体大幅度的背弓动作，可以在越过横杆时，人体重心处于横杆的下方，使得H3变为负值。根据多年来对背越式跳高技术的研究和分析，直到目前，还没有运动员能够做出上述动作，即重心低于横杆。原因可能和人体的解剖结构等因素有关。

跳高运动员过杆技术的好坏，主要体现在能否利用背弓动作而越过更高的横杆。

## （二）跳远项目的成绩构成

跳远的远度是由三个水平距离的总和所决定的：$S=S_1+S_2+S_3$。（图8-6）

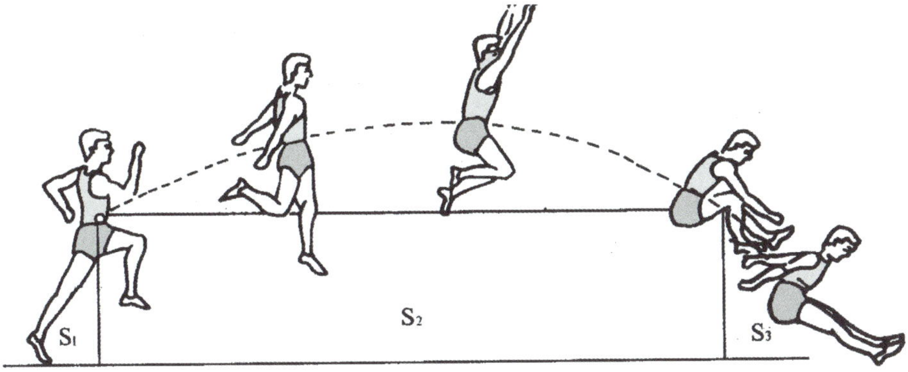


$S_1$——起跳结束瞬间，身体中心垂直投影点离起跳线的距离

$S_2$——起跳腾起后，身体重心腾空的水平位移距离

$S_3$——落地前身体重心在起跳结束腾起瞬间同一水平位移位置时的垂体投影点到双脚落沙坑的距离

图8-6　跳远远度构成示意图

### 1. 远度$S_1$

$S_1$与运动员的身体形态有关。

运动员的身高、动作的姿态都对$S_1$有一定的影响。但是身高与起跳技术关系不大，因此$S_1$在跳远成绩中的比重很小。

### 2. 远度$S_2$

同跳高一样，远度$S_2$是运动员获得跳远比赛成绩的主要成分，跳远成绩的高低主要由$S_2$的大小所决定。

远度$S_2$同样是由起跳瞬间的腾起初速度和起跳角度所决定的。与跳高不同的是，在跳远中，起跳腾起初速度取决于运动员起跳时能否在获得一定的垂直速度的基础上，尽可能地保持已有的水平速度。跳远运动员起跳时，主要是做出爆发性的起跳动作，减少起跳支撑阶段的水平速度损失。跳远的起跳角度同样取决于起跳时水平分速和垂直分速的比例。（图8-7）

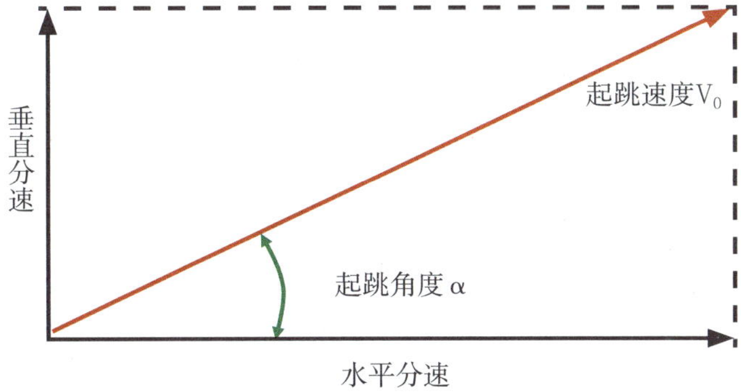


图8-7　跳远起跳瞬间速度-角度示意图

### 3. 远度$S_3$

远度$S_3$是运动员双脚落地瞬间，落地点与身体重心的距离。

运动员在落地前，依然保持着向前的飞行动作，落地瞬间双脚的前伸，可以给运动员增加10～20厘米的距离。这是一个高水平跳远运动员决不能忽视的部分。

## （三）三级跳远的成绩构成

三级跳远在技术原理上可以看作是连续的三次跳远，在每一跳的距离构成上，与跳远基本上一样，由$S_1$+$S_2$+$S_3$组成。（图8-8）

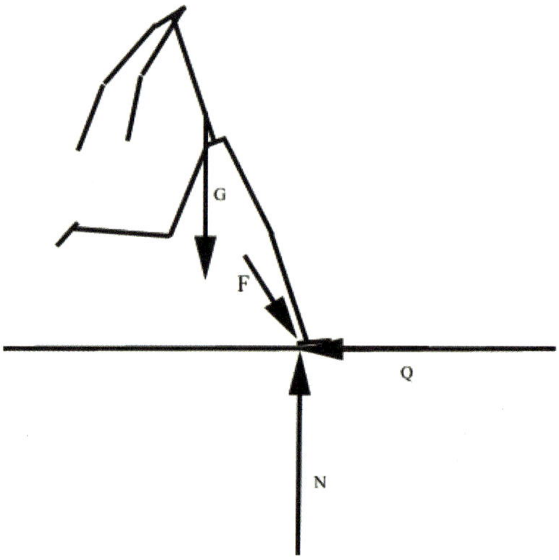


F=落地时冲力　G=重力加速度　N=地面支撑力　Q=地面阻力

图8-8　三级跳远第二、第三跳落地瞬间受力示意图

但是在三级跳远中，第二跳和第三跳是在前一次身体腾起后向下降落的情况下的再次起跳，因此需要对抗很大的下冲力F，这两跳的地面阻力Q增大很多，需要运动员具备强大的腿部力量和良好的落地缓冲起跳技术，才能够顺利地完成三级跳远的完整技术动作，使助跑获得的水平速度得到充分的利用。

## （四）撑竿跳高的成绩构成

撑竿跳高的成绩是由四个高度构成的：$H=H_1+H_2+H_3-H_4$。

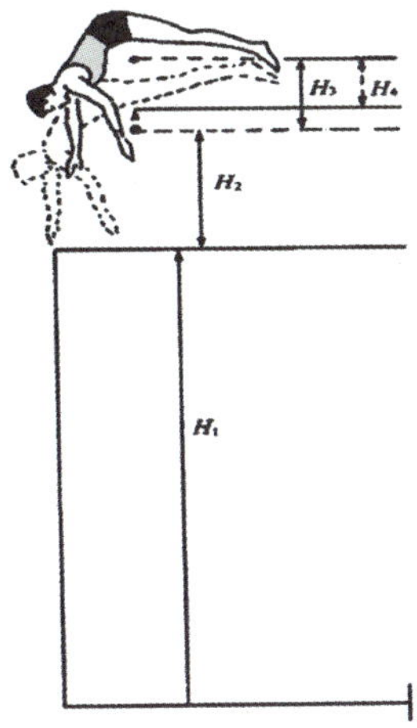


$H_1$：推离撑竿瞬间上握点距地面的高度

$H_2$：推离撑竿瞬间上握点与身体中心之间的高度

$H_3$：推离撑竿后身体重心升起的高度

$H_4$：身体重心升起的最大高度与横杆高度之差

即：跳跃总高度$=H_1+H_2+H_3-H_4$

图8-9 撑竿跳高高度构成示意图

与跳高不同的是，撑竿跳高的成绩是由四个高度所构成。（图8-9）

$H_1$基本代表握竿高度，$H_2$、$H_3$、$H_4$构成了通常所讲的腾越高度。

使用玻璃钢撑竿以来，运动员在握竿高度和腾越高度方面均得到了大幅度的提高。玻璃钢撑竿最重要的物理特性是运动员在跳跃时撑竿可以产生较大的弯曲，并在最大弯曲后以较快的速度反弹。这种物理特性对于撑竿跳高而言具有以下的优越性：（1）可以有效地提高握竿高度。撑竿弯曲后，“人—竿”转动半径得以缩短。玻璃钢撑竿较之金属竿时期，运动员的握竿高度普遍得以提高。（2）撑竿的大幅度弯曲可以储存大量的弹性势能，从而在撑竿反弹时提供给人体以较大的重力势能和动能，使腾越高度的增加成为可能。

在撑竿跳高中，人与竿是作为一个系统的两个构成因素而交互作用的，在这一系统中，有两个主要的转动现象，它们构成了撑竿跳高的基本运动形式。第一个转动是起跳后，撑竿和人体作为一个整体以穴斗为支点进行转动（简称人竿转），这是一种定轴转动；第二个转动是人体围绕上握点进行的摆动（简称人摆），人摆时上握点是运动着的，所以它是一种动轴转动。人-竿系统的这两个转动有一共同特点，即转动半径是变化的，而每一转动的角速度在一定程度上受身体重心到转动轴之间的距离的影响。“人竿转”的目的是在一定握竿高度的情况下，使撑竿竖直，以便人体顺利过杆，如其他条件相同，人体重心越低，人竿合重心到穴斗之间的半径就越短，这无疑有利于竖竿。然而，撑竿跳高的目的是越过尽可能高的横杆，所以人体必须要向上运动，缩短人摆的半径（身体重心向握点靠近）是加快身体上移的重要途径，而这在一定程度上又加大了“人竿转”的半径，进而影响人竿的转动。所以，适时合理地变化身体重心到转动轴之间的距离，是撑竿跳高技术的基本要领之一。握竿高度主要取决于“人竿转”的效果，在尽可能高握竿的情况下使撑竿转动至与地面垂直的部位是衡量这一效果的主要标准。“人竿转”的动力来源于助跑起跳。加快助跑速度并在起跳时尽量减少这一速度的损失是提高握竿高度的重要因素。根据转动理论，半径短则角速度快，玻璃钢撑竿可以大幅度弯曲，从而有效地缩短了转动半径，这是使用玻璃钢撑竿可以大幅度提高握竿高度的基本原因。（图8-10）

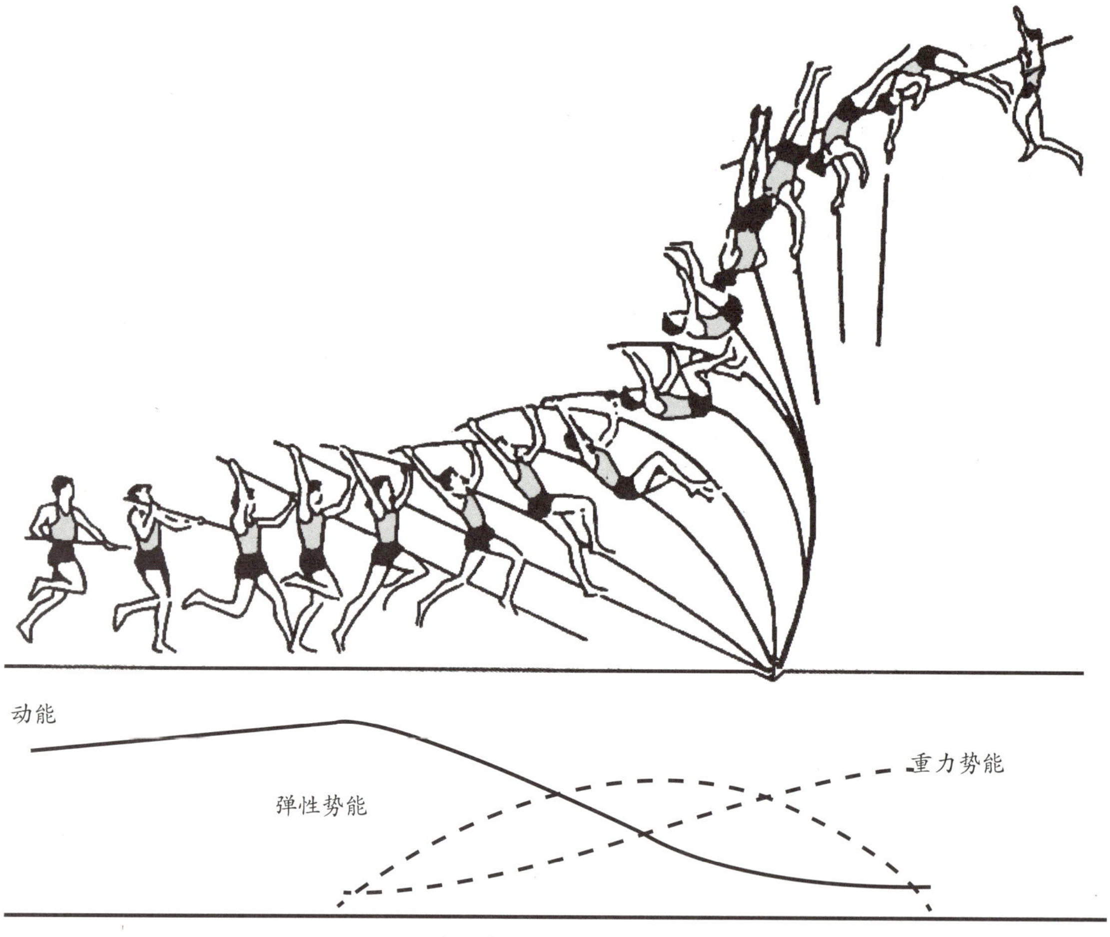


图8-10 撑竿跳高人－竿系统能量变化示意图

在撑竿跳高运动过程中，“人－竿”系统的能量变化与分布具有一定的规律。离地前，系统的能量主要表现为人体在助跑时所获得的动能，相对于个人而言，它由助跑的速度所决定；起跳后，动能减少，一部分转化为撑竿的弹性势能，另一部分在起跳过程中受到损失，所以系统的总能量有所下降；在摆体时，身体内力做功，撑竿的弹性势能加大，系统的总能量有所回升；撑竿达到最大弯曲时，其弹性势能最大，随后逐渐释放，转化为人体的重力势能和动能。由此可见，玻璃钢撑竿的显著特性之一在于它可以储存并释放较大的弹性势能，而加大助跑速度和摆体力量是提高系统总能量的基础。

## 二、跳跃运动基本技术的共有特点

跳跃项目的基本技术都由下列阶段所组成：助跑、起跳、腾空和落地。

### （一）助 跑

助跑的作用：在起跳前使身体获得最佳的向前水平速度，以及过杆时所需的离心力。

助跑的形式：从静止开始，逐渐加速，达到本人的最佳向前速度。

助跑的路线：背越式跳高为直线加弧线助跑，跳远、三级跳远为直线助跑，撑竿跳高为持竿直线助跑。

助跑的要求：

- 助跑要在保持良好起跳效果的前提下尽可能地提高速度。
- 助跑的距离、速度、节奏要因运动项目的特点、运动员的身体条件和训练水平而异。
- 助跑身体重心的移动要平稳，步幅、节奏要相对稳定，以提高助跑的准确性。

### （二）起 跳

起跳的作用：改变人体的运动方向，从向前的跑动过程转变为向前上方的腾空过程。

起跳的形式：起跳腿的落地、缓冲、蹬伸，以及两臂和摆动腿的摆动。

（图中自左向右重叠排列的人体为跳高、跳远、三级跳远）

图8-11 起跳阶段动作示意图

从图8-11中可以看出，落地瞬间，跳高运动员的重心最低，起跳腿前伸的幅度最大，所产生的制动力也最大；而三级跳远运动员重心最高，起跳腿前伸的幅度最小，所产生的制动力也最小；跳远运动员介乎于二者之中。在缓冲阶段，跳高运动员屈膝缓冲的幅度最大，身体重心投影点通过着地点最晚；三级跳远运动员屈膝缓冲的幅度最小，身体重心投影点通过着地点最早。在蹬伸离地阶段，运动员迅速伸直髋、膝、踝三个关节，向前上方腾起。在这个技术环节中，三个项目运动员最明显的差别是人体腾起的方向不同，跳高几乎垂直向上腾起，跳远、三级跳远主要是向前上方腾起。

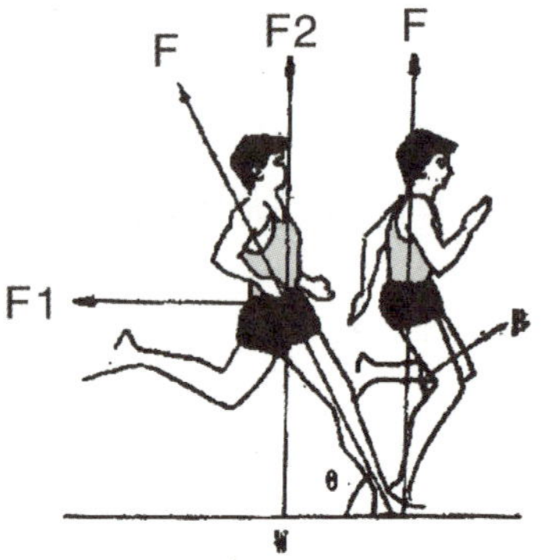

图8-12　着地缓冲技术示意图

跳跃运动员在起跳中获得的腾起初速度来源于：助跑的水平速度、落地缓冲阶段助跑水平速度向垂直速度的转化、蹬伸用力阶段获得的地面反作用力、两臂和摆动腿适时地快摆和突停。

由于人体是在快速的跑动中进行起跳，起跳脚的迈步动作对地面的冲击力很大，所以反作用力F大大超过了起跳腿的支撑能力，它迫使起跳腿的膝，踝关节弯曲，以减缓F的冲击（图8-12），同时使身体重心向起跳脚支撑点的上方移动，为蹬伸做好准备。此时，起跳腿的伸肌群在做退让性工作，即被动拉长，它增加了伸肌群收缩前的初长度，对进行蹬伸动作有积极的作用。由此可见，迈步和屈膝是起跳技术中不可缺少和忽视的动作，它们对改变人体的运动方向，提高起跳效果具有积极的作用。然而，在迈步和屈膝阶段，由于与人体运动方向不一致的力F的存在，必然会损耗一部分原已获得的水平位移速度，迈步和屈膝的角度越小，持续时间越长，水平位移速度的损失也越大。力F的方向，随起跳腿着地角θ的变化而变化。显然当角θ越小时，力F与人体运动方向的相逆程度就越大，水平速度的损失也越大。另外，起跳腿膝关节屈角β的大小，是决定起跳蹬伸前身体重心高低程度的主要因素。所以，在起跳过程中，如果能在不影响腾起角的情况下，适当加大着地角θ和膝关节屈角β，就可以缩小力F的持续时间和重心前移的距离，加快起跳的速度。当然，起跳的时间并非越短越好，也不能简单地拿起跳过程中水平速度的损失率作为衡量起跳效果的标准，运动员起跳过程中水平速度的损失率应有一个最佳值，不同跳跃项目和不同水平的运动员，最佳值会有所不同，起跳时大于或小于最佳值，都会影响起跳的效果。

蹬伸是起跳阶段的最后动作。它要求摆动臂、摆动腿及起跳腿协调地完成蹬摆动作，使支撑反作用力尽可能多地作用于身体重心。蹬伸速度对腾起初速度有着积极的作用，起跳着地角及膝屈角的适当增大有助于加快蹬伸，有利于提高身体的腾起初速度。

起跳过程中摆动腿及两臂迅速有力的摆动能增强起跳的效果。摆动腿和摆动臂的加速摆动会产生一个大小相等方向相反作用于起跳腿的惯性力，它可增大起跳腿对地面的作用，而摆动后期的减速和制动，则又有利于身体的腾起。在起跳过程中，这种加速和减速摆动的相继进行和共同作用，对提高起跳效果具有重要的意义。据报道，有力合理的摆动动作能占到起跳总力量的20%～30%。

### （三）腾空和落地

腾空和落地的作用：维持空中身体平衡、以合理的技术动作越过横杆、以合理的技术动作获得最大的远度、防止受伤。

腾空和落地的形式：人体运动环节的转动及相向运动。

人体腾空后，身体重心运行的轨迹是不变的，而人体的各个运动环节可以绕其关节进行转动。

根据角动量守恒定律，如果没有外部的力偶或偏心力的作用，转动的物体将以不变的角动量绕轴转动。可见，人体腾空后，如没有外力的作用，旋转的角动量是不会改变的。然而，尽管身体总的角动量不会改变，但是身体各环节的角动量可以转换。由角动量公式：角动量=IW（I=转动惯量，W=角速度）可知，通过身体各环节的运动来改变转动惯量或角速度的对应关系，能够控制人体空中的旋转速度，使之朝着对成绩有利的方面发展。例如，走步式跳远的空中动作，向后摆动的腿是伸直的，向前摆动的腿是弯曲的，两腿动作的转动惯量出现差距，加快了下肢向前运动的速度，而两臂的动作与腿正好相反，所以产生的转动惯量差减慢了上体向前运动的速度。这种新的转动惯量与角速度的对应关系并未改变人体总的角动量，然而却有效地克服了身体的向前旋转，维持了身体平衡，为落地创造了条件。

落地是腾空的必然结果。在高度项目中它对成绩几乎不产生影响，良好的落地姿势仅是为了避免身体的损伤。在远度项目中，落地对运动成绩具有一定的影响，运动员在落地时应根据自身的情况，把握好收腹举腿、前伸，屈膝缓冲的时机，两脚应尽可能地伸向前方，以增加丈量距离，同时，还应注意减小落地时的反作用力，以免受伤。

## 第二节 跳 高

图8-13 第23、24届奥运会女子跳高冠军乌尔里克·迈法特

## 一、影响跳高成绩的关键因素

跳高时（图8-14），人体的跳跃高度是由三个垂直高度的总和所决定的（$H=H_1+H_2-H_3$）。

图8-14 跳高成绩构成图

从公式和图8-14可以看到与跳高成绩（H）直接相关的三个条件：$H_1$——跳跃时人体离地瞬间身体重心的高度；$H_2$——通过跳跃使人体重心升起的高度；$H_3$——人体重心腾起的最高点至横杆之间的距离。

背越式跳高的优越性是能够充分发挥和利用助跑速度以提高起跳效果，其实质是能够利用弧线助跑速度经济实效地降低和升高身体重心，从而获得更大的垂直速度。下图简要地勾勒出了影响跳高成绩的关键因素。（图8-15）

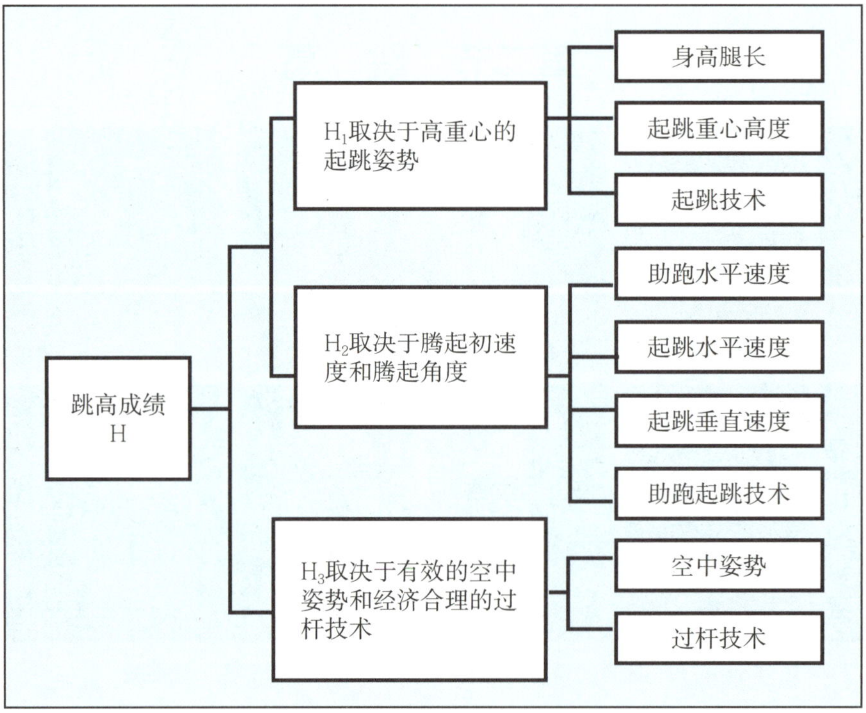


图8-15 影响跳高成绩的关键因素

在跳高学习和训练中，要对以下三个方面予以足够的重视：

- **技能方面**

跳高属于技术性较强的体能项目，需要运动员具备高超的技术能力，特别是在高速助跑中准确完成动作和控制动作的能力。背越式跳高能够利用助跑速度来提高起跳效果，加快弧线助跑速度有利于水平速度和垂直速度的增大，从而获得更大的腾起初速度。跳高起跳使人体变为向前上的抛射运动，是身体重心由低向高不断加速上升的过程，是垂直速度不断变化增大的过程。背越式跳高起跳是摆动腿和起跳腿共同参与完成的。过杆时运动员在空中通过身体的补偿运动和围绕横杆的转动越过横杆。因此，运动员需要具有高超的运动技能，才能高质量地完成背越式跳高。

- **专项体能方面**

跳高是克服垂直障碍越过横杆的运动，是周期性运动与非周期性运动相结合的项目。优异成绩的取得要求运动员具有良好的身体素质，特别是速度和速度力量（包括超强的弹跳力）水平，并要具有良好的协调性和柔韧性。

在正确合理的专项技术的前提下，专项体能水平越高，运动员的成绩也就越好。高水平的跳高运动员，短距离加速能力很强，在助跑过程中能够充分发挥和利用位移速度。积极强有力的起跳能够把助跑所获得的水平速度有效地转化为垂直速度，因而需要运动员具备很强的全身快速爆发力量。跳高比赛时间一般要持续2～3小时，比赛难度逐渐增大，因此，运动员还必须具备良好的专项耐力水平。

- **心理方面**

跳高运动员的心理特征由该项目的特点所决定，跳高比赛是在运动员事先知道要越过的高度的情况下，不断挑战，随着横杆的升高，直至最后连续三次“失败”而结束的运动项目。因此，要求运动员必须具备坚定的自信心和勇气，具备冷静、果断、顽强拼搏的意志品质。高水平跳高比赛在竞技实力相当的情况下，那些具备良好稳定的心理状态和超人的调节能力，并勇于挑战自我的运动员往往能够取得最终的胜利。

## 二、跳高各技术阶段的完成目的和动作特征

背越式跳高分为四个技术阶段：助跑、起跳、腾空和落地。（图8-16）

图8-16　跳高技术阶段示意图

## （一）助跑阶段（图8-17）

图8-17　背越式跳高助跑最后几步动作示意图

**目的：**获得最佳可控速度。最大限度地减少速度损失，准备有效地起跳。

**动作特征：**

- “J”形助跑：首先直线跑（3～6步），然后曲线跑（4～5步）。
- 在助跑过程中持续增加速度。
- 步频持续增加。
- 身体内倾，倾斜角度取决于助跑速度。
- 在倒数第二步身体重心适度下降。
- 在倒数第二步摆动腿积极蹬地用力。

**常见错误：**

- 助跑加速节奏不稳定。
- 起跳前拉大步，重心下降过大。
- 起跳前减速。
- 助跑内倾不自然。

## （二）起跳阶段（图8-18）

图8-18　背越式跳高起跳动作示意图

**目的：**最大限度地获得垂直速度，为背越横杆创造所必需的转体动作。

**动作特征：**

- 起跳脚指向落地区。
- 起跳腿适当弯曲，最大限度地减少接触地面的时间。
- 摆动腿向上摆动，直到大腿与地面平行。
- 起跳结束时身体处于垂直姿势。

**常见错误：**

- 重心前移不积极。
- 起跳腿放脚着地不柔和。
- 摆动腿蹬摆不积极。
- 倒杆太早。

## （三）腾空阶段（图8-19）

图8-19 背越式跳高过杆动作示意图

**目的：**顺利越过横杆。

**动作特征：**

- 初期保持起跳姿势。
- 前引臂向上伸展，越过横杆。
- 背弓、降低双腿和头部高度，在横杆上方上提双髋。
- 双膝分开，获得更大程度的身体弓形。

**常见错误：**

- 挺髋不够。
- 杆上动作不柔和。

## （四）落地阶段（图8-20）

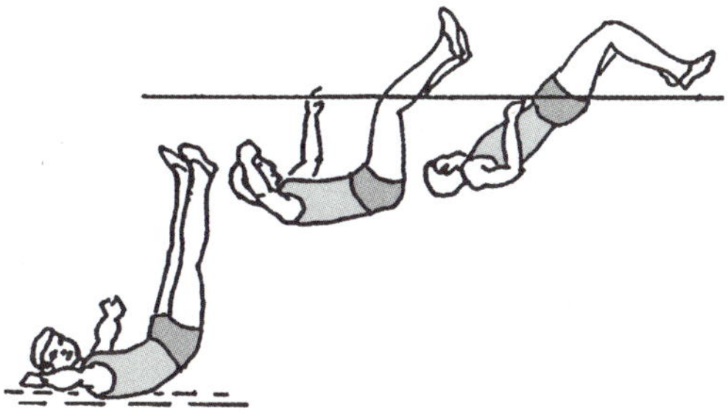

图8-20 背越式跳高落地动作示意图

**目的**：安全落地，避免受伤。

**动作特征**：

- 收拢头部靠近胸部。
- 双肩和背部着地。
- 双膝分开落地。

**常见错误**：
- 臀部着地。
- 收腿时未控制膝关节。

## 三、跳高常用练习方法

### （一）原地倒体练习（图8-21）

图8-21 原地倒体挺髋练习

**目的**：发展柔韧性，体会杆上挺髋动作。

**要求**：

- 两脚左右开立同肩宽，两腿微屈，慢慢倒体。
- 肩背着垫，两臂放于身体两侧。
- 充分挺髋。

**注意事项**：
- 屈膝，提腰。
- 倒地时低头收下颌。
- 两臂自然放于身体两侧。

### （二）“S”形加速跑（图8-22）

图8-22 “S”形加速跑线路图

**目的**：提高弯道跑的能力和灵活性，体会身体内倾技术。

**要求**：

- 绕椎体标志物跑进。
- 以可控速度快速跑。

- 进入每个曲线跑时增加速度，注意身体内倾。
- 变化形式：“高抬腿”或高步频。

**注意事项：**

· 加速时重心平稳，内倾自然。
· 加速中高抬腿动作自然放松。
· 要逐渐达到高步频。

## （三）跨越式跳高（图8-23）

图8-23 跨越式跳高示意图

**目的：**提高垂直起跳能力。

**要求：**

- 采用直线助跑。
- 起跳脚在助跑方向上落地。
- 起跳腿充分蹬伸、逐渐增加高度。

**注意事项：**

· 目视前上方，身体正直。
· 起落点尽量远。
· 蹬摆要积极。

## （四）曲线跑跨越式跳高（图8-24）

图8-24 曲线跑跨越式跳高示意图

**目的：**学习曲线助跑垂直起跳。

**要求：**

- 采用J形助跑。
- 起跳脚在助跑方向上自然落地。
- 充分蹬摆。
- 以摆动腿站立式落地。

**注意事项：**
· 最后助跑适度内倾。
· 起跳蹬摆积极。

## （五）原地背越式过杆（图8-25）

图8-25　原地背越式过杆示意图

**目的：** 提高过杆技术水平。

**要求：**

- 从地面或跳箱上起跳。
- 充分挺髋。
- 过杆和落地时分开双膝。
- 采用固定线绳或支撑横杆的立柱。

**注意事项：**
· 屈膝下蹲时保持身体正直。
· 蹬起时快速有力。
· 腾起时拉体挺髋。

## （六）高抬腿助跑背越式跳高（图8-26）

图8-26　高抬腿助跑背越式跳高示意图

**目的：** 掌握高重心助跑技术，改善最后几步的节奏。

**要求：**

- 沿“J”形曲线跑进。
- 采用5～7步高抬腿助跑。
- 采用高步频，身体内倾。
- 不要为了准备起跳而降低髋的高度。

**注意事项：**
· 跑中高抬腿，保持身体正直。
· 频率逐渐加快。
· 高重心。

## （七）完整技术重复练习

**目的：**熟练和完善全程完整技术动作。

**要求：**

- 助跑起跳要有节奏。
- 逐渐增加助跑长度和速度。
- 起跳时身体充分向上。
- 杆上充分挺髋。

**注意事项：**

· 强调动作的完整性、连贯性。
· 变换强度完成动作。
· 摆蹬积极，挺髋积极。

## （八）跳深练习（图8-27）

图8-27 跳深练习图

**目的：**提高专项支撑能力和起跳爆发力量。

**要求：**

- 跳下着地时适当缓冲，反弹速度要快。
- 跳箱和栏架的高度适当，逐步增加。
- 可连续跳越栏架。

**注意事项：**

· 保持身体正直。
· 动作轻盈。
· 摆动积极，提肩拔腰。

# 第三节 撑竿跳高

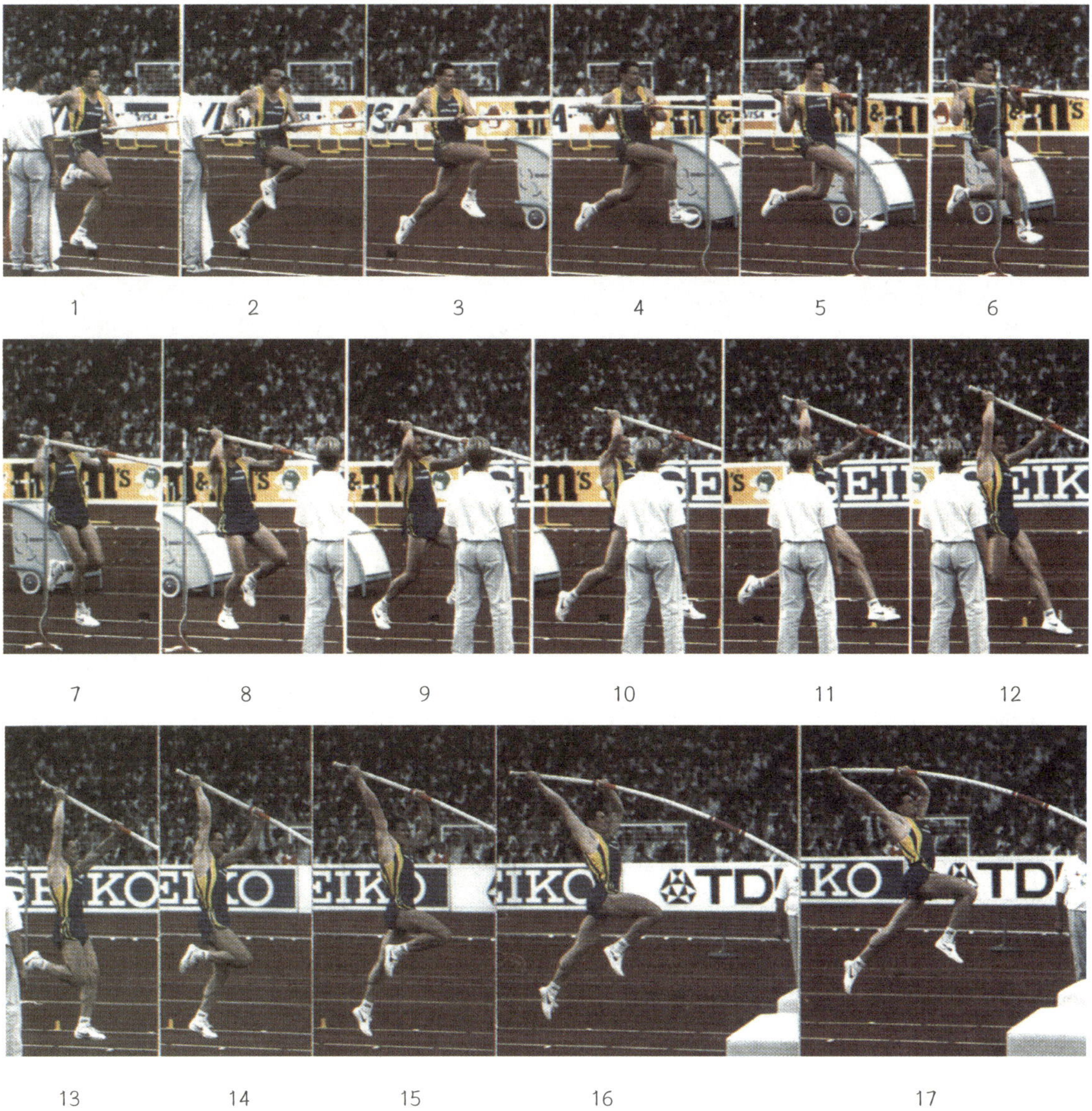


图8-28 世界纪录保持者布勃卡的完整技术连续图（6.00米）

续图8-28 世界纪录保持者布勃卡的完整技术连续图（6.00米）

续图8-28 世界纪录保持者布勃卡的完整技术连续图（6.00米）

## 一、影响撑竿跳高成绩的关键因素

运动员的握竿高度和腾越高度是撑竿跳高运动成绩的构成分量，在提高握竿高度和腾越高度的具体实施过程中，要对以下三个关键因素予以充分的重视。

### （一）学习和掌握先进的运动技术

撑竿跳高是田径运动中技术最为复杂的项目（图8-28），所以，技术的学习和训练占据着举足轻重的地位。当然，“身体能力决定着技术的质量”。

任何运动技术都必须服从于一定的科学原理，视运动项目的不同，这些原理既有生物学方面的（如生物力学和生理学），也有其他学科领域的（如心理学、材料学等）。运动技术始终都处在发展与创新的动态变化之中，这种发展与创新往往基于人们对相关科学原理和项目特性的更加深入的认识，因此，要及时把握项目的发展动态，学习并掌握先进的运动技术，这对于技术含量相对较高的撑竿跳高运动而言，其意义尤为重要。

先进的运动技术可以更好地发挥人体的机能能力和玻璃钢撑竿的优越性能，从而获得更佳的运动效果，在学习的过程中，不要仅仅停留在模仿动作外形的层面上，要深入理解和领会其实质内涵，这样才有可能操作到位、贯彻始终。

### （二）大力发展助跑速度

能量转换理论可以概括地说明助跑速度在“人–竿系统”运动中的基础作用，即：人体在助跑阶段所获得的动能，通过起跳和摆体转化成了撑竿的弹性势能（表现为撑竿的弯曲），在撑竿反弹和过杆过程中，这一弹性势能又转化成了人体的重力势能和动能。由此不难看出，人体所能跳越的高度，在很大程度上取决于助跑时所获得的动能，而这一能量的大小，又与人体的助跑速度息息相关（$EK = 1/2\ Mv^2$）。

大量的研究表明，助跑速度与握竿高度呈现出高度的正相关关系，即跑得越快，就有可能握得越高。竿上的摆体动作效果也主要取决于助跑的速度。可控制的助跑速度的提高首先依赖于平跑能力的发展，这是撑竿跳高体能训练的首要任务，布勃卡的100米成绩为10.20秒，60米成绩为6.30秒（均为手计时）。完善持竿助跑的技术，特别是降竿举竿过程中节奏与跑姿的正确控制也是提高助跑速度的重要途径。

### （三）提高综合性运动技能水平

撑竿跳高竿上技术复杂，不仅有悬垂动作，也有支撑动作；不仅要围绕身体的横轴转动，也要围绕纵轴转动；特别关键的是这一系列动作都是在一根极富弹性的撑竿上进行的。所以，在时间和空间方面都对运动员技术动作的运行状况提出了精准的要求，即要“适时、到位、节奏合理”。撑竿跳高竿上动作的完成质量实质上取决于人体对复杂序列动作的掌控能力，这种能力对人体的神经—肌肉系统提出了很高的要求，并涵盖了几乎所有的运动素质（力量、动作速度、柔韧、灵敏），而这种能力的培养和发展仅靠专项技术训练又往往是不够的。所以，采用多种练习手段，提高人体的综合性运动技能水平是撑竿跳高训练的一项重要内容。

大量的实践证明，竞技体操训练是提高撑竿跳高运动员综合性运动技能水平的有效捷径，特别是单杠、吊环和自由体操练习，甚至有人认为“体操技能”是撑竿跳高运动员的一项重要的专项能力。单杠和吊环练习中的摆振、翻转、屈伸、倒立动作与撑竿跳高竿上动作相近，自由体操练习中的各种手翻和空翻动作又能提高人体的空间感知觉能力，另外，撑竿跳高竿上动作的复杂性决定了参与工作的肌肉的多样性，而传统的力量练习手段又很难动员全部的所需肌肉参与工作，单杠和吊环练习实质上可以认为是一种以手为支点的克服自身体重的力量练习，它能够有效地发展撑竿跳高竿上动作所需要的全部力量，所以，长期大量的竞技体操训练对于掌控撑竿跳高竿上动作具有十分明显的作用。

## 二、撑竿跳高各技术阶段的完成目的和动作特征

撑竿跳高技术可分为以下阶段：助跑、举竿插穴、起跳悬垂、摆体、团身、伸展转体和过杆落垫阶段。（图8-29）

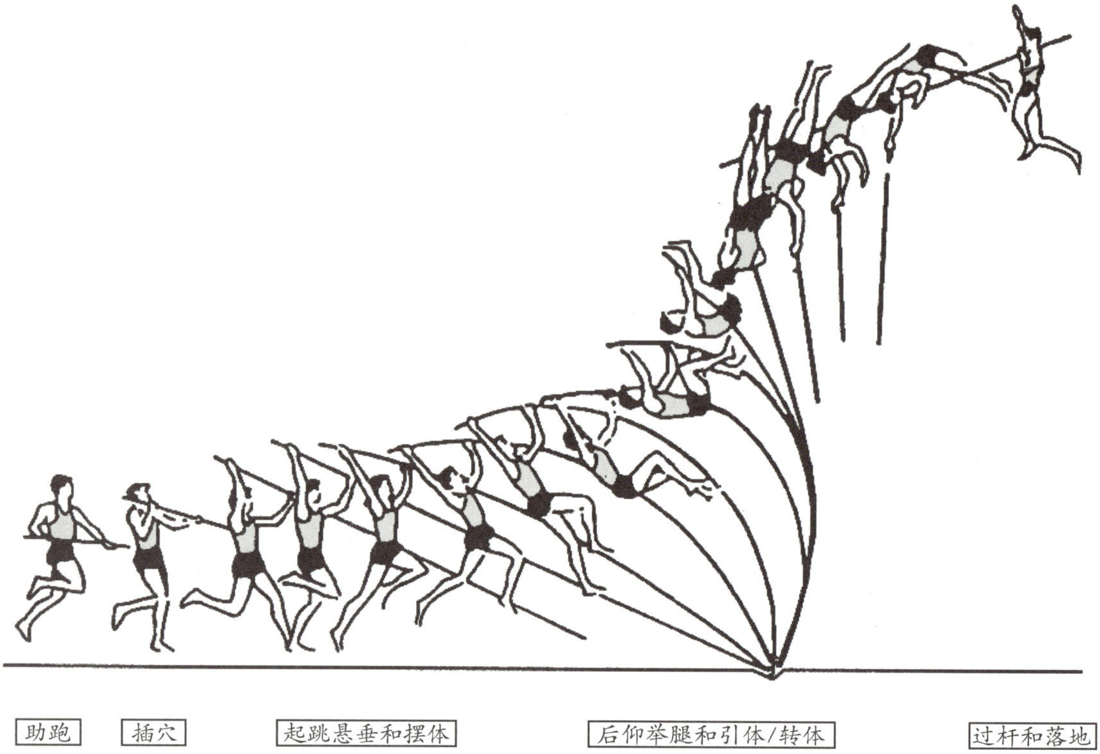


图8-29　撑竿跳高技术结构图

### （一）助跑阶段

#### 1. 握竿和持竿姿势（图8-30）

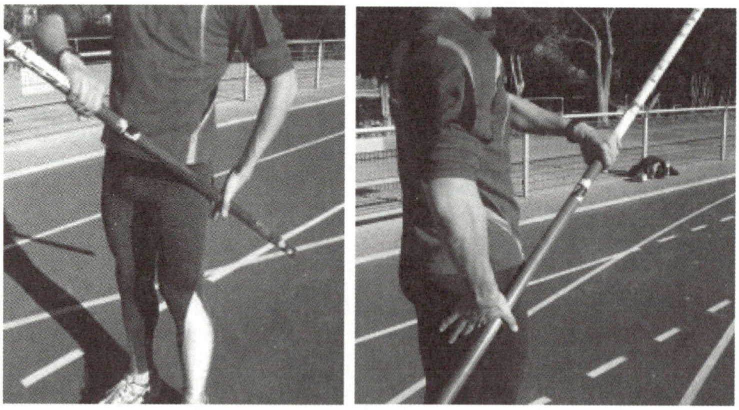

图8-30　持握竿示意图

**目的：**正确持握撑竿，为助跑和插穴做准备。

**动作特征：**

- 身体正直，收下颌目视前方。
- 握竿与肩同宽，上手拇指在撑竿外侧，下手拇指在撑竿下侧。
- 下握手臂屈肘置于体前，上握手臂屈臂位于同侧髋附近。
- 撑竿前端高于头部高度。
- 两肩正对跑道方向且肩部放松。

**常见错误：**

- 端肩、耸肩，肩部紧张。
- 下握手腕关节下垂。
- 双手握距过宽。
- 上握手倚靠于髋关节。

### 2. 持竿助跑（图8-31）

图8-31 持竿助跑示意图

**目的：**获得较大的可控速度，并为合理地插穴起跳进行准备。

**动作特征：**

- 身体高重心，富有弹性，持竿摆动协调自然。
- 助跑富有节奏，后几步加速明显。
- 竿头要逐渐下降至水平位置，上体保持正直。

**常见错误：**

- 持竿摆动与跑动不协调。
- 端肩、耸肩，肩部紧张。
- 后几步加速不明显。
- 后几步助跑上体后仰。
- 持竿助跑“坐”着跑。

## （二）插穴起跳阶段

### 1. 举竿插穴（图8-32）

图8-32 举竿插穴示意图

**目的：**将撑竿向前上方送出，在尽量减少速度损失的同时为快速有力的起跳进行准备。

**常见错误：**

· 倒三步降竿不平顺。
· 倒三步拉大步。
· 未按照倒两步开始举竿。
· 举竿不到位。

**动作特征：**

- 在最后三步助跑中，撑竿接近水平。
- 第一步着地的同时双手将撑竿向前上方送出。
- 第二着地的同时上握手臂屈肘置于头前上方，下握手臂托举撑竿准备起跳。
- 踏跳的瞬间上握手臂上举伸直。

**2. 起跳和悬垂（图8-33）**

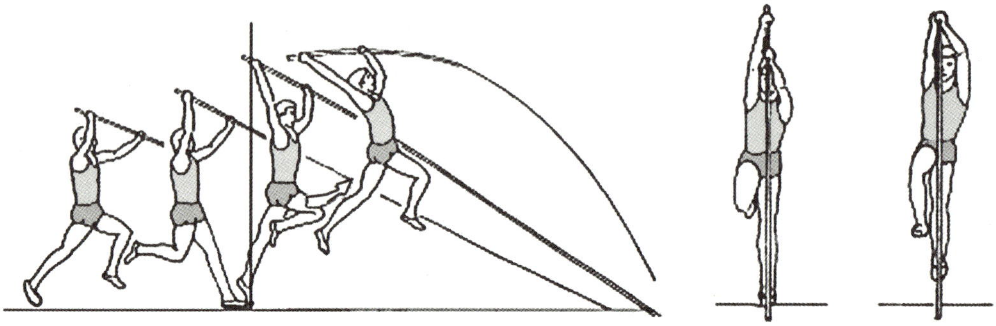

图8-33　起跳悬垂示意图

**常见错误：**

· 踏跳与上举撑竿不一致。
· 起跳蹬伸不充分，起跳腿向前甩出。
· 起跳点未在上握手垂线的下方，过近或过远。

**目的：**最大限度地把能量转移到撑竿。

**动作特征：**

- 全脚掌“扒地式”积极踏跳蹬伸。
- 身体完全展开，上臂充分伸展。
- 运动员的踏跳点严格控制在上手握点的垂线下方。
- 摆动腿大腿积极折叠前摆。

## （三）摆体阶段（图8-34）

图8-34　摆体动作示意图

**常见错误：**

· 身体未形成较大背弓。
· 下手抱竿。
· 摆体时，起跳腿弯曲。
· 以起跳腿膝关节发力，鞭打不积极。

**目的：**对撑竿施加最大的作用力，并为团身做准备。

**动作特征：**

- 深入竿下使身体形成较大背弓，产生长的摆动半径。
- 下手臂向前上方向推竿制动。
- 起跳脚发力，直腿摆动。
- 起跳腿要有鞭打效应。

## （四）团身阶段（图8-35）

图8-35 团身动作示意图

**目 的：**形成能够充分利用撑竿所储存能量的身体姿势。

**动作特征：**

- 屈膝收腿向胸前靠拢。
- 两膝在臀部垂面以内，同时臀略高于肩。

**常见错误：**

- 双腿和上体形成两头起动作。
- 双腿举腿不到位，臀低于肩。
- 头部后仰，团身不够。

## （五）伸展转体阶段（图8-36）

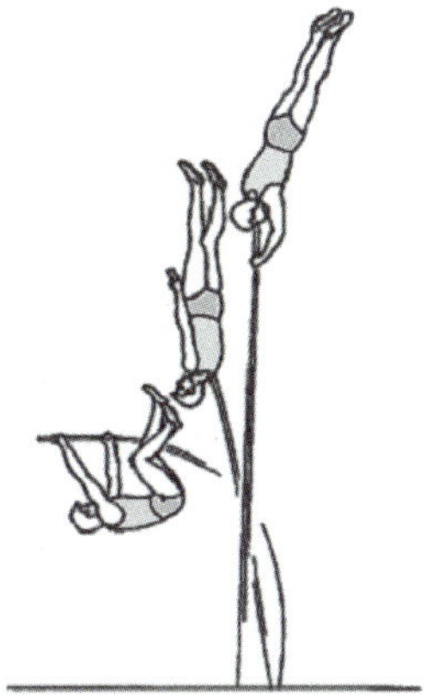

图8-36 伸展转体动作示意图

**目的：**利用撑竿弹性力量，努力把人体推向尽可能的高度。

**动作特征：**

- 身体由“L”转向“I”形姿势。
- 髋部贴近撑竿运动。
- 下握手臂屈肘，小臂贴紧撑竿。
- 身体转向胸对横杆。

**常见错误：**

· 伸展时身体没有充分后倒。
· 过多向前伸展，未向上伸展。
· 转体时下手拉竿。

## （六）过杆落垫阶段（图8-37）

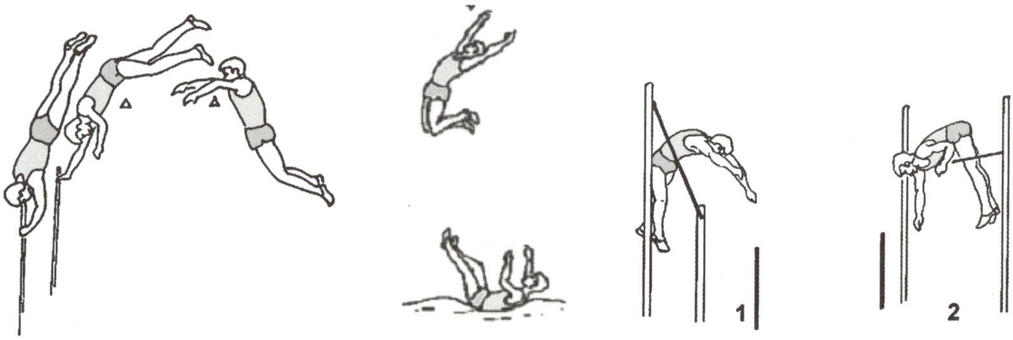


图8-37 过杆落垫示意图

**目的：**提高身体重心的高度，身体依次越过横杆。

**动作特征：**

- 下手开始推竿时上手处于拉引状态。
- 上握点与同侧肩平齐时，上手用力推离撑竿。
- 双腿下压以弓形或屈体姿势越过横杆。
- 当臀部越过横杆后，向上扬臂，抬头。
- 以肩背部落垫。

**常见错误：**

· 未在空中形成躬身姿势。
· 非背部和肩部触及海绵包。

# 三、撑竿跳高常用练习方法

## （一）原地降竿举竿模仿练习

**注意事项：**

· 肩部和握竿双手要放松。
· 上体保持正直。
· 握竿位置可降低。
· 举竿到位。

**目的：**提高持竿控制能力及持竿技术。

**要求：**

- 运动员体前持竿，撑竿与地面夹角接近70°。
- 通过上手肘部的弯曲，下手小幅度的下降，逐渐将撑竿降到水平位置。
- 经耳侧向额前上方进行举竿。

## （二）30米持竿加速跑（图8-38）

图8-38　持竿助跑示意图

**目的：**提高持竿助跑的技术能力。

**要求：**

- 后几步加速明显。
- 高抬大腿尽量与地面平行。
- 后蹬充分，身体重心要高。

**注意事项：**

- 肩部和握竿双手要放松。
- 上体保持正直。
- 双腿蹬摆配合。
- 逐渐加速。

## （三）竿上悬垂练习（图8-39）

图8-39　竿上悬垂练习示意图

**目的：**提高练习者在竿上的悬垂感觉和能力。

**要求：**

- 撑竿直立于地面。
- 两手握距同肩宽，两手紧握撑竿悬垂于撑竿上。
- 两臂控制住撑竿以使两腿形成弓箭步动作。

**注意事项：**

- 注意肩部放松双臂伸直。
- 起跳腿伸直滞留在体后。
- 握竿位置逐渐升高。
- 可双人配合辅助做这一练习。

### （四）高台起跳悬垂练习（图8-40）

图8-40 高台起跳悬垂练习示意图

**目的：**提高练习者在杆上的悬垂技术和能力。

**要求：**

- 站立跳箱或高台上。
- 上一步或跑动两步做起跳悬垂于竿上。
- 两臂控制住撑竿以使两腿形成弓箭步动作。
- 起跳腿与摆动腿并拢落入沙坑或海绵坑内。

**注意事项：**

- 上步起跳积极。
- 起跳腿伸直滞留在体后。
- 不要弯竿。
- 握竿位置逐渐升高。

### （五）高台上摆体转体练习（图8-41）

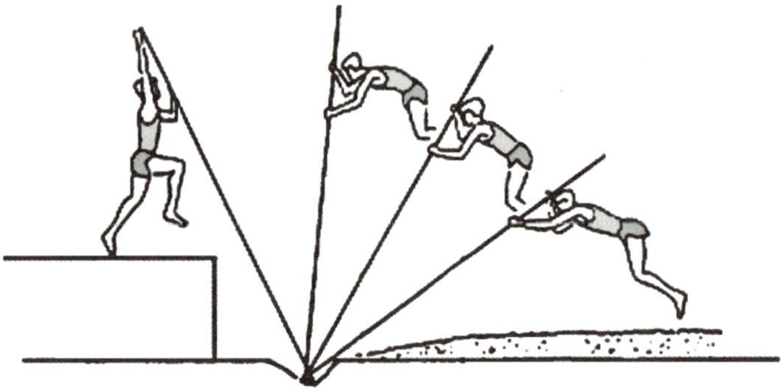

图8-41 高台摆转练习示意图

目的：体会和掌握摆体、转体技术。

要求：

- 站在50～60厘米高的高台上。
- 跑动2～3步向前上方起跳。
- 人体在空中形成“弓箭”步后摆体。
- 向上伸展的同时转体落入沙坑。

**注意事项：**

- 摆体时不要仰头。
- 起跳腿伸直“兜摆”。
- 转体迅速、到位。
- 同伴可辅助其进行练习。

### （六）撑竿跳高完整技术练习

**目的：**掌握完整的撑竿跳高技术动作。

**要求：**

- 采用8步——全程助跑。
- 逐渐增加后三步助跑速度。
- 准确进行插穴和起跳。
- 逐渐加大摆体和伸展速度。
- 安全落入海绵垫。

**注意事项：**

- 助跑节奏清晰，由慢到快。
- 起跳充分拉开，形成背弓。
- 摆体快速，团身到位。
- 伸展迅速，适时转体。
- 安全落垫。

## 第四节　跳　远

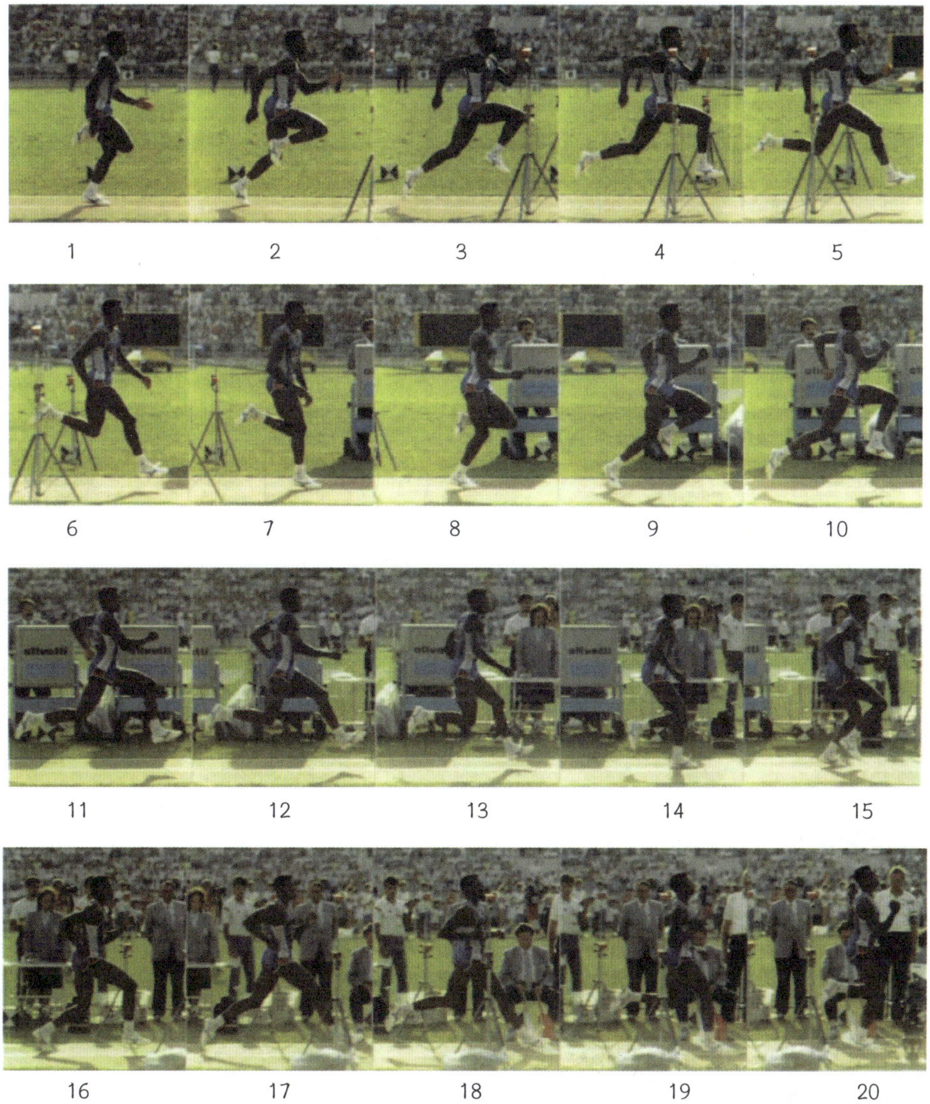


图8-42　刘易斯“三步半”走步式跳远技术（8.67米）

21 22 23 24 25

续图8-42 刘易斯“三步半”走步式跳远技术（8.67米）

## 一、影响跳远成绩的关键因素

跳远比赛的成功和成绩的获得取决于运动员起跳时的踏板准确性、空中的飞行距离和落地时的技术三个方面（图8-42）。人体在空中飞行的距离是跳远成绩的主要部分（约为跳远成绩的90%），根据抛物原理，物体的飞行距离取决于腾起初速度和腾起角度，而助跑速度、起跳技术和起跳力量又会直接影响腾起初速度和腾起角度。因此，在跳远教学和训练中，要重点考虑以下各因素。

### （一）助跑准确性

跳远助跑的准确性是决定运动员比赛成功的首要条件。自20世纪80年代以来，运动员在世界大赛中的较量，不仅是个人竞技能力的较量，更是运动员临场比赛发挥的较量，且运动员比赛名次的争夺非常激烈，往往一二厘米的微小差异就会决定胜败。同时，运动员准确的助跑起跳也会提升比赛中的自信心和技术动作控制的精确性。

助跑准确性取决于稳定的助跑节奏和跑进中的肌肉用力控制的精确程度。

助跑节奏是指运动员在助跑中每一步和全程的时空变化。高水平运动员能保持相对一致的节奏变化，并能根据个人当前的状态做出相应的调整，以确保准确地踏板起跳。

跑进中肌肉用力控制的精确性取决于运动员对自身肌肉用力感知觉的敏锐程度和神经肌肉调控的协调能力。

### （二）助跑速度

助跑速度是指运动员经助跑后在上板瞬间所达到的人体运动速度。助跑速度是决定跳远成绩的主要因素之一，也是最重要的因素之一。有研究表明，跳远成绩与助跑速度的相关系数达到0.8以上（表8-1）。所以通常认为，跳远成绩的2/3取决于助跑速度。助跑速度取决于运动员的绝对速度能力、助跑节奏和跑跳结合技术。

研究表明，优秀运动员绝对速度在助跑中的发挥率（助跑发挥率=助跑速度/绝对速度

×100%）为0.85～0.9之间，助跑发挥率取决于运动员助跑节奏的稳定性、跑跳结合技术和起跳力量等。运动员技术水平和起跳力量的提高可以为助跑发挥率的增加提供可能，从而达到提高跳远成绩的目的。（表8–1）

**表8–1　世界优秀男女跳远选手最后10米的助跑速度与跳远成绩**

| 姓名 | 比赛名称 | 成绩/米 | （11～6）米助跑速度/米·秒$^{-1}$ | （6～1）米助跑速度/米·秒$^{-1}$ | 两段助跑速度差/米·秒$^{-1}$ |
|---|---|---|---|---|---|
| 刘易斯 | 1988年奥运会 | 8.72 | 11.11 | 11.06 | –0.05 |
| | 1991年世锦赛 | 8.91 | 11.23 | 11.26 | +0.03 |
| | | 8.81 | 11.18 | 11.21 | +0.03 |
| 鲍威尔 | 1988年奥运会 | 8.49 | 10.89 | 10.39 | –0.50 |
| | 1991年世锦赛 | 8.95 | 10.79 | 10.94 | +0.15 |
| | | 8.54 | 10.57 | 10.70 | +0.13 |
| 乔伊娜 | 1988年奥运会 | 7.40 | 9.52 | 9.59 | +0.07 |
| | 1989年世锦赛 | 7.12 | 9.25 | 9.50 | +0.25 |
| 德雷克斯勒 | 1988年奥运会 | 7.03 | 9.94 | 9.80 | –0.14 |
| | 1989年世锦赛 | 7.22 | 10.12 | 9.98 | –0.14 |
| 比莉弗斯卡娅 | 1988年奥运会 | 7.14 | 9.54 | 9.67 | +0.13 |
| | 1989年世锦赛 | 7.04 | 9.70 | 9.56 | –0.14 |

（依黄化礼、章碧玉，2004）

## （三）连贯的跑跳结合技术

跑跳结合技术是指助跑最后一步摆动腿支撑至起跳腿着地瞬间的技术。合理的跑跳结合技术有利于在减少水平速度损失的前提下获得尽可能大的垂直速度。

快速的助跑速度和强大的跳跃能力只能通过合理的跑跳结合技术才能发挥作用。对优秀跳远运动员的技术分析表明，高质量的跑跳结合技术可以归纳为：后段助跑趋于平稳，步长变化趋小，多采用快频率节奏加速跑上板，后段身体重心曲线趋于平稳，起跳腿强调以“扒地式”技术着地。

## （四）起跳力量

起跳力量是指运动员在起跳中所获得的起跳支撑反作用力的总和。其中，垂直方向的起跳力量是确保获得良好的起跳效果的关键。上板时的助跑速度、起跳腿的着地技术和支撑能力是决定起跳力量的主要因素。

助跑速度越快，起跳腿着地时所受到的外冲击力就越大。世界优秀跳远选手的身体重心腾起角，男子大多在21° 以上，女子在20° 以上，这就要求运动员在快速助跑的情况下，具有获得适宜垂直速度的能力。表8–2为陈尊荣不同时期的跳远成绩与腾起角之间的关系。

表8-2　陈尊荣不同时期的跳远成绩与腾起角的对比

| 年度 | 成绩 | 腾起角 | 年度 | 成绩 | 腾起角 |
|---|---|---|---|---|---|
| 1984 | 7.94 | 18.0 | 1985 | 8.01 | 19.9 |
| 1986 | 8.17 | 22.8 | 1991 | 8.26 | 23.7 |

合理的起跳腿着地技术可以减少着地时的水平制动力，有利于保持水平速度和减少关节受外力的硬性冲击，并获得更大的垂直力量。强大的起跳腿支撑力量可以减少起跳中起跳腿的屈膝缓冲幅度，有利于在快速的起跳中获得更大的起跳垂直冲量，从而获得最佳的起跳效果。因此，跳远运动员应具备良好的跳跃能力。

### （五）良好的空中身体控制能力

良好的落地技术可以使人体获得尽可能的远度，而维持良好的空中身体平衡是完成落地技术的基础，因此，协调的身体控制能力和精准的空间感觉，可以保证完成必要的空中技术动作并为落地做好准备。

## 二、跳远各技术阶段的完成目的和动作特征

跳远技术可分为下列阶段：助跑、起跳、腾空、落地。（图8-43）

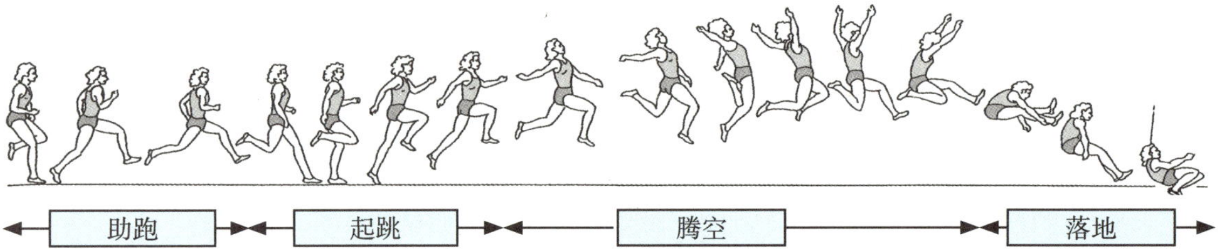


图8-43　跳远技术阶段划分示意图

### （一）助跑阶段（图8-44）

图8-44　助跑技术示意图

**目的：**尽可能地达到最快速度，并为准确踏板和起跳做好准备。

**动作特征：**

- 助跑距离可在10米（初学者）和多于 20步（高水平运动员）之间变化。
- 跑步技术与短跑相似。
- 速度持续增加直到起跳。
- 最后助跑阶段高抬大腿跑进和身体基本保持正直。
- 助跑最后3步的步幅节奏基本为中－长－短。

**常见错误：**

- · 助跑加速节奏不稳定。
- · 拉大步或倒小步跑上板。
- · 助跑减速上板。
- · 助跑后程重心下降过大。

## （二）起跳阶段（图8-45）

图8-45 跳远起跳技术示意图

**目的：**在尽可能减少水平速度损失的前提下，获得尽可能大的垂直速度。

**动作特征：**

- 起跳脚完成积极快速的“扒地式”放脚着地动作，尽可能避免制动动作。
- 起跳腿适宜弯曲缓冲，尽量减少起跳时间。
- 摆动腿倒一步蹬离地面后折叠前摆至大腿呈水平位置。
- 起跳离地时，起跳腿的髋、膝和踝三关节蹬伸充分。
- 两臂以肩关节为轴在体侧积极前后摆动。
- 起跳中躯干基本保持正直。

**常见错误：**

- · 起跳腿蹬伸不充分。
- · 起跳腿制动式放脚着地。
- · 蹬摆配合不协调。
- · 起跳时上体后仰。

## （三）腾空阶段

**目的：**维持空中的身体平衡，为落地做好准备。

**挺身式跳远技术特征：（图8-46）**

图8-46　挺身式跳远技术示意图

- 起跳离地后，以髋关节为轴下放摆动腿。
- 挺身展髋，在飞行的最高点时身体在空中打开。
- 下放摆动腿的同时，双臂向上或经向后摆至上举。

**常见错误：**
· 摆动腿过早下放。
· 身体主动后仰过大。
· 落地前上体前压过大影响举腿动作的完成。

**走步式跳远技术特征：（图8-47）**

图8-47 "二步半"走步式跳远技术

- 双臂配合双腿完成前后的大幅度绕环动作。
- 空中双腿维持跑步动作，完成两腿的前后交换动作。
- 躯干随四肢动作，逐渐由基本直立转入稍后倾。
- 空中交换步动作结束后，摆至前方的腿尽可能保持前举的动作，准备落地。
- 前后交换步时注意肩、髋关节的放松发力。
- 不同技术：空中采用二步半或三步半技术。

**常见错误：**
· 前后腿交换在体前完成，交换幅度不够。
· 身体主动后仰过大。
· 落地前上体前压过大影响举腿动作的完成。

### （四）落地阶段（图8-48）

图8-48　跳远落地技术示意图

**目的：**尽可能前伸双脚，并积极前移身体，减少距离损失。

**动作特征：**

- 上举双腿并前伸小腿。
- 随腿部的上举动作躯干适当前倾。
- 双臂经前向后拉摆，随之再向前摆带动躯干前移。
- 双脚着地瞬间积极前压，并完成屈膝动作。
- 髋关节随屈膝动作积极前移过落地点。

**常见错误：**

· 落地前身体过早侧倾，造成落地时的前后脚不在同一水平线上。

· 双脚触地后，身体过早放松，后坐而影响成绩。

## 三、跳远常用练习方法

### （一）连续上一步起跳技术练习

**目的：**促进起跳腿和摆动腿的蹬摆积极配合。

**要求：**

- 起跳腿向前一步完成起跳（前上方跳出），以摆动腿着地。连续完成10～20米。
- 起跳腿积极快速地完成“扒地式”着地技术。
- 摆动腿蹬离地面后，积极折叠前摆。

**注意事项：**

· 目视前方，保持身体正直。

· 注意练习的节奏。

· 强调蹬摆配合。

### （二）连续 3步助跑起跳过障碍练习（图8-49）

图8-49　连续3步助跑起跳过障碍练习

**目的：** 改进跑跳结合和起跳技术。

**要求：**

- 障碍间采用3步助跑，起跳后以摆动腿着地。
- 障碍高度为30～50厘米，障碍间的距离为6～8米。
- 连续完成3～5个障碍。
- 起跳腿积极快速地完成“扒地式”着地技术。

> **注意事项：**
> - 起跳腿充分蹬伸，摆动腿积极前摆。
> - 注意练习的动作速度和节奏。
> - 练习中保持高重心跑进。

## （三）短程助跑起跳以腾空步姿势落在沙坑里或垫子上（图8-50）

图8-50 短程助跑起跳以腾空步姿势落在沙坑里

**目的：** 改进助跑节奏和起跳技术。

**要求：**

- 采用6～7步助跑，起跳后以腾空步姿势落在垫子上或沙坑里。
- 垫子高度为40～60厘米，起跳点离垫子或沙坑的距离为1～1.5米。
- 起跳离地时摆动腿摆至约水平位置。
- 助跑节奏积极加速跑上起跳点。

> **注意事项：**
> - 空中保持腾空步姿势。
> - 注意练习的动作速度和节奏。
> - 练习中保持高重心跑进。

## （四）6～7步助跑在高台上起跳练习（图8-51）

图8-51 6步助跑在高台上起跳练习

**目的：**改进起跳技术。

**要求：**

- 采用6～7步助跑，最后一步在高台上起跳，起跳后以腾空步姿势落在沙坑里。
- 起跳的台高约10～20厘米，起跳点离沙坑距离为1～1.5米。
- 助跑节奏积极，加速跑上起跳点。
- 起跳腿积极快速着地完成起跳动作。

> **注意事项：**
> · 目视前方，保持身体正直。
> · 注意练习的动作速度和节奏。
> · 强调蹬摆结合。

### （五）全程助跑接起跳练习

**目的：**稳定助跑节奏和提高助跑起跳结合的连贯性。

**要求：**

- 全程助跑逐渐加速。
- 在助跑最后3～4步时达到最大速度。
- 助跑最后阶段身体保持基本正直。
- 助跑最后4步高抬大腿跑进。
- 助跑最后6步的节奏尽可能稳定。

> **注意事项：**
> · 身体逐渐抬起至正直姿势。
> · 注意跑进动作放松。
> · 练习中保持高重心跑进。
> · 注意最后的跑跳结合。

### （六）标记跑练习

**目的：**提高速度和跑进步幅的稳定性。

**要求：**

- 标记前加速跑30米后以最大速度完成标记跑。
- 标记跑距离为20～30米。
- 稳定步幅练习时标记摆放距离以个人最大步长为宜。
- 如目的是为了加大步长或提高步频，可适当增加或缩短标记间隔5～10厘米。

> **注意事项：**
> · 进入标记跑前要充分加速。
> · 注意跑进动作放松。
> · 练习中保持高重心跑进。

### （七）完整跳远技术练习

**目的：**熟练和改进完整技术。

**要求：**

- 以身体最佳状态进行。
- 在适宜的最大速度跑进中完成起跳。
- 起跳蹬伸充分。
- 空中及落地动作合理。

> **注意事项：**
> · 动作放松、自然。
> · 因人而异改进完善技术。
> · 可能的话在竞赛的条件下练习。

# 第五节　三级跳远

图8-52　世界纪录保持者爱德华兹的三级跳远动作图

36 35 34 33 32 31 30

44 43 42 41 40 39 38 37

续图8-52 世界纪录保持者爱德华兹的三级跳远动作图

## 一、影响三级跳远成绩的关键因素

三级跳远是一个对身体素质要求较高，技术比较复杂，身体素质与技术高度统一的项目（图8-52）。正是由于三级跳远项目的这一特殊性，决定了运动员的助跑速度、跳跃能力、前两跳水平速度的损失，以及弱腿的跳远技术和能力是影响该项目成绩的关键因素。

### （一）助跑速度

要提高助跑速度，运动员本身必须具备较高的速度水平，并能在助跑中很好地发挥水平速度。三级跳远运动员要具备较高的速度水平，应该从提高跑的能力，发展绝对速度入手。为了在助跑中很好地发挥水平速度，则应培养运动员放松自然快速跑的能力并使助跑技术更加接近平跑技术。

### （二）跳跃能力

三级跳远项目的跳跃能力与其他跳跃项目有着本质的区别。跳高项目是要通过一次起跳获得最大的高度，跳远项目是通过一次起跳获得最大的远度，而三级跳远项目则是通过三次连续起跳来获得最大的远度，况且，这种三次跳跃是在很高的速度情况下由单腿连续完成的。因此，要求三级跳远运动员必须具备单腿连续的快速跳跃能力，这种能力是任何其他项目所不具有的。

### （三）前两跳水平速度的损失

要减少前两跳中水平速度的损失，就要使单足跳和跨步跳的着地动作更加自然，即接近走或跑步的动作。同时要加快三跳节奏，以形成快速跳跃的动力定型。

### （四）弱腿的跳远技术和能力

改进和加强弱腿的跳远技术和能力，要通过学习和掌握弱腿“两步半”走步式或挺身式跳远技术，以提高其跳远能力来实现。

此外，三级跳远三跳动作的协调性、节奏感以及平衡能力也都是优秀三级跳远运动员应该具备的特征。

## 二、三级跳远各技术阶段的完成目的和动作特征

比赛规则规定，三级跳远的前两跳（单足跳和跨步跳）必须由一条腿来完成，而第三跳（跳跃）则由另一条腿来完成。

三级跳远技术可以分为以下几个阶段：助跑、单足跳（第一跳）、跨步跳（第二跳）、跳跃（第三跳）。三跳中的每一跳均可以进一步分为起跳、腾空和落地阶段。（图8-53）

图8-53　三级跳远技术阶段划分示意图

### （一）助跑阶段（图8-54）

图8-54　助跑技术示意图

**目的：**助跑的目的是为了获得尽可能大的水平速度，为单足跳的起跳做好准备。

**动作特征：**

> **常见错误：**
> · 全程助跑节奏不是逐渐加速。
> · 助跑最后几步重心下降过多，减速上板。

● 随着运动员在助跑道上的向前跑进，加快步频和步长，身体逐渐抬起成正直。

● 在助跑的最后几步，运动员用前脚掌着地，大腿高抬，避免拉大步，以便于保持上体接近正直的姿势。

● 运动员在最后3～6步的助跑中，应该适当地减小步长，加快步频，从而为起跳做好准备。

目前，优秀三级跳远运动员的助跑步数有增加的趋势，距离有所加长。助跑最后几步更加积极向前，助跑与起跳结合更加自然。整个助跑快速、轻松、与平跑技术十分接近。这也是三级跳远项目与跳远项目的助跑最本质的区别。

助跑的距离取决于运动员的加速能力。加速能力强的运动员一般助跑的距离较短，反之助跑的距离则长。优秀三级跳远运动员（包括男子和女子）的助跑距离一般在35～50米之间（18—23步）。技术水平低的三级跳远运动员一般都采用较短的助跑距离。

### （二）单足跳（第一跳）阶段（图8-55）

图8-55 单足跳技术示意图

**目的：**单足跳的目的是为了获得尽可能远而低的腾空，尽量减少水平速度的损失，为跨步跳的起跳做好准备。

> **常见错误：**
> · 助跑与起跳衔接不自然。
> · 单足跳重心轨迹过高。
> · 空中动作身体不平衡。

**动作特征：**

● 助跑最后一步时，摆动腿积极有力地蹬地，起跳腿以积极、自然的动作快速踏上起跳板，起跳腿在前迈大腿抬得要比平时跑时稍低一些。此时，上体保持垂直或适当前倾，起跳脚的着地点离身体重心的投影点较近，一般优秀运动员的着地角度为69°±3°。

● 起跳脚着地后，由于冲击力的作用而迫使膝关节弯曲，随着身体的前移，上体和骨盆应快速前移，同时摆动腿大小腿折叠积极前摆，整个身体像一个压紧的弹簧，处于蹬伸前的最有利的姿势。

● 随着身体的快速前移，起跳腿要及时进行快速的蹬伸动作，与此同时摆动腿和两臂迅速向前上方做大幅度的摆动。起跳结束时，上体正直，起跳腿的髋、膝、踝三个关节充分伸直，摆动腿屈膝高抬，同时抬头、挺胸、两臂摆起。此时的腾起角对运动员来说是非常重要的。过大的腾起角会导致损失过多的水平速度，而且会使运动员腾空抛物线的轨迹加大，增加第二跳起跳腿的负荷，从而影响到以后的跳跃。理想的起跳角应该在12°~15° 之间。

● 起跳结束后运动员进入腾空阶段，在保持一段“腾空步”后（约1/3的距离）摆动腿开始向下、向后摆动，同时起跳腿屈膝，大小腿收紧，脚跟贴近臀部，积极前摆。接着摆动腿后摆，起跳腿向前高抬，小腿自然下垂，完成换步动作。换步动作结束后，起跳腿继续向前上方提拉，髋部积极前送，摆动腿和两臂向后摆至最大幅度。运动员的换步动作的时机应该掌握好，过早或过晚都会对着地动作产生不良影响。

● 单足跳的起跳应将助跑和腾空阶段有机地联系在一起，其跳跃的抛物线轨迹应该相对平而向前。运动员在这时要明确地认识到，单足跳是助跑的一部分。正确的起跳技术是：起跳脚在着地过程中做积极的扒地动作，避免过大的制动，以减少水平速度的损失。此外，在着地时身体重心正好位于起跳脚的上方，脚踝部爆发式的蹬伸，起跳腿蹬直以及高抬膝部积极向前摆动。

● 因为跨步跳和单足跳使用的是同一条腿，所以起跳腿的选择是十分重要的。假设运动员两腿的跳跃能力相同，那么就应该选择动作速度快的那个腿来完成前两跳。

## （三）跨步跳（第二跳）阶段（图8-56）

图8-56　跨步跳技术示意图

> **常见错误：**
> · 身体过度前倾或后仰。
> · 空中身体过度扭转。
> · 摆动动作身体不平衡。

**目的：**跨步跳的目的是为了获得更长的腾空时间和远度，维持空中的身体平衡，为跳跃的起跳做好准备。

**动作特征：**

● 跨步跳的起跳实际上是从第一跳腾空后开始的。在第一跳腾空的后1/3段时，运动员的身体开始下降。此时，起跳腿继续高抬，摆动腿充分后摆，以加大两大腿之间的夹角。同时两臂摆到身体的侧后方，为起跳做好准备。由于身体从高处快速下落着地而产生了很大的冲击力，这就给第二跳的起跳增大了难度。

● 起跳腿积极下压，做有力的扒地动作，同时摆动腿和两臂用力地向前摆动。为了避免由于巨大的冲击力而造成的过分缓冲，运动员在着地时，髋、膝、踝部有关肌肉要保持紧张，使着地动作富有弹性，身体重心保持在较高的位置。运动员的身体要尽量保持正直。

● 起跳腿着地后要及时屈膝、屈踝，进行适当的缓冲，以使身体快速前移。当身体重心接近支撑点上方时，摆动腿和两臂快速有力地向前上方摆动，身体向上伸展，起跳腿进行快速有力的蹬伸动作。在蹬离地面的瞬间，起跳腿的髋、膝、踝三关节应充分蹬直。

● 运动员腾空后要保持较长时间的跨步姿势。摆动腿积极上提，上体前倾，起跳腿屈小腿向后摆动，使两大腿的夹角达到最大。在腾空的后半段，在跨步跳的起跳过程中，两臂的动作是为了配合起跳。究竟是采用单臂摆还是双臂摆动作，取决于腾空阶段的持续时间。高水平运动员采用所谓双臂交换摆的方式，一般初学者应该采用他们原来自然摆臂的动作。

● 扒地动作应该在着地前就开始，像单足跳着地那样积极有力。着地点应该在身体重心投影点前适当的地方，以避免身体的前旋。着地点不可过远，否则将会产生制动。运动员用全脚掌着地，脚掌紧绷，向前滚动至前脚掌，上体伸直。

## （四）跳跃（第三跳）阶段（图8-57）

图8-57　跳跃阶段技术示意图

**目的：**经过前两跳后水平速度已有明显下降，因此在第三跳中要充分利用剩余的水平速度，尽可能提高垂直速度，以获得一个较高、较远的腾空轨迹，从而取得最大的远度。

> **常见错误：**
> · 起跳后空中展体不充分。
> · 落地前收腹举腿不够。
> · 着地结束臀部后坐。

**动作特征：**

● 起跳腿着地后，要屈膝积极缓冲，身体快速前移，摆动腿和两臂快速有力地向前上方摆出。起跳时运动员要伸髋、伸背，上体保持正直。

● 在起跳结束的瞬间，起跳腿的髋、膝、踝三关节充分蹬直，摆动腿和两臂高摆，以增加身体重心向上移动的距离。第三跳的腾起角稍大于前两跳，一般为18° ± 2°。

● 跳跃阶段的动作形式和所要达到的目的与跳远相同。运动员为了获得最大的远度，要尽可能地快速向前跳出，以减少水平速度的损失。

● 在跳跃阶段运动员可以采用跳远中的蹲踞式、挺身式或走步式技术。一般人都采用蹲踞式技术，这种动作比较适合腾空时间相对短的运动员。而采用走步式技术的运动员较少，这种技术适合腾空时间相对长的运动员。一般优秀运动员采用挺身式或走步式的技术。

● 在开始做落地动作的时候，运动员要低头含胸屈膝向前抬腿，同时两臂摆向前方，成团身姿势，小腿尽量前伸，以求达到最大的远度。当运动员的脚接触沙面的瞬间，上体稍微抬起，膝和髋部顺势向前。然后，身体向侧方倒下，这一动作会防止运动员在落地时的后坐。

## 三、三级跳远常用练习方法

### （一）着地动作模仿

**目的：**掌握三级跳远着地技术动作。

**要求：**

- 原地上一步着地动作模仿。
- 行进间着地动作模仿。
- 跨步跳着地动作模仿。
- 以脚后跟先接触地面，滚动至全脚掌着地。
- 身体重心顺势向前移动，着地动作自然，接近走和跑的着地动作。

**注意事项：**

- 要以全脚掌积极着地。
- 上下肢动作协调配合。

### （二）单足跳与跨步跳相结合的跳跃练习（图8-58）

图8-58 单足跳与跨步跳相结合的跳跃练习示意图

**目的：**掌握单足跳与跨步跳相结合的技术动作。

**要求：**

- 2—4步助跑跨步跳40米。
- 2—4步助跑单足跳40米。
- 2—4步助跑，单足跳连接跨步跳。
- 4—6步助跑，单足跳连接跨步跳连续做60米。
- 可采用单臂和双臂摆动，两臂和摆动腿注意前后摆动，起跳腿蹬地后屈膝折叠向前摆出。

**注意事项：**

- 单臂或双臂摆动顺其自然。
- 蹬摆动作协调配合。
- 着地时扒地动作积极有力。

- 在单足跳与跨步跳的起跳过程中，两臂和摆动腿以及起跳腿的交换动作速度要快。
- 落地时注意扒地动作，起跳腿积极蹬伸。

## （三）跨步跳与跳跃相结合的专门练习

**注意事项：**
· 采用短助跑进行练习以便接近三级跳远技术。
· 腿与两臂蹬摆动作协调配合

**目的：**掌握跨步跳与跳跃相结合的技术动作。

**要求：**

- 短助跑跨步跳接跳跃后落入沙坑。
- 4~6步助跑跨步跳，跨步跳在腾空的后1/3时，摆动腿开始做着地动作。
- 支撑腿着地后，积极缓冲迅速蹬伸，腿和两臂配合积极向前上方摆动。

## （四）短中程助跑三级跳远练习（图8-59）

图8-59 短中程助跑三级跳远练习示意图

**注意事项：**
· 助跑与起跳结合自然。
· 蹬摆动作协调配合幅度大。

**目的：**掌握三级跳远技术动作。

**要求：**

- 短中程助跑三级跳远。
- 6~8步助跑。
- 起跳时上体稍前倾，起跳脚积极着地。
- 摆动腿大腿尽量摆至水平位，向前上方跳起。
- 交换腿的时机适宜。
- 蹬摆配合协调，摆动幅度大，积极送髋。保持腾空步姿势时间较长。

## （五）全程助跑三级跳远练习

**注意事项：**
· 后几步积极加速进入起跳。
· 单足跳平而远。
· 三跳节奏快速。

**目的：**掌握完整的三级跳远技术和动作节奏。

**要求：**

- 全程助跑三级跳远。
- 起跳脚积极着地，换腿的时机适宜，技术完整，节奏快。
- 三跳远度比例合适。

## 思考题

1. 如何才能获得较大的起跳腾起初速度？
2. 影响跳高成绩的关键因素有哪些？为什么这些因素对成绩起重要的作用？
3. 撑竿跳高体能训练的首要任务是什么？为什么？
4. 跳远起跳阶段的常见错误有哪些？常用的纠错手段是什么？
5. 在三级跳远教学和训练中，为什么要注意改进和加强弱腿的跳远技术和能力？

# 第九章 投 掷

# 第一节　投掷运动的技术原理

田径运动的投掷项目包括推铅球、掷标枪、掷铁饼和掷链球，这些项目的器械形状、重量和技术形式各不相同，其中每一个项目都有专门性的限制因素，它们包括：采用器械的特点（大小、重量、形状和空气动力学性能）、运动空间的限制（推铅球、掷铁饼和掷链球的投掷圈、掷标枪助跑道的长度、扇形落地区等），以及由规则规定的技术要求等。尽管这些专门的限制因素影响了完整技术动作的结构，并且使它们具有特殊性，但是，在不同的投掷项目中，却仍然存在着相同的动作目的，并且遵循着一定的运动技术原理。

## 一、投掷运动的目的

投掷运动的目的是使投掷器械取得最大限度的可测量距离。

## 二、影响投掷运动的力学因素

人们要想投得更远，首先必须知道决定投掷远度的因素，以及这些因素和远度的关系。投掷是属于斜抛运动。根据力学原理，斜抛物体飞进距离等于速度的平方乘正弦二倍角，除以重力加速度。用公式表示如下：

$$S = \frac{V_0^2 \sin 2\alpha}{g}$$

S＝器械飞进距离　　Vo＝器械出手初速度

α＝器械出手角度　　g＝重力加速度

重力加速度（g）是一个常数。上述公式说明：器械飞进的距离（S）取决于器械出手时的初速度（V。）和角度（α）。但是上述公式是在真空中通过物理实验得出的，实验时物体的发射点和落地点是在同一水平面上，而田径投掷运动是在有空气的情况下进行的，器械出手点和落地点不在同一个水平面上，这样，投掷的距离除了取决于器械出手的初速度和角度之外，还要受到气流和出手点高度的影响。所以，决定投掷远度的因素有：器械出手的初速度、器械出手的角度、器械出手点的高度。掷标枪和掷铁饼时还应该注意到器械在空中飞行时所受到的气流影响。

### （一）对器械出手初速度的分析

初速度是决定投掷远度最重要的因素，它与投掷远度的关系是，在角度等条件不变的情况下，初速度Vo越大，远度S就越大。而且远度的增加是随着初速度的平方值而增加的，初速度的增加是没有限制的，可以尽量地提高。在运动实践中，身体训练和技术训练的主要目的，就是追求最大限度地提高器械出手的初速度。在掷铁饼、掷链球等采用旋转动作加速方式的投掷项目中，投掷者力争做出身体和投掷臂的更大的转动角速度，尽量延长器械与身体重心之间的转动半径，进而加快器械运行的线速度，其最终目的也是追求器械出手的初速度。为此，投掷时必须加大作用于器械上的力量，并且使作用于器械上的力的方向合理。同时，要使力作用于器械上的距离长，作用的时间短。

### （二）对器械出手角度的分析

投掷远度的增加是随着角度正弦函数值的增加而增加，角度正弦函数的增加是有限度的，物理学实验和理论上是45° 时最远。田径中的投掷与物理学实验的条件不同，投掷时出手点高，落地点低，出手点和落地点的连线与水平线之间形成一个夹角，叫地斜角。（图9-1）

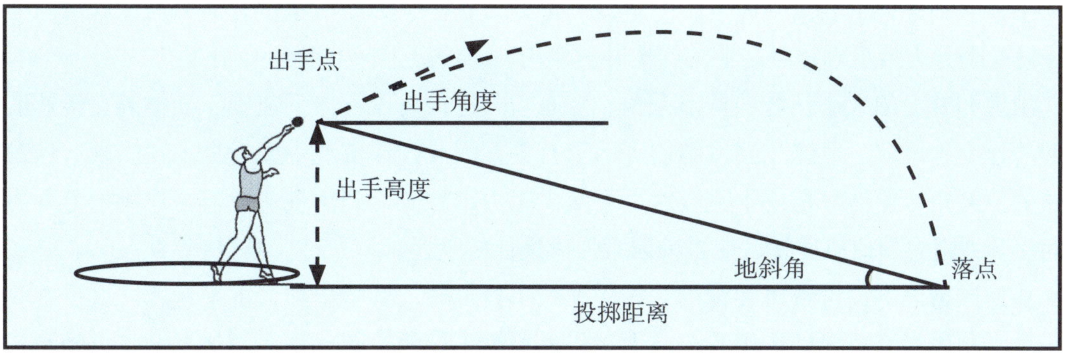


图9-1　投掷过程的角度、距离与高度

由于有地斜角的影响，投掷项目的出手角度并不是45° 最远，而是根据投掷项目的特点，略小于45° 时最远。推铅球时由于推掷距离较短，出手点和落地点之间形成的地斜角较大，所以受到地斜角的影响比较明显，掷标枪、掷铁饼和掷链球项目，因为投掷距离较长，所以受地斜角的影响不大。标枪和铁饼由于形状的原因，飞行中受气流的影响较大，所以影响各个投掷项目出手角度的因素是不同的，有的要考虑到地斜角的影响，有的主要是受气流的影响。在实践中，适宜的出手角度：推铅球38°~42° ，掷链球42°~44° ，掷标枪和掷铁饼是30°~36° 。

### （三）对器械在空中飞行时受气流影响的分析

器械出手刹那间的投掷角，包括下列三个角度：①出手角：指的是器械重心移动轨迹与水平面的夹角；②姿态角：指的是器械平面与水平面的夹角；③冲击角：指的是器械平面与器械重心移动轨迹之间的夹角。（图9-2）

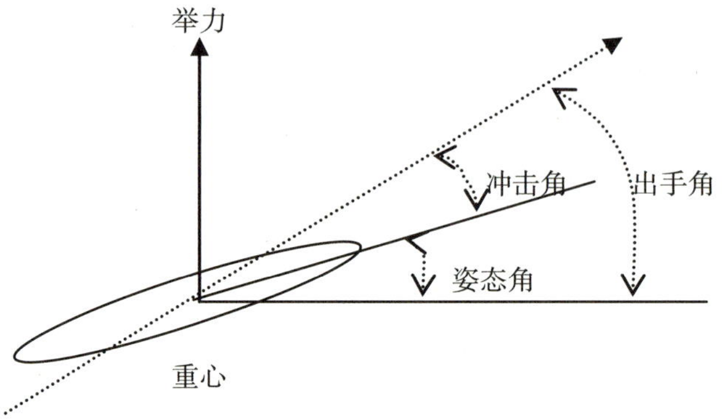


图9-2　铁饼出手的角度

铅球和链球是圆形的，不存在姿态角和冲击角的问题。铁饼和标枪在空中飞行时气流对器械产生阻力的作用，同时也产生升力的作用。例如，空中飞行时的铁饼和标枪，在逆风情况下，吹到器械下表面的风力，分解为两个分力，一个分力沿水平方向向后，起着阻力作用，另一个分力沿垂直方向向上，产生升力作用。

阻力和升力的大小，与器械出手角、姿态角、冲击角以及出手速度、器械的自转速度和俯仰角速度、风向、风速、器械结构等因素有关。因此，在实践中要根据上述因素，控制好器械的投掷角，使器械在空中飞行时尽量减少阻力，并充分利用气流对器械作用的上升力，从而使升力阻力的比值适宜，使多种因素形成最佳的组合。

在逆风情况下投掷铁饼和标枪，相应地减小投掷角，有利于加大水平速度，减少空气阻力，并可利用气流对器械作用的上升力来保证器械飞行的时间，从而增加器械飞进的水平距离。在顺风情况下投掷铁饼和标枪，吹到器械表面的风力也会产生两个分力，一个分力沿水平方向向前是动力；另一个分力垂直向下，这个分力迫使器械降低高度，缩短了器械飞行的时间。所以，顺风投掷时，投掷角应适当大一些。逆风投掷铁饼和标枪，对完成出手动作的准确性提出了较高的要求，否则，将会降低远度。出手动作的准确性，主要体现在出手一刹那，既要达到最大的初速度，又要形成最佳的投掷角度。

### （四）器械出手点高度对投掷远度的影响

器械出手点的高度与运动员的身高、臂长和完成最后用力动作的质量有关。在其他条件相同的情况下，出手点越高，投掷距离越远，出手高度对推铅球的成绩影响较大。

## 三、投掷运动项目的动作结构与要求

投掷项目的动作可以分为以下四个主要阶段：准备、建立动量、出手、维持平衡（以右手投掷为例）。

## （一）准备阶段

在准备阶段，运动员持握器械，形成开始建立动量阶段的身体姿势，准备阶段对于投掷距离不产生直接的影响。除掷链球是用双手握持器械之外，其他各项都是用有力的手握持器械。握持方法是由器械构造特点、助跑和用力的方式、个人的特点所决定的，尽管各项目握持器械的方法不同，但都要符合以下要求。

- 稳定，便于在整个投掷过程中，控制好器械的位置、方向和角度。
- 便于助跑和最后用力，出手时能把力量集中作用到器械上。
- 握持器械的手臂要适当放松。
- 尽量利用握持器械手臂的长度和力量。

## （二）建立动量阶段

在建立动量阶段，起初运动员和器械如同一个整体而共同运动，然后，运动员通过以下动作过程加速和超越器械，如掷标枪的助跑和“跳跃交叉步”动作、滑步推铅球的滑步、掷铁饼和旋转推铅球的旋转，以及掷链球旋转过程中的单支撑阶段。

助跑是器械出手用力之前，人体带动器械预先加速的过程。推铅球的滑步或旋转，掷铁饼和掷链球的旋转，掷标枪的持枪跑和投掷步，都称为助跑。在助跑之前有准备助跑的动作。例如：推铅球的预备姿势和预摆团身，掷铁饼的预备姿势和摆饼，掷链球的预备姿势和抡摆。要求重心平稳、注意力集中、动作放松而有节奏，为进入助跑创造良好的条件。

背向滑步推铅球和掷标枪是直线形式的助跑，掷铁饼、掷链球和旋转推铅球是旋转式的助跑。助跑投掷的成绩要明显高于原地投掷，如：推铅球约提高1.5～2.5米，掷铁饼约提高8～12米，男子掷标枪约提高20～30米，女子掷标枪约提高15～20米，掷链球约提高20～25米。助跑投掷与原地投掷的成绩之差，往往是衡量助跑技术质量的重要标志之一。助跑是完整技术的重要组成部分，它使人体和器械起到预先加速的作用。但是除链球项目之外，对器械出手初速度起主要作用的是最后用力动作。因此，助跑的任务应当是：使投掷者和器械在出手用力之前获得一定的预先速度，为出手用力取得长的工作距离和发挥的最大力量创造良好的条件。

建立动量阶段助跑的基本技术要求包括以下几类。

### 1. 合理的助跑节奏

投掷各项目的技术特点不同，助跑阶段人体和器械速度变化的特点也不同。在助跑阶段，速度变化的总体趋势是逐渐加速。投掷者个人特点不同，加速节奏也有差异，但都应在助跑过程中，人体带动器械逐渐加速，并力求作用力始终作用于器械上，使器械的加速距离要长一些。如果忽快忽慢或先快后慢，实际上是缩短了加速距离，加速的效果就差，而且往往容易破坏正确的动作结构。

### 2. 助跑速度应与投掷者的技术水平和身体素质的水平相适应

通过助跑获得预先速度，这只是助跑的任务之一，而更为重要的是要为出手创造好的用力条件，因为出手用力是决定投掷远度的主要技术环节。所以助跑速度不是无条件的越快越好，过快会影响正确的出手用力动作，太慢也达不到获得预先速度的目的。助跑的速度应与投掷者的技术水平和身体素质水平相适应，即在助跑结束时，要能做出良好的超越器械动作，使身体处于最有利的发力姿势，助跑与最后用力要衔接紧密，即不停顿地过渡到出手用力，从而为集中全力进行出手用力创造有利的条件。因此，需要经过反复实践，才能找出适合个人特点的助跑速度。

### 3. 身体重心的移动要低、平、快、稳

助跑过程中，身体重心有前后、左右的移动，也有上下轻微的波动，有的项目还有短暂的腾空过程，由于各项的技术结构不同，助跑过程中身体重心变化的特点也不一样，但总的要求是重心移动要低、平、快、稳。例如，在推铅球的滑步过程中，要求重心移动低平向前；在掷铁饼的旋转过程中，要求重心移动平稳、腾空时间短；掷标枪助跑阶段中的交叉步动作，要求重心向前低平快、腾空时间短。重心起伏小，腾空时间短，有利于减少水平速度的损失，有利于尽快地进入支撑，有利于与最后用力的紧密衔接。

### 4. 助跑转入出手用力之前，要做出正确的超越器械动作

超越器械是在助跑的最后阶段，由于下肢移动速度快于上体和器械的移动速度，形成了下肢在前、上体和器械在后的身体倾斜和扭转姿势。超越器械的作用是：为加大出手用力的工作距离创造了条件，为出手用力能按照正确的用力顺序创造了条件，为发挥全身的最大力量创造了条件。

实践证明，投掷器械的出手点在左脚支撑点的上方或略前一点，不能再向前伸延，正确的超越器械，能使器械有较长的工作距离。根据生理学的观点，肌肉处于适宜的伸展拉长状态，方能获得最大的收缩力量，正确的超越器械，能使参与出手用力的肌群伸展拉长，为出手用力的及时发力和按照正确的用力顺序持续不断地施力于器械创造了条件。推铅球和掷标枪出手用力前加大转体程度的技术，就是要加大腰部用力的幅度，以充分发挥躯干的力量。超越器械的程度要与技术的熟练程度以及身体素质的水平相适应。

### 5. 助跑结束后，两脚落地的部位和方向要正确

两脚落地的部位和方向包括：两脚落地的左右偏差距、两脚前后开立的距离、两脚脚尖所处的方向。两脚落地的部位和方向是否正确，会直接影响出手用力时两腿的工作。如果左脚落地过于偏左，就失去了强有力的左腿支撑用力的条件；左脚落地偏右，就限制了右腿右髋的工作；两脚前后开立距离太小，影响向前用力的距离和水平速度；两脚前后开立距离过大，容易造成臀部下坐。两脚前后开立的距离要根据投掷者的身高腿长、腿部力量和技术的特点而定。

**6. 头和非投掷臂的动作要正确**

在投掷技术的整体动作过程中，头和非投掷臂的正确姿势和动作，始终起着重要的作用，它会直接影响到肌肉的拉紧与放松、重心的变化和身体的平衡、动作的方向和路线等。例如，推铅球滑步过程中，头和非投掷臂保持开始时的姿势，有助于身体的平衡、铅球的稳定和持球臂的放松，有助于腰背肌的拉长，有利于超越器械动作的完成。

## （三）出手阶段

出手阶段是决定投掷远度的主要技术阶段。出手阶段的任务是在助跑的基础上，给器械再加速。即在稳固有力支撑的条件下，通过投掷臂和手的动作，最大限度地把全身的力量以最快的速度集中作用到器械上，以适宜的角度，把器械投得更远。

投掷项目出手阶段的基本技术要求包括以下几类。

**1. 右腿及时工作，左脚积极快落**

助跑最后一步右脚落地之后，在左脚着地前的一刹那，就开始了出手阶段的用力。右脚落地到左脚着地，是助跑和最后用力衔接的环节，右腿及时工作和左脚积极快落，是衔接技术的关键。

由于各投掷项目技术的形式不同，右腿工作的形式和程度也各有差异。在右腿及时工作的情况下，左脚要积极快落，即尽快进入双腿支撑阶段。因为只有两腿支撑，才能最大限度地发挥全身的力量，从而获得最理想的投掷效果。

在人体快速前移时，由于向前运动的惯性，再加上右腿及时的工作，就会加快上体向前运动的速度，所以，左脚要积极着地支撑制动。如果左脚落地慢，助跑和出手用力之间就会停顿，这就降低了助跑速度的利用率。同时，由于身体随惯性继续向前移动，已拉紧的肌肉群也会松弛，这样，已形成的良好的超越器械的姿势就会受到破坏。

**2. 正确的用力顺序**

从左脚落地到器械出手，是出手用力给器械再加速的主要技术阶段。这时，要充分发挥全身的力量并集中作用于器械上，在这极短的用力过程中，既要有先后的用力顺序，又要使身体之间相互衔接，还要及时地制动身体的某一部位，从而加速身体的其他部位和器械的运动。只有各个动作环节都准确地参与工作，紧密衔接，增强施力于器械的连续性，才能使器械大幅度加速，获得最快的出手速度。

为了便于分析，可以把出手阶段分为两个部分。第一部分主要是两腿和腰部的积极工作。在左腿积极支撑制动的条件下，右腿在原先及时工作的基础上，不停顿地蹬转，或转蹬，推动右髋向投掷方向转送，髋轴领先于肩轴，腰部带动投掷臂和器械向投掷方向运动。第二部分是以投掷臂急剧加速开始，到器械出手为止。在下肢和腰部持续施力的基础上，在左腿支撑用力和左肩左臂及时制动于体侧的配合下，右胸积极向前，投掷臂急剧加速用力，使器械以最大的速度出手。

出手阶段开始时，身体重心应位于弯曲的右腿上并处于较低的位置，这样有利于下肢力量的发挥以及与助跑动作的自然衔接。在用力过程中，身体重心由右腿推向左腿，由于左腿的蹬伸用力，出手时身体重心达到较高的部位，这样将有利于增大施加于器械的力量和距离。

从左脚落地到器械出手，始终都存在着左侧支撑的用力过程。左侧支撑用力指的是从左肩左臂到左腿左脚，即整个身体左侧部分的工作过程。例如，左脚的积极快落支撑制动、左臂适时向投掷方向的摆动、左腿有力的支撑用力、左肩左臂及时制动于体侧等动作，都会在最后用力过程中起到积极的支撑制动作用、用力作用和转动轴的作用。

**3. 最大的工作距离、最快的出手速度**

最大的工作距离，指的是助跑结束时从器械所处的位置到出手点之间的工作距离要大，绝不能单纯地只看这段距离的长短，而是要在有效动作的基础上来看这段工作距离的长短。所谓有效动作，指的是各动作环节的作用力要始终交错不断地作用于器械上。在正确的人体动力结构下，速度越快效果越好。

人体带动器械向前运动的速度是水平速度，左腿支撑蹬伸用力使人体和器械产生垂直速度，水平速度和垂直速度的合成速度，就是器械的出手速度。这个合成速度的方向，也就决定了器械出手的角度。

在旋转投掷的项目中，例如掷铁饼和掷链球，加快角速度和加大旋转半径，是提高器械出手速度的两个因素。角速度与旋转半径和线速度的关系是：角速度不变，旋转半径越大，线速度越快；旋转半径不变，角速度越快，线速度也越快。在实践中，影响旋转半径的因素有很多，例如投掷者的肩宽臂长，投掷臂和肩部肌肉的舒展放松、动作结构和旋转轴的变化等。提高身体素质和专项能力并掌握合理的技术动作，可以提高旋转的速度，特别是转动的线速度。

**4. 正确的出手动作**

器械出手时，投掷臂末梢的快速鞭打甩动或拨动，会最后给器械以再加速，从而提高出手的速度，对于掷标枪和掷铁饼，还可以使器械产生顺时针方向的自转运动，这将有助于提高器械在飞行中的稳定性。

出手时要根据风向风速、器械特点、个人情况等条件，控制好投掷角。作用到器械上的力，要力求做到：铅球和链球要通过球的重心，铁饼要通过几何中心，标枪要通过纵轴。

建立动量阶段和出手阶段之间的衔接环节，是运动员双脚支撑地面时的发力姿势。除了掷链球采用双手持握器械和双脚站立掷出器械以外，投掷项目有效发力姿势的共同特征是：

- 充分利用全身的肌肉张力作用。
- 采用双脚支撑地面的平衡站位。
- 体重处于右脚上，右脚跟提起。
- 右脚跟和左脚尖在一条线上。
- 身体向投掷反方向后倾。

除了做出良好的发力姿势以外，有效的器械出手阶段的共同特征是：

- 投掷过程中所有关节的发力顺序是：脚、膝、髋、肩、臂和手。
- 右腿在转动中蹬伸，使用腿部最强有力的肌肉群来提高身体的动作速度。
- 利用左腿的制动支撑，来加速身体右侧的动作并产生垂直方向的运动。
- 身体的弓形拉紧或扭转姿势，有助于产生加速度。
- 在上体的制动动作中，躯干左侧的转动停止，使躯干右侧加速。

### （四）维持平衡阶段

器械出手以后，身体做的任何动作对投掷的远度均不起作用。最后出手时，向前的冲力较大，身体重心较高，器械出手以后，由于惯性的原因，容易使身体失去平衡而冲出投掷圈或起掷弧。所以，器械出手以后，应立即降低身体重心，交换两腿，改变身体重心移动的方向，维持身体的平衡，从而避免犯规。

## 第二节 推铅球

### 一、滑步推铅球（图9–3）

图9–3 世界冠军黄志红的滑步推铅球技术图

13　14　15　16　17

18　19　20　21　22

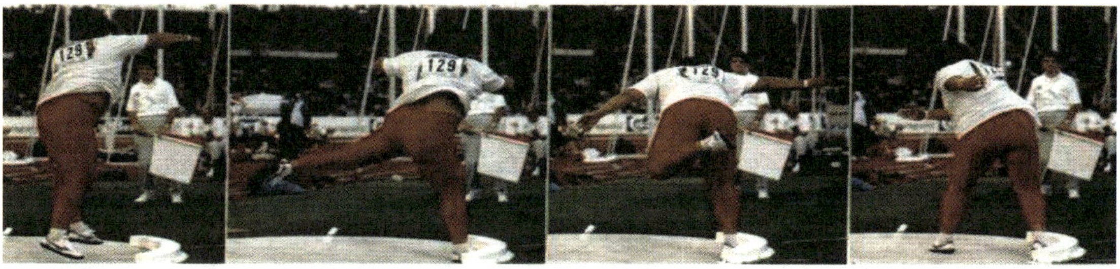

23　24　25　26

续图9-3　世界冠军黄志红的滑步推铅球技术图

## （一）影响滑步推铅球成绩的关键因素

- 爆发力：投掷者在短时间迅猛完成推铅球动作的能力。
- 直线启动和加速能力：运动员迅速直线启动和快速直线加速的能力。
- 滑步与出手用力动作的连贯衔接：运动员将主要技术动作环节连贯衔接。
- 动作协调性：全身技术动作的协调配合能力。

## （二）滑步推铅球各技术阶段的完成目的和动作特征

滑步推铅球技术分为以下四个阶段：准备、建立动量、出手、维持平衡。（图9-4）

图9-4 滑步推铅球技术阶段划分示意图

### 1. 准备阶段（以右手持球为例）

（1）握法（图9-5）

图9-5 握 法

**目的：**牢固地持握铅球。

**动作特征：**

- 铅球置于手指和指根部。
- 手指相互平行，略微分开。
- 将铅球放置在颈前部，拇指位于锁骨上。
- 肘部向外，大约与身体成45° 夹角。

**常见错误：**

· 把铅球抓在手掌中。
· 完全用臂托球。
· 把铅球扛在肩上。

（2）动作准备（图9-6）

图9-6 准备阶段动作示意图

**目的：**为滑步做准备。

**动作特征：**

- 投掷者在投掷圈后部，背对抵趾板，从身体正直的姿势开始。

**常见错误：**

· 身体重心下降和躯干前屈不充分。
· 支撑腿动作不稳定和身体平衡不良。
· 摆动腿与支撑腿动作不协调。
· 身体过早抬起。

- 躯干前屈，与地面平行。
- 单腿支撑取得身体平衡。
- 摆动腿被拉向投掷圈后部时，支撑腿弯曲。

### 2. 建立动量阶段（滑步）

（1）滑步（图9-7）

图9-7　滑步动作示意图

**目的：**开始加速，并形成最后用力的身体姿势。

**动作特征：**

- 身体重心从右脚前脚移向脚跟，双髋伸展。
- 摆动腿向抵趾板摆动，运动路线要低。
- 支撑腿以脚跟支撑蹬伸。
- 在滑步的大部分过程中，支撑腿保持接触地面。
- 双肩正对投掷圈后部。

**常见错误：**

- 脚掌支撑向上跳。
- 支撑腿过早离地。
- 摆动腿向上摆动。

（2）脚的移动（图9-8）

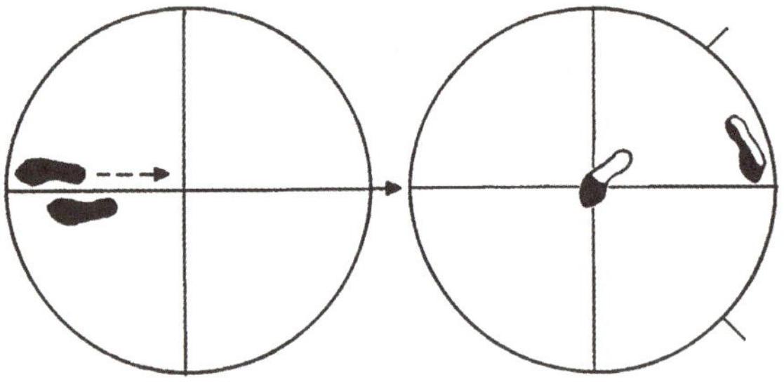

图9-8　滑步时双脚位置示意图

**目的：**开始加速，并形成最后用力的身体姿势。

**动作特征：**

- 滑步过程中右脚脚跟离开地面，脚掌落地。
- 右脚落在投掷圈中心位置。
- 双脚几乎同时落地，右脚在先。
- 左脚以脚掌和脚内侧落地。
- 滑步结束双脚落地时，出手阶段开始。

**常见错误：**

- 右脚掌落地点偏离投掷圈过多。
- 右脚落地后左脚落地不及时。
- 滑步过程中身体过早抬起和转体。
- 滑步距离过小。

### 3. 出手阶段

（1）发力姿势（图9-9）

图9-9 滑步推铅球发力姿势示意图

**目的：**保持铅球速度，准备对球实施主要的加速。

**动作特征：**

- 右脚脚掌支撑体重，右膝弯曲。
- 右脚跟和左脚尖处于一条直线上（“脚跟—脚尖姿势”）。
- 双髋和双肩处于扭紧状态。
- 头部和左臂向后锁住身体。
- 右臂肘部与躯干大约成90° 夹角。

**常见错误：**

· 身体重心过早前移，不能保持在右腿上。
· 双髋和双肩不能处于扭紧状态。
· 右脚跟和左脚尖不在一条直线上。

（2）主要加速过程（图9-10）

图9-10 最后用力加速过程示意图

**目的：**把速度从投掷者传递到铅球。

**动作特征：**

- 右腿以爆发式的扭转动作蹬伸，直至右髋朝向投掷圈前面。
- 左腿几乎完全伸展并支撑制动，提起身体（形成适宜的出手角度）。
- 左臂和左肩制动躯干。
- 右臂肘部提起并向投掷方向转动。
- 从右腿转移到左腿来支撑体重。

**常见错误：**

· 身体环节用力顺序不正确，上肢过早用力。
· 左腿和身体左侧支撑不充分。
· 右髋带动身体向前转动不足。

（3）最后的臂部动作（图9-11）

图9-11　最后的臂部动作示意图

**目的：**把速度从投掷者传递到铅球。

**动作特征：**

- 在双腿和躯干完全伸展之后开始投掷臂的打击式推球动作。
- 左臂弯曲，贴近躯干固定。
- 预先拉紧的腕部继续加速（铅球出手时拇指向下，其余手指向外翻转拨球）。
- 在出手过程中双脚接触地面。
- 头部位于左脚（制动支撑）垂直线位置之后，直至铅球出手。

> **常见错误：**
> · 双腿和躯干伸展不充分，臀部后坐。
> · 双脚过早离地。
> · 铅球出手前身体左侧过多向左后方转动。

**4. 维持平衡阶段（图9-12）**

图9-12　维持平衡阶段动作示意图

**目的：**稳定投掷者和防止犯规。

**动作特征：**

- 铅球出手后，迅速交换双腿位置。
- 右腿弯曲。
- 降低上体高度。
- 左腿后摆。
- 目视下方。

> **常见错误：**
> · 铅球出手后不能迅速交换双腿位置。
> · 铅球出手后不能降低上体高度。
> · 不能形成有效的身体制动，造成犯规。

## （三）滑步推铅球常用练习方法

### 1. 推实心球越过绳索游戏（图9-13）

图9-13 推实心球越过绳索游戏

**注意事项：**
- 注意场地的平整和保持安全环境。
- 利用腿部、髋部和躯干的力量完成推球动作。
- 在直线用力方向上推出实心球。

**目的：**体会和熟悉全身用力的推掷动作。

**要求：**

- 投掷者往返投掷实心球，球在篱笆、绳索或挡网上方越过。
- 把球落在对方场地内的地面上。
- 可定时计次。

### 2. 熟悉器械练习（图9-14）

图9-14 熟悉铅球的多种练习

**注意事项：**
- 正确持握铅球。
- 双腿先于双臂。
- 由慢到快。
- 完成动作时“高”姿势。

**目的：**熟悉器械和基本推球动作。

**要求：**

- 介绍铅球的正确持握方法。
- 慢速伸展或向上推。
- 用手指上拨铅球。
- 双手前抛铅球。
- 双手后抛铅球。

### 3. 正面推铅球练习（图9-15）

图9-15 正面推铅球练习示意图

**目的：**使用双腿加速，学习正确的臂部打击式推球动作。

**要求：**

- 双脚以肩宽为间距站立。
- 屈膝扭转身体，回转身体推球。
- 逐步进入到上步推球练习。
- 保持与地面接触。

**注意事项：**

- 保持右臂肘部的高位置。
- 采用适宜重量的铅球。

### 4. 上一步推铅球练习（图9-16）

图9-16 上一步推铅球练习示意图

**目的：**加强右腿动作和左侧制动。

**要求：**

- 双脚以肩宽为间距站立。
- 向后退一步，髋部和肩部向投掷反方向转动。
- 迅速向前回转，同时伸展双腿和双髋。

**注意事项：**

- 形成身体的扭转动作。
- “制动”身体左侧，保持左肩的高位置。

5. 从发力姿势开始的推铅球练习（图9-17）

图9-17 从发力姿势开始的推铅球练习

**目的：**加强右腿动作以及双腿、双髋和躯干的转动，形成左侧制动。

**要求：**

- 以发力姿势开始。
- 双肩向投掷反方向转动，右脚支撑体重。
- 按右腿和右髋的发力顺序开始推球。
- 体重从右脚向左脚转移。

**注意事项：**

· 在发力姿势中，“下颌—膝部—脚趾”应该在一条垂直线上。
· 想着“在天空中捅一个洞”的动作。
· 维持平衡。

6. 滑步练习

**目的：**加强双腿的滑步动作，并与出手阶段相衔接。

**要求：**

- 借助同伴握住非投掷臂滑步。
- 沿着一条线滑步，形成发力姿势后停止。

**注意事项：**

· 在滑步中保持双肩向后。
· 不要单腿跳，在身体下方后拉右脚。
· 保持双髋“打开”，右脚跟和左脚趾处在一条线上。

7. 完整滑步推铅球技术练习

**目的：**把各个阶段连接成为一个完整的技术动作。

**要求：**

- 徒手或持握铅球练习，控制和纠正发力姿势。
- 在不同的地面上练习，可闭上眼睛。
- 采用不同的器械（如实心球）和不同重量的铅球进行练习。

**注意事项：**

· 发展速度和动作节奏。
· 在出手阶段爆发用力。
· 默想完整技术过程。

## 二、旋转推铅球（图9–18）

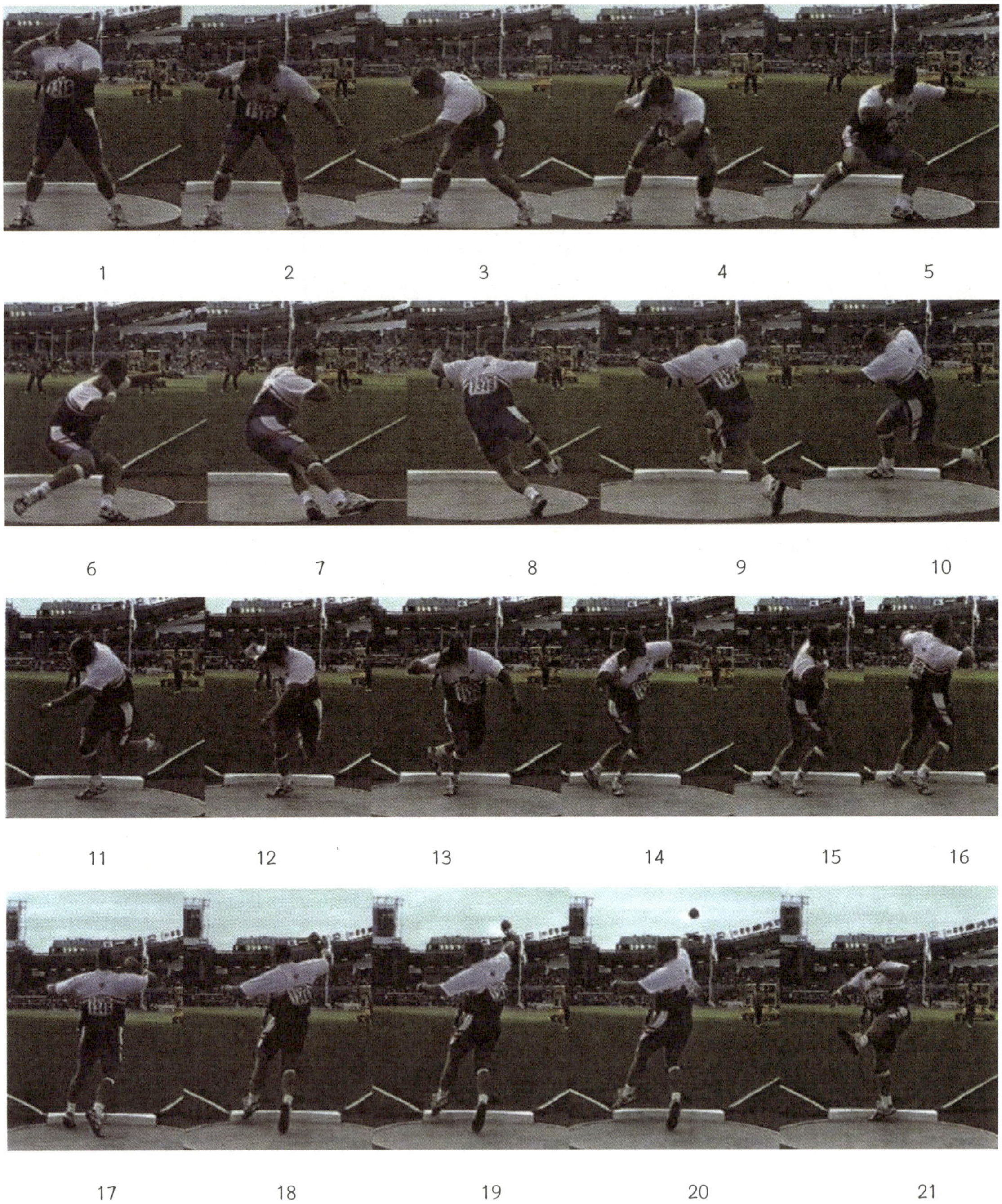


图9–18 旋转推铅球技术连续图（约翰·高迪纳，美国，21.47米）

## （一）影响旋转推铅球成绩的关键因素

- 爆发力：运动员在短时间迅猛完成推铅球动作的能力。
- 旋转启动和加速能力：运动员迅速旋转启动和快速旋转加速的能力。
- 旋转与出手用力动作的连贯衔接：运动员将主要技术环节的动作连贯衔接。
- 动作协调性和动态平衡能力：投掷过程中全身动作的配合协调能力和良好的平衡能力。

## （二）旋转推铅球各技术阶段的完成目的和动作特征

旋转推铅球技术分为以下阶段：准备、建立动量、出手、维持平衡。（图9-19）

图9-19　旋转推铅球技术阶段划分示意图

### 1. 准备阶段（以右手持球为例）（图9-20）

图9-20　旋转推铅球准备阶段示意图

**目的：**为准备旋转取得最佳姿势。

**动作特征：**

- 与滑步推铅球技术相比，铅球持握位置更加向后。
- 身体背对抵趾板，身体略微前倾。
- 双腿分开，双脚的间距略宽于肩。
- 双脚脚掌支撑体重。
- 上体向旋转的反方向扭转。
- 当右肩朝向投掷方向时，开始向左旋转。

**常见错误：**
- 躯干没有形成充分的预先拉紧。
- 匆匆进入旋转。

### 2. 建立动量阶段

（1）进入旋转（图9-21）

图9-21　进入旋转动作示意图

**目的**：获得投掷者身体和铅球的加速。

**动作特征**：

- 体重移到左脚掌支撑，双膝弯曲。
- 左脚、左膝和伸直的左臂，同时向左旋转。
- 右腿大半径摆动。
- 双肩必须保持水平。
- 向投掷方向移动的初始动作要慢，并且在控制之下。

**常见错误**：

· 体重不能充分移动到左脚掌支撑。
· 跳跃进入旋转。
· 双肩不能保持水平。
· 身体转动不同步，左肩过早转动。

（2）无支撑（图9-22）

侧视图　　后视图

图9-22　无支撑动作示意图

**目的**：获得投掷者身体和铅球的加速，并为出手阶段做好准备。

**动作特征**：

- 在左脚蹬离地面之前，左膝和左脚脚趾必须完全转到前面。
- 用力蹬伸的腿不完全伸展。
- 由高抬的右膝引导，沿低平路线摆出（向前引导，而不是向上）。
- 在投掷圈中心，以右脚脚掌支撑落地。

**常见错误**：

· 右脚脚掌落地支撑偏离投掷圈圆心过多。
· 右脚落地时躯干过早抬起，或左肩过早转向投掷方向。

● 落地时躯干屈曲，左臂折叠内收通过胸部位置。

（3）脚的运动（图9-23）

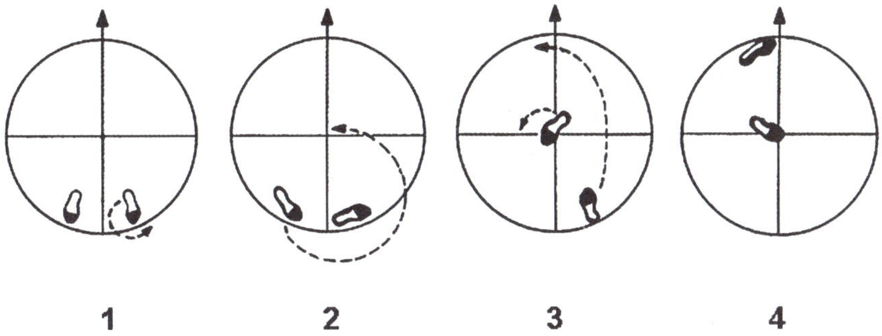


图9-23　旋转推铅球脚的位置示意图

**目的：**为正确的身体姿势提供支撑。

**动作特征：**

● 双脚分开，间距宽于肩，以左脚脚掌支撑向左转动。

● 右腿摆动通过投掷圈外，至投掷圈中心。

● 右脚脚掌在投掷圈中心落地，左脚随右脚落地后也迅速落地。

● 与滑步推铅球技术相比，发力姿势双脚间距较短（“脚跟—脚趾”姿势）。

**常见错误：**

· 右脚摆动幅度小。
· 左脚落地过慢。
· 下肢动作不能主导人体旋转过程。
· 人体平衡不良。

（4）右腿单腿支撑向双腿支撑过渡（图9-24）

图9-24　右腿单腿支撑向双腿支撑过渡

**目的：**准备好发力姿势。

**动作特征：**

● 以右脚脚掌落地。

● 右脚脚掌支撑体重。

● 左膝贴近右膝运动，并向前。

● 身体保持封闭（左臂在躯干前面，头朝向投掷圈后部）。

**常见错误：**

· 右脚全脚落地。
· 右脚落地后不能转动。
· 运动中左膝与右膝相距太大。
· 上体抬起或过早转向投掷方向。

- 双脚落地时，出手阶段开始。

### 3. 出手阶段

（1）发力姿势（图9-25）

图9-25　旋转推铅球发力动作示意图

**目的**：保持铅球速度，开始对铅球施加主要的加速。

**动作特征**：

- 以右脚脚掌支撑绝大部分体重，右膝弯曲。
- 右脚脚掌和左脚脚跟在一条线上："脚跟—脚趾姿势"。
- 双髋和双肩扭紧。
- 头和双肩留在后部。
- 右臂肘部与躯干之间的夹角大约为90°。

**常见错误**：
· 身体平衡不良。
· 不能形成"大肌群先于小肌群"的动作结构。
· 左侧支撑制动和"提起"动作的力量不足和时机不正确。

（2）主要加速（图9-26）

图9-26　旋转推铅球主要加速动作示意图

**目的**：把速度从投掷者的身体传递至铅球。

**动作特征**：

- 右腿爆发式地蹬伸和扭转，直至右髋朝向投掷圈前面。
- 左腿固定，然后上提身体，产生一个"跳投"的出手动作（影响出手角度）。

**常见错误**：
· 右腿只蹬伸而不扭转。
· 下肢和骨盆动作消极，躯干和臂部过早用力。

- 左臂和左肩制动躯干的扭转。
- 右臂肘部向投掷方向转动和上提。

（3）最后的臂部动作（图9-27）

图9-27 旋转推铅球最后的臂部动作示意图

**目的：** 把速度从投掷者的身体传递至铅球。

**动作特征：**

- 在双腿和躯干完全伸展之后，开始投掷臂的打击式推球动作。
- 左臂弯曲，并贴近躯干固定。
- 被预先拉紧的腕部继续加速（铅球出手时手指向外翻转拨球）。

**常见错误：**

· 左腿和身体左侧支撑制动的动作无力。
· 投掷臂推球时肘部下垂。

4. 维持平衡阶段（图9-28）

图9-28 旋转推铅球维持平衡阶段的动作示意图

**目的：** 稳定投掷者的身体和防止犯规。

**动作特征：**

- 铅球出手后，立即交换双腿位置。
- 右腿弯曲。
- 降低上体的高度。

**常见错误：**

· 铅球出手后不能迅速交换双腿位置。
· 铅球出手后不能降低上体高度。
· 不能形成有效的身体制动，造成犯规。

- 左腿向后摆动。
- 两眼向下看。

## （三）旋转推铅球常用练习方法

### 1. 熟悉铅球练习（图9-29）

图9-29 熟悉铅球的练习示意图

**注意事项：**
- 正确握铅球。
- 双腿先于双臂。
- 由慢到快。
- 完成动作时“高”姿势。

**目的：**熟悉器械和基本的推球动作。

**要求：**

- 介绍铅球的握法和有关安全措施。
- 慢速伸展或向上推。
- 用手指上拨铅球。
- 双手前抛铅球。
- 双手后抛铅球。

### 2. 正面推铅球练习（图9-30）

图9-30 正面推铅球练习示意图

**目的：**使用双腿加速，学习正确的臂部打击式推球动作。

**要求：**

- 双脚以肩宽为间距站立。
- 屈膝扭转身体，回转身体推球。

**注意事项：**
- 保持右臂肘部的高位置。
- 采用适宜重量的铅球。

- 上步推球。
- 保持与地面的接触。

### 3. 旋转练习（图9-31）

图9-31　旋转练习示意图

**目的：**发展旋转中的定向和定位能力。

**要求：**

在旋转后控制发力姿势。

- 持球和徒手练习，不做出手动作。
- 采用其他器械练习。

**注意事项：**

· 转动时注意双腿的协调用力。
· 在发力姿势中，体会正确的双脚位置和平衡。

### 4. 旋转一周推铅球练习（图9-32）

图9-32　旋转一周练习示意图

**目的：**做到沿低平路线蹬出，右脚积极落地到位。

**要求：**

- 面对投掷方向，迈步进入投掷圈。
- 右腿蹬离地面，左脚支撑旋转。
- 右腿摆动直接至投掷圈中心，身体打开扭紧状态并投掷。

**注意事项：**

· 根据投掷者身高和经验，调整投掷者在投掷圈内的开始姿势。
· 在发力姿势中，"下颌—膝部—脚趾"应该在一条垂直线上。
· 发力的感觉似"在天空中捅一个洞"。

### 5. 旋转一周半推铅球练习（图9-33）

图9-33 旋转一周半练习示意图

**目的：**做到左脚脚掌支撑转动，进入旋转。

**要求：**

- 从左肩朝向投掷方向开始旋转，旋转时左脚在圈内，右脚在圈外。
- 左脚脚掌支撑转动，右腿摆到投掷圈外，然后摆动到投掷圈中心。

**注意事项：**

· 在旋转过程中保持双肩处于水平姿势。
· 以右脚的摆动为引导，不要跳起。
· 保持双髋“打开”，使右脚脚跟和左脚脚趾保持在一条线上。

### 6. 完整旋转推铅球技术

**目的：**把各个阶段连接成为一个完整的技术动作。

**要求：**

- 徒手或持握铅球练习，控制和纠正发力姿势。
- 在不同的地面上练习。可闭上眼睛。采用不同的器械（如实心球）和不同重量的铅球进行练习。

**注意事项：**

· 发展速度和推铅球节奏。
· 在出手阶段爆发式地用力。
· 默想完整技术动作过程。

# 第三节 掷标枪

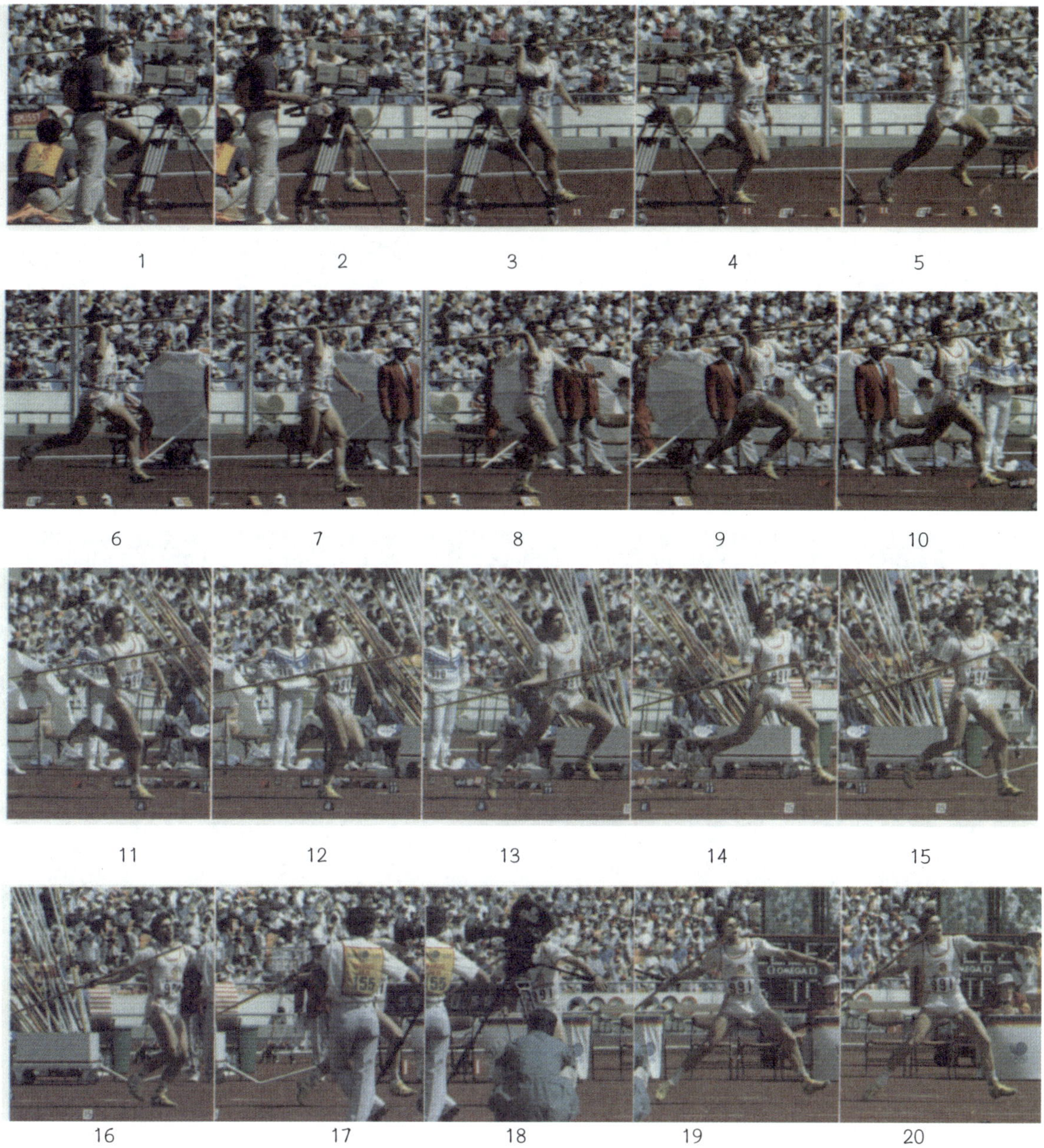


图9-34 男子标枪世界纪录保持者泽莱兹尼（捷克，掷标枪成绩98.48米）的技术图

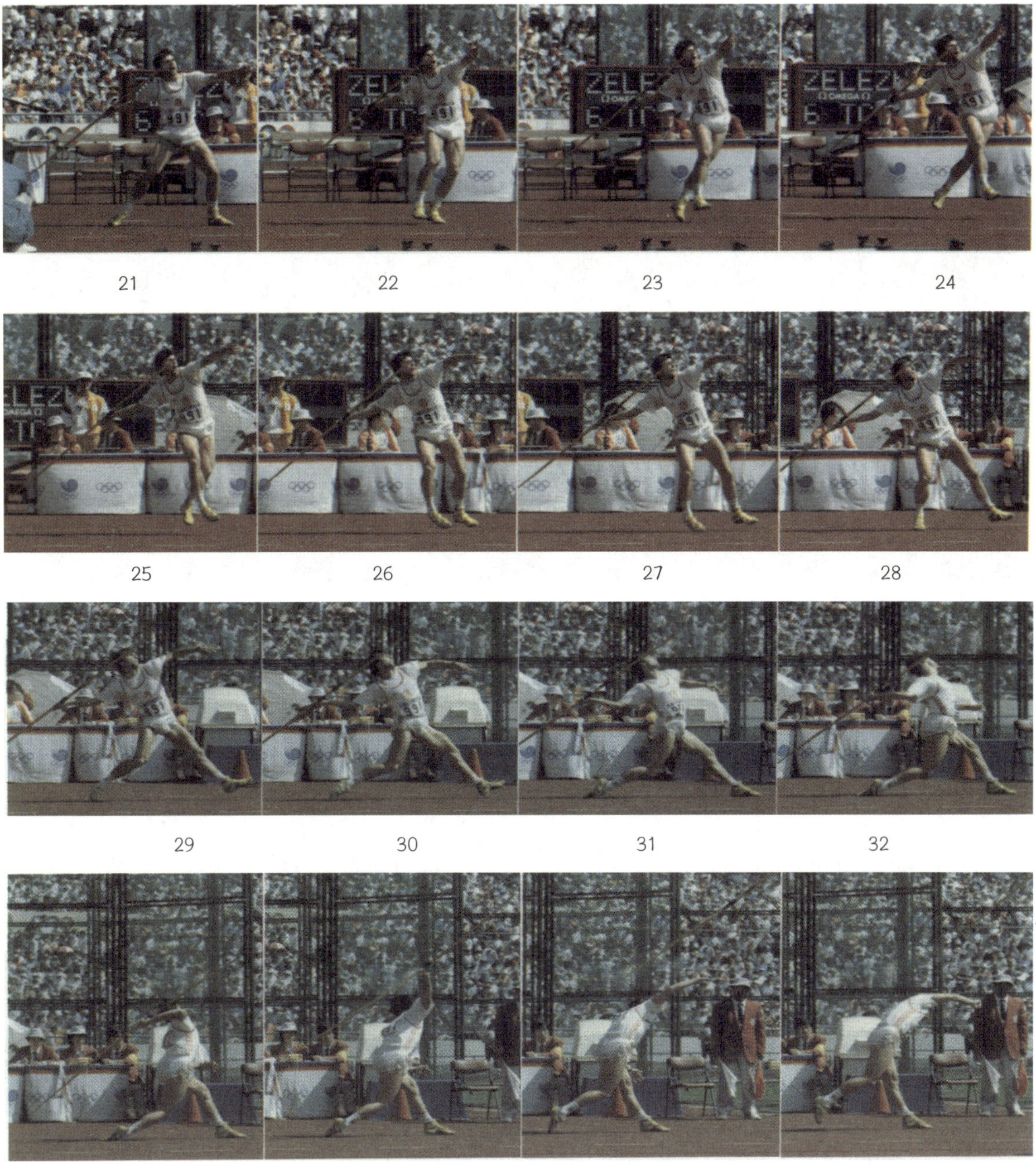


续图9-34　男子标枪世界纪录保持者泽莱兹尼（捷克，掷标枪成绩98.48米）的技术图

## 一、影响掷标枪成绩的关键因素

与其他投掷项目不同，掷标枪助跑的距离较长，要求运动员在高速跑的基础上连贯协调地完成一系列动作（图9-34）。标枪的重量相对较轻，其出手速度可达30～35米/秒。所以，

该项目相对较少地依赖于运动员的身高、体重和最大力量，而更多地取决于运动员的爆发力和专项投掷能力，尤其是运动员腿部、躯干与臂部肌群的专项速度和专项力量。另外，还要求运动员具有高度的跑的能力、动作速度以及从周期运动向非周期运动的转化协同能力。

### （一）学习和掌握先进的运动技术

标枪是田径运动中技术较为复杂的项目之一，所以，技术的学习和训练占据着举足轻重的地位，当然，“身体能力决定着技术的质量和运动水平的高低”。

运动技术始终都处在发展与创新的动态变化之中，这种发展与创新往往基于人们对相关科学原理和项目特性的更加深入的认识，因此，要及时把握项目的发展动态，学习并掌握先进的运动技术，这对于技术含量相对较高的标枪运动而言，其意义尤为重要。

就技术而言，出手速度、出手角度是影响掷标枪成绩的主要因素，另外，还应考虑到出手高度和空气动力学的影响。掷标枪要求运动员腿部、躯干、臂部的局部运动具有良好的节奏和精确的时机。

### （二）发展速度和爆发用力的能力

对于练习标枪的初学者，掌握良好的助跑节奏极为重要。助跑节奏是运动员助跑的时间和空间特征，它包含有步长、步频、步时等指标，教练员和运动员应了解合理的助跑节奏的参数，并在训练中培养预跑和投掷步阶段的良好节奏。具有合理的步长和步频对于以后的发展极为重要。

快速的助跑是建立在良好的节奏之上的。应正确认识并处理助跑与最后用力的关系。标枪的出手速度是决定标枪飞行远度的最主要的因素，两者之间基本上呈线性增长的关系。经过计算，男子标枪的飞行远度为90米时，其出手速度至少应达到30米/秒，女子标枪的飞行远度为70米时，其出手速度至少应达到25米/秒。而构成标枪出手速度的因素有两个，（1）通过助跑使标枪获得的速度，（2）最后用力的鞭打速度，前者大约构成出手速度的30%，后者大约占70%。目前，世界优秀标枪运动员既具备较强的专项能力（男子原地投枪可达66-68米，女子原地投枪可达46～50米），又具备了良好的投掷技术，能充分利用助跑的速度，使助跑投比原地投远20～30米。在实际掷标枪时，助跑与最后用力是处于统一体中的矛盾的两个方面。运动员的助跑速度过快，使动作失去控制，不易做出有力的鞭打动作，标枪的出手速度会受到较大的影响，这样便失去了助跑的意义。而为了做出充分的最后用力动作，减小助跑速度或用力前明显减速，也不会获得优异的成绩，因为在不影响最后用力的前提下，标枪从助跑中获得的有效速度每减少1米/秒，标枪的飞行远度可减少大约5米。

因此，处理好助跑与最后用力的辩证关系，在做好最后用力动作的前提下，尽量发挥助跑的速度，做到助跑与最后用力的紧密衔接，是掷标枪技术的关键。

### （三）纵轴用力是核心

标枪的形状呈直体流线型，助跑的方式也是直线的，所以，纵轴用力是投掷标枪技术的核心特征。

现代掷标枪技术经过多年的发展与不断完善，已成为一个有机的整体，作为教练员和运动员，应首先在整体上认识及理解现代掷标枪的技术。掷标枪技术是由多个环节组成的，对某一环节的技术掌握不好或形成错误动作都有可能影响到下一个技术环节，直至最后影响投掷成绩。因此，应加深对技术的整体性认识。

## 二、掷标枪各技术阶段的完成目的和动作特征

掷标枪技术可以分为以下阶段：预跑阶段、投掷步阶段、最后用力阶段和缓冲阶段。（图9-35）

图9-35　掷标枪技术结构图

### （一）预跑阶段（含握持枪方法，以右手握枪为例）

**1. 握枪方法（图9-36、图9-37）**

图9-36　拇指和食指握法

图9-37　拇指和中指握法

**目的：**牢固而舒适地握住标枪。

**动作特征：**

- 标枪斜放在掌中，握持枪于缠绳把手末端。有利于力量从缠绳末端进行传递。
- 手掌向上。

**常见错误：**

· 手指没有置于把手末端。
· 标枪没有置于掌心中。
· 手腕紧张。

- 无论采取哪一种握法，手指保持自然放松是很重要的，并且所有手指应与缠绳接触。

2. 持枪方法（图9-38）

图9-38 持枪助跑示意图

**目的：**有利于引枪动作的完成。

**动作特征：**

- 标枪水平置于肩上。
- 标枪枪头与头部同高或略低。
- 持枪手臂保持稳定（没有向前或向后的动作）。
- 持枪有多种方式，不必局限于一种，在尝试多种方式的基础上，再决定采用哪种更适合自己。

**常见错误：**
· 持枪的手过紧或过松。
· 枪尖没有指向投掷方向。

3. 预跑阶段

**目的：**为投掷者和标枪加速，获得预先动量。

**动作特征：**

- 预跑时自然放松、逐渐加速。
- 预跑距离6～12步。
- 为完成投掷步动作做好准备。

**常见错误：**
· 速度过快。
· 跑的距离过短。
· 过于紧张。

## （二）投掷步阶段

1. 引枪（图9-39）

图9-39 引枪动作示意图

**目的：**将标枪由持枪动作转换为标枪出手前的最佳位置。

**动作特征：**

- 引枪动作是在右腿前摆的同时，持枪臂随身体的转动自然伸展。
- 髋轴与肩轴及枪尖指向投掷方向，掌心向上。
- 标枪与肩轴平行。
- 标枪尖靠近右眼并低于眼睛高度。
- 头保持正直，目视投掷方向

**常见错误：**

- 引抢时，身体没有右转。
- 标枪尖高于头部。
- 髋、肩、标枪轴没有平行。

### 2. 交叉步（图9-40）

图9-40　交叉步动作示意图

**目的：**为最后用力做准备，即完成“超越器械动作”。

**动作特征：**

- 左脚掌积极扒地、蹬地。
- 右膝领先向前摆动右腿，身体适宜后倾斜。
- 左肩和头部正对投掷方向。
- 投掷臂和肩轴平行。
- 右脚掌与投掷方向呈45°着地，此时腿部已超越躯干。
- 运动员髋轴、肩轴和标枪轴平行。
- 右膝和右髋积极向前推动。
- 左腿积极前插准备制动。
- 投掷臂保持伸展。

**常见错误：**

- 左脚用力动作不积极。
- 右侧的摆动腿没有向前摆动。
- 上体主动后倒。

## （三）最后用力阶段

图9-41　最后用力示意图（1）

### 1. 最后用力阶段——腿、躯干动作（图9-41）

**常见错误：**

· 右脚用力不积极。
· 左脚上、下落。
· 左侧制动无力。
· 肘关节弯曲。

**目的：**把助跑获得的动量从腿、髋、躯干传递到肩、手到标枪。

**动作特征：**

- 左脚积极前插制动，形成稳固的左侧支撑。
- 背弓姿势时，身体正面的肌肉被充分拉长。
- 投掷肘内旋，手掌保持向上，躯干向前推动。
- 通过左腿稳固支撑以及弯曲的左肘靠近躯干的制动，身体左侧突停。

### 2. 最后用力阶段——投掷臂动作（图9-42）

图9-42　最后用力示意图（2）

**目的：**把助跑获得的动量从腿、髋、躯干传递到肩、手到标枪。

**动作特征：**

- 右腿以外侧为支点转动并拖在后面。
- 躯干轻微向左侧倾斜，右肩越过左脚的垂直线。
- 投掷臂在出手瞬间尽可能接近垂直部位。
- 右肘靠近头部向前上方拉动。
- 投掷臂的肘部爆发性伸直。
- 沿标枪纵轴方向用力。
- 右脚与地面保持接触直至标枪出手。

**常见错误：**

· 没有沿标枪的纵轴用力。
· 左肩后撤。

## （四）缓冲阶段（图9-43）

图9-43　缓冲动作示意图

**目的：**停止身体向前的运动以及避免犯规。

**动作特征：**

- 器械出手后，双腿迅速交叉换位。
- 右腿弯曲。
- 下降身体重心。
- 支撑脚距投掷线1.5～2.0米。

**常见错误：**

· 没有准确的丈量及稳定的助跑距离和节奏。
· 过于关注自己的成绩，忽略内场的起掷弧。

## 三、掷标枪常用练习方法

### 1. 引导性练习——速度投射

**注意事项：**
- 沿直线用力。
- 快速发力。
- 用小橡皮球投掷。

图9-44 投射练习示意图

练习者瞄准悬挂在足球门上角的自行车轮胎，或吊在球门横梁上摆动的球投掷。（图9-44）

### 2. 原地正面插标枪、投标枪练习（图9-45）

图9-45 原地投枪练习示意图

**目的：**学习并体会沿标枪的纵轴用力。

**要求：**

- 标枪直接插向目标。
- 面对投掷方向，两脚前后开立，右腿在后微屈，左脚全脚掌支撑膝关节伸直。
- 右手伸直持枪上举过头并尽可能向后引，枪尖指向身体前预先确定的目标（最初距离约3~4米）；逐渐向后倾斜躯干，增加目标的距离。

**注意事项：**
- 沿纵轴用力。
- 枪尖指向投掷方向，不断增加插枪距离。

### 3. 原地侧向投枪（图9-46）

图9-46　原地侧向投枪练习示意图

**目的：**熟练掌握最后用力技术。

**要求：**

- 预备姿势时侧向站立，脚尖指向投掷方向。
- 右手持枪充分向后引，右臂、肩轴、髋轴和标枪并行，标枪枪尖控制在眼角线附近，手高于肩；左腿直腿支撑，身体重心落在右腿上。
- 以右腿蹬地投枪，技术同最后用力。

**注意事项：**

· 引枪时，身体右转。
· 标枪尖高于头部。
· 髋、肩、标枪轴平行。

### 4. 3步交叉步投枪练习（图9-47）

预备动作　　1步　　2步　　3步最后用力

图9-47　3步交叉步投枪练习示意图

**目的：**学习和掌握交叉步，体会下肢和躯干的超越器械。

**要求：**

- 右脚在前侧向站立，引枪。
- 左脚先向前做一步助跑，蹬离地面进入交叉步，两脚相继快速落地。
- 最后用力完成投枪动作。

**注意事项：**

· 引枪时，右腿前摆的同时，持枪臂随身体的转动自然伸展。

### 5. 交叉步投枪（4步为例）（图9-48）

1步　2步　3步　4步最后用力

图9-48　交叉步投枪练习示意图

**常见错误**

· 没有沿标枪的纵轴用力。
· 左肩后撤。

**目的：**学习掌握交叉步技术。

**要求：**

- 原地站立持枪开始进行交叉步，右腿先迈开始引枪。
- 走两步开始，然后逐渐过渡到小跑两步开始。
- 使用标志进行练习，节奏为1——2——3/4。

### 6. 助跑加引枪（图9-49）

↑助跑预备动作　↑引枪第一步　↑引枪第二步

图9-49　助跑加引枪练习示意图

**目的：**学习掌握助跑引枪和交叉步的衔接技术。

**注意事项：**

· 标枪沿纵轴方向加速运行。
· 引抢时，身体右转。

**要求：**

- 小步跑练习引枪技术。
- 教练员或同伴从侧面观察，以提示运动员控制引枪的位置
- 使用标志练习，逐渐加入完整交叉步技术。

### 7. 完整技术练习

**目的：**学习掌握完整的投标枪技术。

**注意事项：**

· 引抢时，身体右转，持枪臂随身体的转动自然伸展。
· 从始至终沿标枪纵轴用力。

**要求：**

- 全程助跑，注意控制最后用力前的姿势。

- 使用不同的器械进行练习。
- 采用正确的节奏和发力顺序。

### 8. 专项练习——鞭打动作（图9-50）

图9-50　专项鞭打练习示意图

**目的：**主要发展专项力量。

**要求：**

- 轻器械（如垒球、小铁球等）单臂投掷练习

  练习方法：原地投，跪姿投，三步助跑投和五步助跑投等。

- 较重器械（如实心球、铅球等）双臂投掷练习

  练习方法：坐姿投，跪姿投，原地投和三步助跑投等。

- 练习负荷：

  原地单手投：1.5~3.0千克胶球，5~10次1组，2~4组。

  三步助跑单手投：1.0~2.0 千克胶球，5~10次1组，2~4组。

  原地双手投：2.0~5.0 千克胶球，5~30次1组，3~5组。

  三步助跑双手投：2.0~5.0 千克胶球，5~30次1组，3~5组。

  原地单手投：200~750克标枪或胶球，5~10次1组，2~4组。

  五步助跑单手投：标枪或垒球，5~10次1组，2~4组。

**注意事项：**

- 自下而上的用力顺序。
- 器械出手瞬间的手腕甩打动作。

# 第四节 掷铁饼

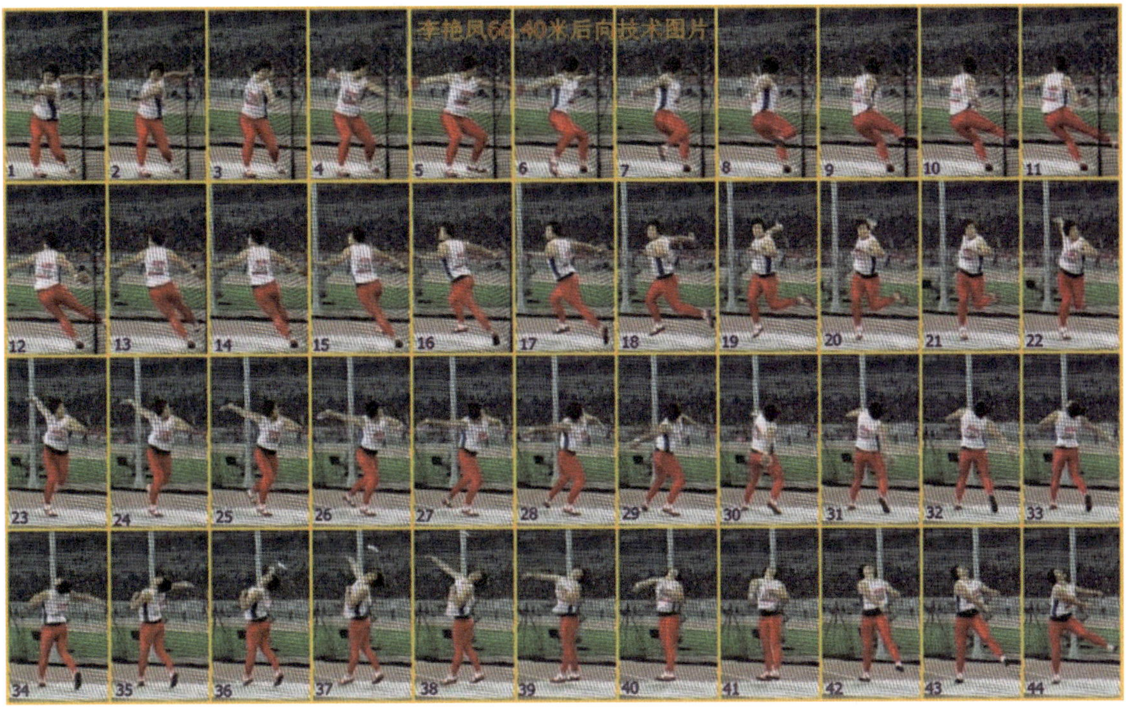


图9-51 优秀女子铁饼运动员李艳凤掷铁饼技术图（66.40米）

## 一、影响掷铁饼成绩的关键因素

出手速度、出手角度、出手高度、空气动力等因素能够影响投掷的远度。（图9-51）

投掷铁饼，决定远度的根本因素是器械出手的初速度。器械的出手速度与肌肉力量有密切的关系，但不是线性关系。器械出手的速度取决于肌肉收缩的爆发功率，而不是最大力量。在力量训练中，发展最大力量的目的，是为了提高速度力量，尤其是提高专项动作速度力量，最终达到提高最后用力的效果和器械出手速度的目标。

以下是影响掷铁饼成绩的关键因素：

- 爆发力：投掷者在短时间迅猛完成掷铁饼动作的能力。
- 大半径动作和旋转加速能力：运动员大半径动作和快速旋转加速的能力。
- 旋转与出手用力动作的连贯衔接：运动员将主要技术环节动作连贯衔接。
- 动作协调性：全身技术动作的完美配合和协调能力。

## 二、掷铁饼各技术阶段的完成目的和动作特征

背向旋转投掷铁饼技术，由准备阶段、动量获得阶段（旋转）、最后用力阶段和缓冲阶

段所组成。（图9–52）

图9–52　背向旋转投掷铁饼技术动作结构图

## （一）准备阶段（以右手持饼为例）

### 1. 握持器械（图9–53）

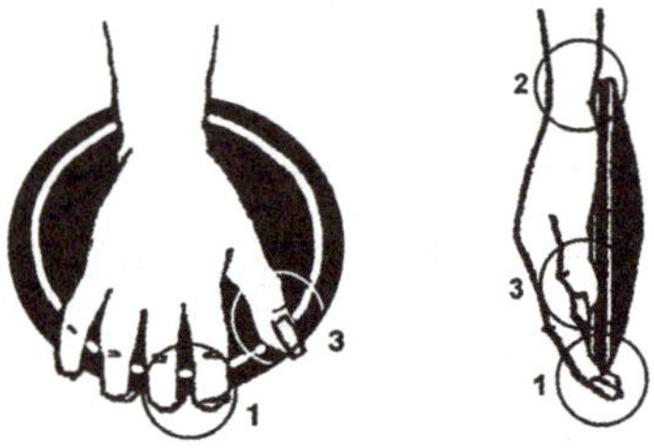


图9–53　铁饼的握持方法

**常见错误：**

- 手臂紧张，四指第二指节紧勾铁饼。
- 腕关节内勾，将铁饼斜靠在手掌中。

**目的：**自然放松地将器械控制在手里，保证在加速旋转中铁饼的稳定性。

**动作特征：**

- 四指自然分开，以末端关节勾住铁饼的边缘。
- 腕关节放松伸直，将铁饼垂直贴扣于整个手掌。
- 大拇指自然分开，贴靠在铁饼外侧的边缘。

### 2. 预摆（图9–54）

图9–54　背向旋转的预摆技术

**目的：**通过预摆获得开始旋转的最佳准备姿势。

**动作特征：**

- 背对投掷方向手持铁饼站立，两脚间距略宽于肩。
- 屈膝微蹲，身体重心随铁饼在两脚间左右转换移动。
- 手臂放松，将铁饼最大后摆至投影点、与左脚脚跟重叠。
- 最大后摆时肩轴和髋轴充分扭紧。

**常见错误：**

· 两脚间距过宽或过窄。
· 两腿太直，身体重心靠后。
· 铁饼最大后摆时手臂不放松。

## （二）动量获得阶段（旋转）

### 1. 双脚支撑起转（图9-55）

图9-55 背向旋转的双脚支撑起转技术

**目的：**身体重心由右向左移动，平稳进入旋转，使铁饼获得初始速度。

**动作特征：**

- 左臂前伸与肩同高，由右向左大幅度外展。
- 左脚、左膝和左髋同时积极外旋，身体重心由右侧水平移至左侧。
- 持饼臂始终保持肩臂的超越状态，将器械控制在身体后方。

**常见错误：**

· 左臂外展速度过快，造成身体向左侧倾倒。
· 持饼臂过快，不能保持肩臂超越。
· 身体重心侧移不够或移动过多。

### 2. 第一单脚支撑（图9-56）

图9-56 背向旋转的第一单脚支撑技术

**目的：**身体积极加速，使铁饼获得速度。

**动作特征：**

- 右腿离地后大幅度低摆至投掷方向。
- 两臂伸直相互平行，并与肩同高。
- 左脚脚尖转至投掷方向，左腿积极向投掷方向蹬伸。

**常见错误：**

· 右腿离地后高摆或摆动幅度过小。
· 左臂外展幅度小或速度过快。
· 左肩急于后倒使身体重心失控。

### 3. 旋转腾空（图9-57）

图9-57　背向旋转的身体腾空技术

**目的：**身体继续加速，获得躯干和右臂的扭紧状态。

**动作特征：**

- 左脚积极蹬离地面使身体腾空，腾空尽可能低，水平移动速度快。
- 右髋积极向投掷方向摆动，脚尖、膝、髋关节同时内扣加速内旋。
- 左臂前伸控制在胸前，右臂持饼继续保持在体后，形成肩臂超越。

**常见错误：**

· 腾空阶段身体重心过高。
· 腾空后髋的转动不积极。
· 腾空后左臂过早下落使上体失控。

### 4. 第二单脚支撑（图9-58）

图9-58　背向旋转的第二单脚支撑技术

**目的：**身体继续加速，并获得最佳的最后用力前的准备姿势。

**动作特征：**

**常见错误：**

· 右脚落地后，不能继续转动。
· 左腿摆幅过大，后伸不积极充分。
· 上体急于发力，破坏超越器械。

- 右腿屈膝落地支撑，右脚继续内旋，上体充分前倾指向投掷后方。
- 左髋积极外展，左腿小幅度迅速向右腿靠近，并快速后伸至左前沿。
- 左肩内扣，左臂平伸，右臂与躯干形成最大的超越姿态。

## （三）最后用力阶段（图9-59、图9-60）

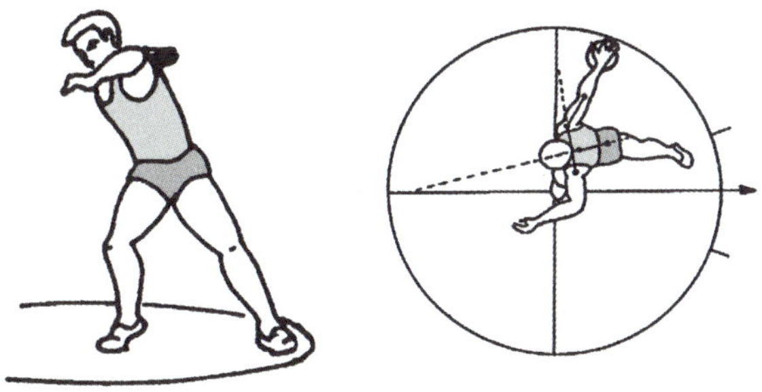

图9-59　最后用力准备姿势

图9-60　背向旋转最后用力技术

**目的：**利用双脚支撑的作用力继续加速，使铁饼获得最大的出手速度。

**动作特征：**

- 右腿以踝、膝、髋为顺序自下而上向投掷方向爆发式转蹬。
- 左腿充分有力地制动支撑，膝髋充分伸展，积极向后向上蹬伸。
- 躯干以左侧为支撑轴，右脚推动右髋向投掷方向充分旋转。
- 投掷臂充分伸展，胸带臂积极快速挥臂，并保持手臂放松。
- 两脚牢固支撑于地面，身体重心随右腿转蹬移至左腿。

**常见错误：**

- 左脚落地后躯干失去最大扭紧和超越器械的状态。
- 右腿过早蹬伸，躯干发力不充分。
- 左侧制动不足，左腿支撑无力。
- 头和左肩动作过于积极，造成左倒。

### （四）缓冲阶段（图9-61）

图9-61　背向旋转铁饼离手后的缓冲技术

**目的：**器械出手后，要努力减缓速度，维持身体平衡，避免犯规。

**动作特征：**

- 器械出手后应立即交换两腿，降低身体重心。
- 左腿后伸或迅速改变身体运动的方向。

**常见错误：**

- 饼离手后左右腿不能迅速交换支撑。
- 身体重心过高，左腿不能积极后伸。

背向旋转掷铁饼技术，是通过积极可控的旋转助跑，将各阶段身体转动速度不断地叠加，使铁饼获得最大的加速度。首先在初始和第一单脚支撑阶段以左侧为轴下肢积极旋转超越上肢，使躯干产生预紧张；再通过腾空旋转和第二单脚支撑获得器械的最大超越姿势；最后用力通过自下而上的再加速，从而产生最大的出手速度；缓冲阶段是铁饼离手后的积极制动，使身体速度得到缓解以避免犯规。

在背向旋转掷铁饼过程中，双脚正确的落地位置能够保证良好的支撑和正确的身体姿态的获得。具体要求如下：（图9-62）

- 准备阶段双脚背向投掷方向站立，两脚间距略宽于肩，左脚外旋开始进入旋转。
- 第一单脚支撑阶段右脚蹬离地面，大幅度积极向投掷圈圆心摆动。
- 左脚蹬离地面推进下肢快速旋转，身体瞬间腾空后右脚前脚掌落在投掷圈的圆心，形成第二单脚支撑，左腿贴近右腿迅速后伸。
- 左脚落地形成最后用力双脚支撑的最佳姿势，两脚间距为右脚脚跟与左脚脚尖在同一垂直线上。

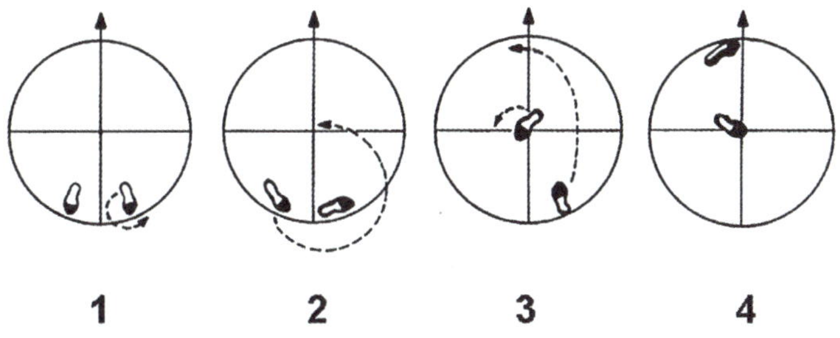


图9-62　背向旋转掷铁饼技术脚的落地位置

## 三、掷铁饼常用练习方法

### （一）滚饼（图9-63）

图9-63　滚饼练习

**目的：**熟悉器械，建立正确的铁饼出手的本体感觉。

**要求：**

- 两脚前后开立，手持铁饼的投掷臂自然放松下垂于体侧，以肩为轴直臂在体侧前后摆动。
- 双腿微屈，身体前倾，当铁饼由后前摆至身体远端时，将铁饼从食指末节滚离出手。

**注意事项：**

· 持饼臂尽量垂直放松，控制铁饼沿直线向前滚动。

· 体会铁饼顺时针滚动出手的技术。

### （二）原地正向掷铁饼（图9-64）

图9-64　原地摆饼练习

**目的：**体会躯干最大扭紧和下肢蹬地髋带胸臂发力的顺序。

**要求：**

- 面对投掷方向两脚左右开立与肩同宽（1），或两脚前后开立（2），双腿微屈并降低身体重心。

● 持饼臂放松预摆，同时躯干随铁饼向身后摆动，形成上下肢最大扭紧。

● 铁饼在回摆时用力蹬伸双腿，前送右髋带动胸臂将铁饼掷出。

**注意事项：**

· 投掷臂后摆时，两腿弯曲降低身体重心。

· 下肢带动上肢发力。

## （三）原地侧向掷铁饼（图9-65）

图9-65　原地侧向掷铁饼练习

**目的：**体会投掷臂最大后摆、躯干充分扭紧和下肢转蹬发力。

**要求：**

● 身体侧对投掷方向，两脚开立略宽于肩，右脚跟与左脚尖在同一直线上。

● 持饼臂放松预摆，身体重心随铁饼移动至右侧最大后摆时，降低重心，上体右倾形成躯干及上下肢的最大扭紧，同时右腿向投掷方向转蹬发力，积极送髋带动胸臂将铁饼掷出。

**注意事项：**

· 左脚内侧全脚掌着地支撑，以身体左侧为轴,左腿配合右腿，积极向后向上用力蹬起，避免头与左肩过早用力。

## （四）原地单脚支撑旋转360°

**目的：**体会单支撑旋转时身体重心的稳定控制与下肢超越上肢。

**要求：**

● 两脚开立与肩同宽，持饼手臂充分放松，由前向后水平摆动，同时，身体重心移向左腿，右脚积极蹬离地面，以左脚前脚掌为轴进入旋转，回到起始状态时右脚落地。

● 徒手或持铁饼反复练习。

## （五）正向旋转练习（图9-66）

图9-66　正向旋转练习

**目的**：体会身体重心的正向移动和支撑腿转换。

**要求**：

- 正对投掷方向，左腿在前右腿在后，持饼臂放松预摆后，左腿弯曲向前推动身体重心，左臂前伸上体前倾，左脚积极蹬离地面并迅速过渡到右腿支撑。
- 右脚着地时右腿弯曲，左脚快速向投掷方向移动落地，使身体与投掷臂形成最大扭紧的最后用力预备姿势。
- 徒手或持铁饼进行反复练习。

> **注意事项**：
> · 左脚离地后，左髋积极后旋，左腿贴近右腿充分后伸。

## （六）背向旋转练习（图9-67）

图9-67 背向旋转练习

**目的**：体会身体重心的背向移动和支撑腿腾空转换。

**要求**：

- 背对投掷方向，两脚开立略宽于肩，持饼臂放松预摆后，移动身体重心进入左腿支撑旋转，当左膝和左肩即将转向投掷方向时，右脚蹬离地面，右腿大半径积极向投掷方向摆动，同时左脚积极蹬离地面形成腾空旋转。
- 右脚以前脚掌着地时右腿弯曲，左脚快速向投掷方向移动落地，使身体与投掷臂形成最大扭紧的最后用力预备姿势。
- 徒手或持铁饼进行反复练习。

> **注意事项**：
> · 完整技术练习可以先做徒手模仿练习，然后进行背向旋转投掷木棍、橡胶管、小垒球等，最后过渡到背向旋转掷铁饼。

**背向旋转掷铁饼最后用力中常见的技术问题**：

- 最后用力上肢和头的动作过于积极，破坏超越器械。
- 最后用力右脚和膝关节不是转蹬，而是过早蹬伸。
- 最后用力左侧制动和左腿支撑向上蹬伸不充分。
- 最后用力过早跳起失去向前和向上的推进力。
- 最后用力上体左倾，形成与器械的分力。

**背向旋转掷铁饼常见的动作节奏问题**：

- 双支撑阶段初始转动速度过快。
- 第一单脚支撑阶段上体动作失控。
- 腾空阶段超越器械小甚至消失。
- 第二单脚支撑阶段上肢急于发力

# 第五节　掷链球

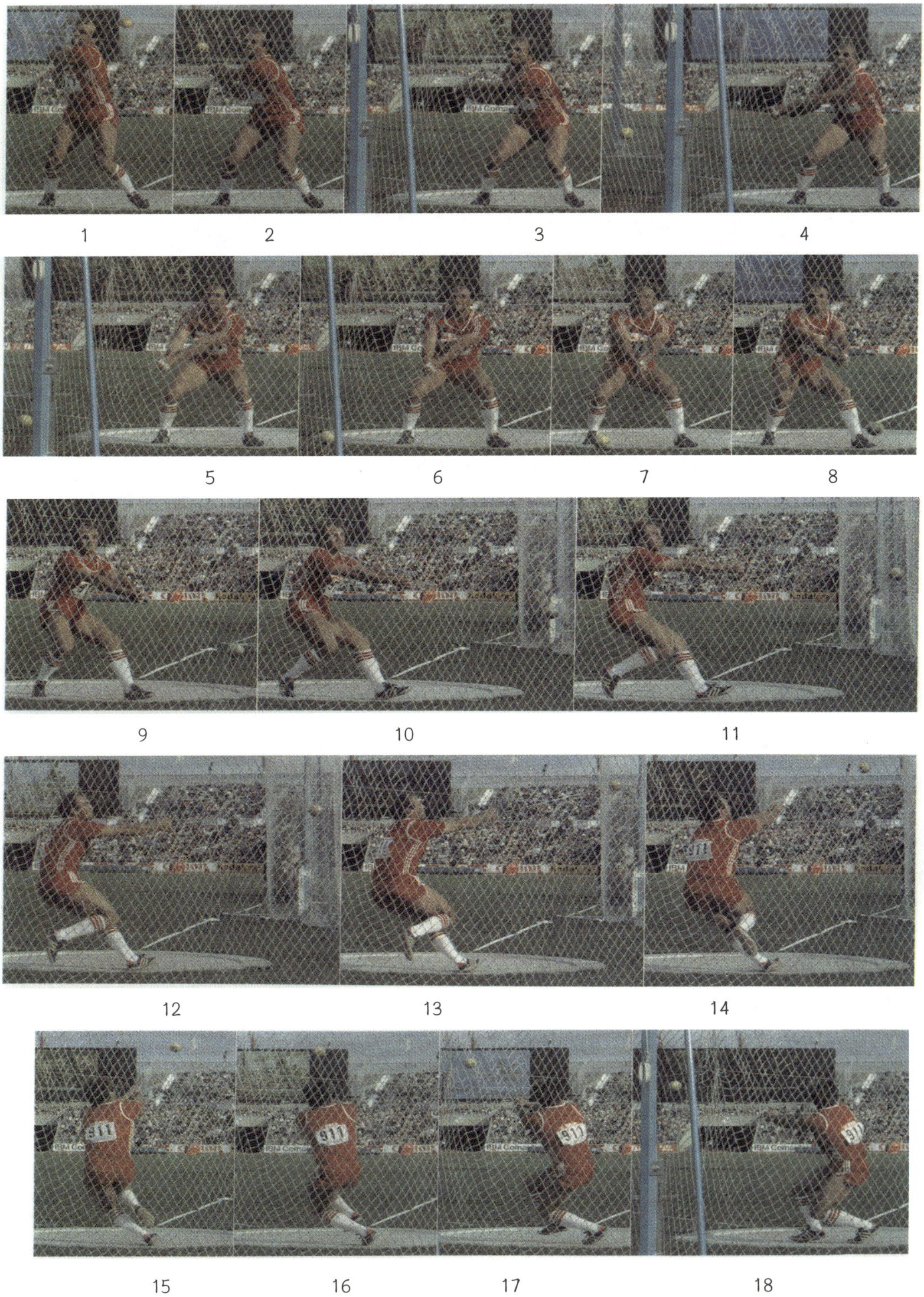


图9-68　掷链球技术连续图

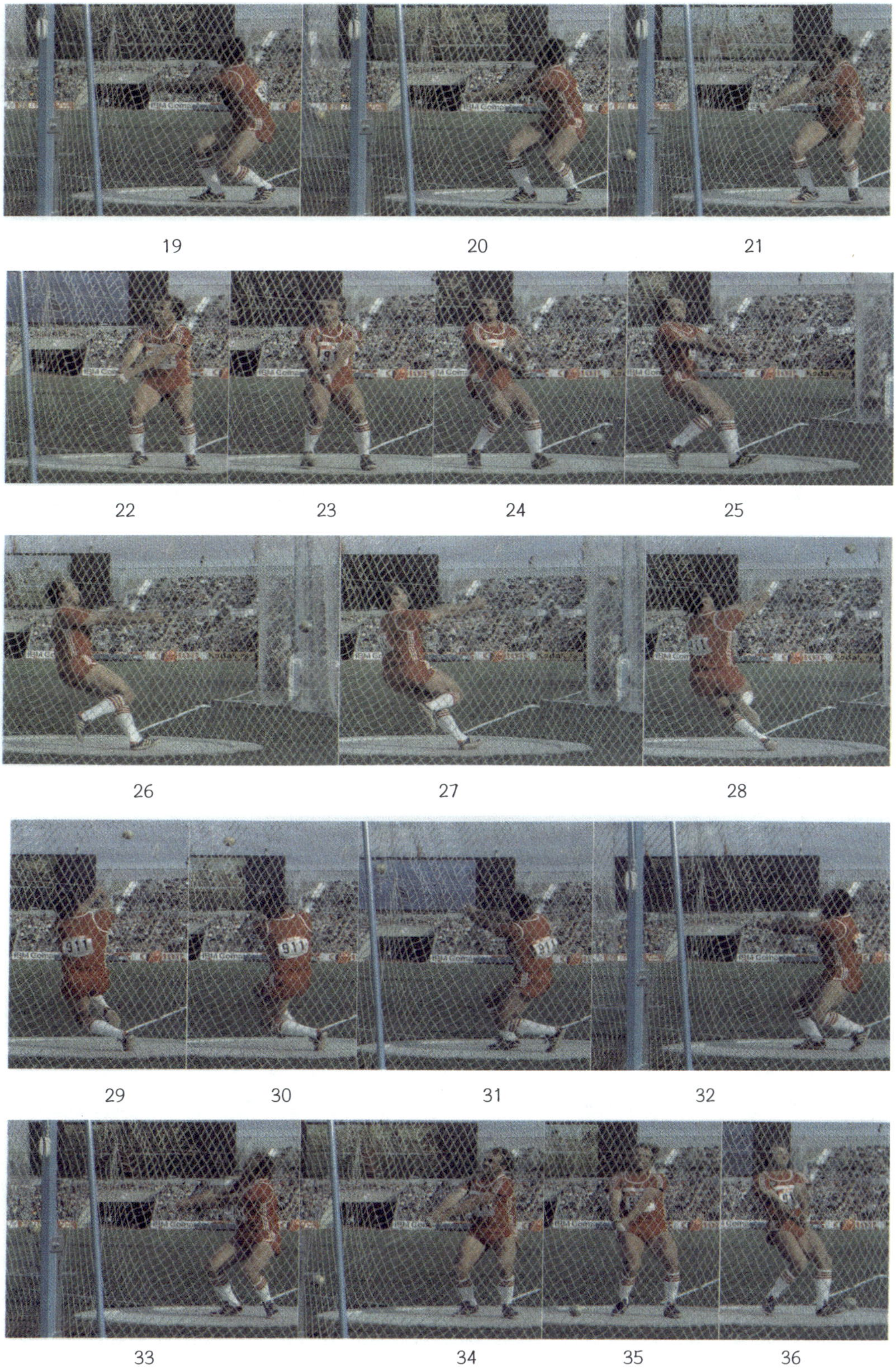


续图9-68　掷链球技术连续图

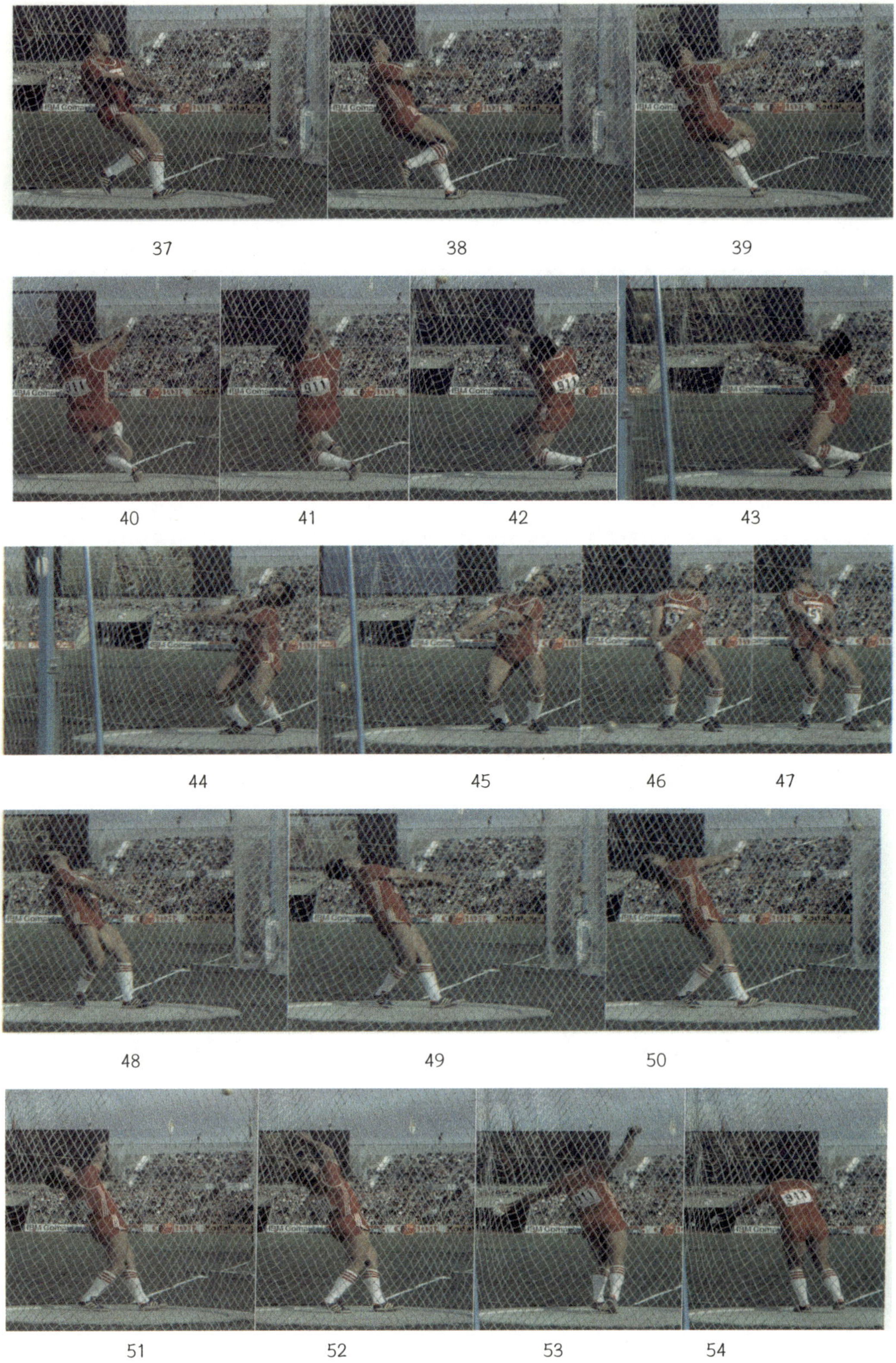


续图9-68　掷链球技术连续图

## 一、影响掷链球成绩的关键因素

掷链球技术参见图9-68。

### （一）运动员旋转过程中双脚的正确位置

预摆时两脚间的距离略比肩宽，约70厘米，两脚间的距离随旋转越来越短，右脚（以右手用力为例，下同）每次落地的位置比左脚的位置靠前（投掷方向为前）10厘米，每圈结束时两脚尖指向右侧（在220°~280° 之间）。保证脚的正确落点有利于旋转的加速。（图9-69）

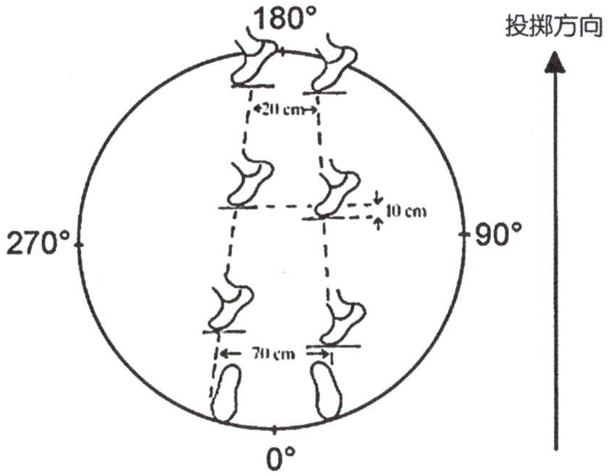


图9-69 运动员双脚位置图

### （二）链球高低点的正确位置

随旋转圈数的增加，链球的最低点应从运动员的右侧逐渐向左侧偏移，最后一圈时，最低点在0° 左右。这对于保持链球正确的运行轨迹和加快旋转的速度具有重要作用。（图9-70）

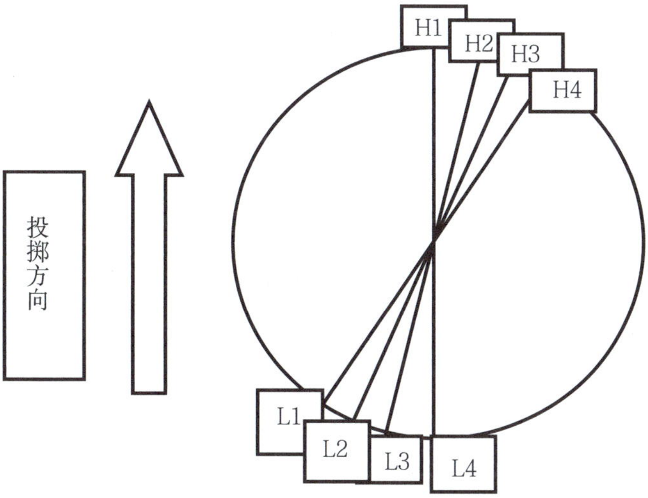


H：代表高点；L：代表低点；1、2、3、4：代表旋转的圈数

图9-70 旋转中各圈链球高低点示意图

## （三）链球运行的正确轨迹

链球的运行轨迹应形成几个角度较陡的斜面，良好的运行轨迹是对链球加速的有效保障。（图6-71）

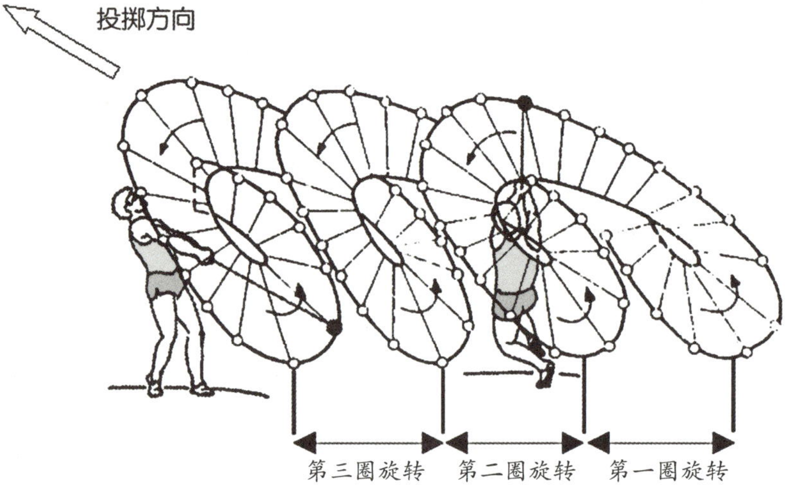


图9-71　链球运行轨迹示意图

## （四）对链球持续加速的能力

由于掷链球的技术特点，运动员对器械的加速不是一次完成的，而是在获得预摆速度的基础上连续3或4次对器械持续加速（加速的次数取决于运动员旋转的圈数），以使链球达到最大的出手速度。运动员旋转中各圈链球的速度增量也要合理，不能只重局部，而是要看全局。从表9-1可见：球速的增量随圈数的增加而呈减少的趋势，这符合现代链球技术的要求，即以加快旋转速度为主要目标，不是为加大最后用力的动作幅度而影响旋转的速度。如果运动员在双支撑阶段球速增量最多的是最后用力阶段，这说明他们最后用力的意识较强，在前面的旋转中没能充分发挥旋转的速度。

**表9-1　链球技术各阶段速度增减理想数值表**

| 技术阶段 | 球速最高值/米・秒$^{-1}$ | 球速增量/米・秒$^{-1}$ | 速度增量百分比/% |
|---|---|---|---|
| 预摆 | 15.00 | 15.00 | 50.00 |
| 第一圈旋转 | 18.00 | 3.00 | 10.00 |
| 第二圈旋转 | 22.50 | 4.50 | 15.00 |
| 第三圈旋转 | 25.50 | 3.00 | 10.00 |
| 第四圈旋转 | 27.00 | 1.50 | 5.00 |
| 最后用力 | 30.00 | 3.00 | 10.00 |

注：最后出手速度为30米/秒

## 二、掷链球各技术阶段的完成目的和动作特征

掷链球技术可分为以下三个阶段：预摆、3圈或4圈旋转、最后用力。（图9-72）

图9-72 掷链球技术结构示意图

### （一）预摆阶段

预摆阶段包括持握器械、开始姿势、预摆、预摆和旋转的衔接。

**1. 持握器械（图9-73）**

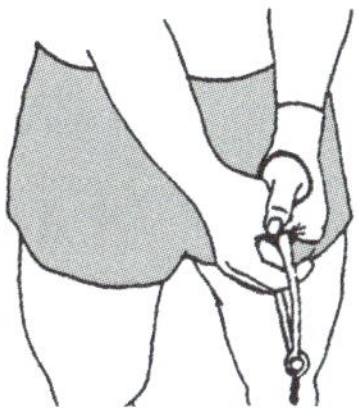

图9-73 持握链球动作示意图

**目的：**抵抗离心力和保证正确的投掷。

**动作特征：**

- 右手投掷的运动员左手握住链球把手。
- 将“把手”压住握在手指的中间关节。
- 右手压在左手上面。
- 两手的拇指交叉压握住“把手”。
- 放松有力地握住“把手”。

**常见错误：**

· 左手手指末节勾住链球把手。
· 左手掌心握住链球把手。
· 双手僵硬，不够放松。

**2. 开始姿势（图9-74）**

图9-74 掷链球开始动作示意图

**目的：**形成有利姿势，为预摆做好准备。

**动作特征：**

- 两腿弯曲，上体稍前倾并右转。
- 两臂伸直与钢链成一直线。
- 将链球置于右前方圈外地面上。

**常见错误：**

- 手臂弯曲。
- 身体后倾。
- 重心不在右腿上。

### 3. 预摆阶段（图9-75）

图9-75　掷链球预摆动作示意图

**目的：**使链球获得一定的预先速度。为进入第一圈旋转做好准备。

**动作特征：**

- 链球自运动员右下方低点开始摆动，拉向左上方高点。
- 当链球摆到最高点时，身体转向右侧，同时链球开始下行。
- 预摆一般为2～3圈。
- 预摆速度要逐渐加快。
- 随着链球的摆动，身体重心在两腿间来回移动。

**常见错误：**

- 双腿弯曲不够。
- 双臂离身体过近。
- 动作不协调。

### 4. 预摆与第一圈旋转的衔接（图9-76）

图9-76　预摆与第一圈衔接动作示意图

**目的：**连接预摆和第一圈旋转，衔接顺畅，开始旋转。

**动作特征：**

- 膝关节弯曲，躯干正直，两臂完全伸直。
- 当链球摆至最低点的时候，开始旋转。
- 以左脚跟为转动轴，右脚前脚掌蹬地，两眼注视链球。
- 右侧身体围绕左侧身体旋转。

**常见错误：**

- 头部过早转动。
- 左膝过早弯曲。
- 链球运行轨迹不正确。

## （二）旋转阶段

### 1. 第一圈旋转（图9-77）

**目的：**形成身体预先扭紧（单支撑时）和加速于链球（双支撑时）。

图9-77 第一圈旋转动作示意图

**动作特征：**

- 以左脚脚跟为转动轴，右脚前脚掌蹬地进行旋转。
- 然后支点沿脚外侧从左脚脚跟转移到左脚前脚掌。
- 以左脚前脚掌为支点继续旋转。
- 右腿、右脚靠近左腿旋转。
- 转体近一周时右脚快速落地支撑。

**常见错误：**

- 过早加速。
- 失去平衡。
- 身体重心未通过左腿。

### 2. 第二圈旋转（图9-78）

**目的：**形成身体预先扭紧（单支撑时）和加速于链球（双支撑时）。

图9-78 第二圈旋转动作示意图

**动作特征：**

● 1/3圈旋转以左脚跟为转动支点，2/3圈以左前脚掌为转动支点。

● 身体重心始终落在弯曲的左腿上。

● 臀部后坐以平衡链球转动所产生的离心力。

● 两臂伸直和肩形成三角形。

● 当右脚落地时，髋部旋转始终超越肩部的旋转。

**常见错误：**

· 身体重心未通过左腿。

· 失去平衡。

### 3. 第三圈旋转（图9-79）

图9-79 第三圈旋转动作示意图

**目的：**形成身体预先扭紧（单支撑时）和加速于链球（双支撑时）。

**动作特征：**

● 旋转中链球轨迹的离地最低点高度随旋转圈数的增加越来越低。

● 两脚间的距离随旋转越来越短。

● 旋转的速度越来越快。

**常见错误：**

· 人未“与链球共舞”。

· 失去平衡。

### （三）最后用力阶段（图9-80）

图9-80 最后用力阶段动作示意图

**目的：**在通过旋转使链球获得预先速度的基础上，对链球最后加速。

**动作特征：**

- 当链球被摆至最低点时，两腿迅速蹬伸。
- 右脚快速有力蹬转，带动右髋向投掷方向转动。
- 当左髋指向投掷方向时左侧形成支撑制动。
- 两臂向左上方猛挥，超过肩充分向上，形成强有力的鞭打。
- 当肩轴指向投掷方向的时候，双手松开“把手”将链球甩出。

**常见错误：**

· 最后用力时机不对。
· 最后用力时链球触地。
· 最后用力不充分。

## 三、掷链球常用练习方法

### （一）持器械转体练习

可持杠铃片或实心球进行练习。（图9-81）

图9-81 持器械转体练习示意图

**目的：**提高躯干整体转动的灵活性。

**要求：**

- 两脚平行开立与肩同宽。

**常见错误：**

· 两脚站立过宽或过窄。
· 直腿转体。
· 两臂没有伸直或不固定。

- 两膝弯曲后下肢自然转动。
- 两臂伸直与躯干保持成一个固定的等腰三角形。
- 下肢与躯干同时成整体转动。

## （二）原地抡摆（图9-82）

图9-82　原地轮摆练习示意图

**注意事项：**
- 重心要低。
- 动作要协调。
- 要沿直线前进。

**目的：**提高人—球之间的协调性。

**要求：**

- 原地进行抡摆练习。
- 当球上行且重心在右腿时，左脚迈进。
- 当球下行且重心在左腿时，右脚迈进。

## （三）双脚旋转练习（图9-83）

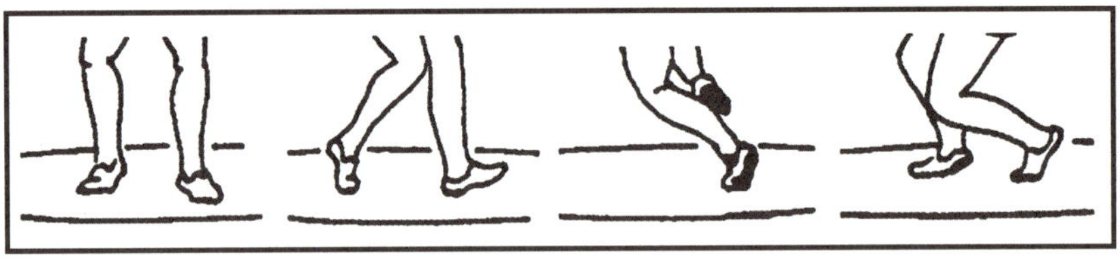

图9-83　双脚旋转练习示意图

**注意事项：**
- 两臂伸直。
- 可以1至多圈旋转。
- 多圈旋转要直线前进。

**目的：**完善旋转技术。

**要求：**

- 以左脚跟和右前掌为轴转动。
- 左脚脚跟和右脚掌平转180°　。
- 右脚抬起后前提落地，同时左脚继续旋转180°　。

## （四）侧后抛器械（链球或壶铃）（图9-84）

图9-84 侧后抛器械练习示意图

**目的：**发展背部肌肉力量。

**要求：**

- 背对投掷方向两脚平行开立。
- 前倾屈膝双手持器械于两腿间。
- 将器械右摆至远点后再由左后方抛出。

**注意事项：**

- 器械重量要适宜。
- 重心要由右脚移至左脚。
- 注意站位，确保安全。

## （五）完整技术投掷“重球”

**目的：**加大动作幅度，发展专项力量。

**要求：**

- 预摆使链球获得一定的预先速度。
- 旋转圈数不断增加。
- 旋转3~4圈对链球进一步加速。
- 通过最后用力将链球掷出。

**注意事项：**

- 链球以超标准重量10%为宜。
- 每次课投掷量不超总量50%。
- 与标准球配合投掷。

## 思考题

1. 决定投掷远度的因素有哪些，其中最重要的因素是什么？
2. 投掷项目出手阶段的基本技术要求是什么？
3. 滑步推铅球和旋转推铅球技术的主要异同点是什么？
4. 为什么投掷标枪时要强调纵轴用力？有哪些动作要求？
5. 掷铁饼最后用力阶段的动作目的和动作特征是什么？
6. 影响掷链球成绩的关键因素有哪些？为什么这些因素对成绩起重要的作用？

# 第十章　全能运动

田径全能运动是田径运动中的一个项目，它是由多个田径单项所组成的。

男子“十项全能”包括：100米、110米栏、400米、1500米、跳高、跳远、撑竿跳高、铅球、铁饼、标枪。

女子全能曾经以“三项全能”或“五项全能”的面目出现在田径赛场，目前世界田径锦标赛和奥运会的比赛项目为“七项全能”，包括：100米栏、200米、800米、跳高、跳远、铅球、标枪。近来，国际田径联合会增设了“女子十项全能”项目的世界纪录。

全能运动是田径比赛中的一个项目，虽然运动员参加了多个单项的比赛，但是只能获得一枚金牌。由于运动员比赛的顺序、休息的时间都有严格的规定，所以其训练和比赛具有自身的特点，与单项有着明显的区别。全能运动是以各个单项技术为基础的，其中必然包含了各单项所需的基本条件和训练内容。全能运动的这种特殊性是我们认识其特点的基础。

## 第一节 影响全能运动成绩的主要因素

### 一、速度与爆发力

全能运动需要掌握多个单项技术，并且在单项上还要尽量达到最好的水平，这就要求全能运动员必须具备各单项所要求的速度和爆发力水平。这是全能运动员提高各个单项成绩的基础，也是一名优秀全能运动员成才的关键因素。有了这种速度和爆发力，全能运动员才有可能向世界最高水平冲击。优秀的男子全能运动员的100米速度可以达到10.5秒左右。这种速度表现能力反映出优秀全能运动员所具备的速度水平和爆发力水平。有了这样的速度和爆发力，全能运动员才可能比较容易地去掌握跨栏、跳远、跳高、投掷等各个单项技术，顺利地完成全能比赛。

### 二、高度的灵活性和协调性

全能运动在比赛中设置了多个单项项目，运动员参加十项全能比赛，就需要掌握十个单项的技术，不仅仅会跑，还要会投、会跳，更要掌握复杂的撑竿跳高技术，借助竿子的弹性，做出空中复杂的技术动作，越过横杆。这些项目技术各不相同，用力方式迥异，这就要求全能运动员对各项复杂技术动作必须具备高度的控制能力，这种控制能力的基础是人体高度的灵活性和协调性。运动员对各个项目的技术动作都需要掌握，并且需要控制好各个项目技术动作的差异，还要在比赛中表现出最好的状态，这是全能运动与其他单项相比存在的明显区别，也是全能项目特征的具体体现。

### 三、全面发展的身体素质

全能运动设置的单项较多，要求运动员必须具备各类项目所需的身体素质，不仅要有短跑运动员的速度，还要有投掷运动员的力量，更要有跨栏、撑竿跳高运动员的灵活性、协调性，此外，还必须要有中长跑运动员较好的耐力水平。缺少其中任何一项身体素质，都无法成为优秀的全能运动员。

### 四、学习和掌握各项技术的能力

由于全能运动项目需要运动员掌握多项技术，因此，运动员学习和掌握各项技术的能力是影响全能运动员成绩的一个重要因素。这种能力是运动员智能、体能、技能的综合体现。

### 五、身体条件

现代田径全能运动对运动员的身体条件要求越来越高。优秀的男女全能运动员都具备了较高的身高，匀称的体型，结实健壮的肌肉，克托莱指数适中的特点。世界男子全能前10名优秀运动员的平均身高已经达到1.90米，体重为90千克左右，克托莱指数为454。世界女子七项全能前10名运动员的平均身高达到1.74米，体重为65千克左右，克托莱指数为350。

## 第二节　全能运动的训练

现代全能运动均衡地设置了径赛、跳跃和投掷中的若干单项，既要求速度、力量、技术，又要求有良好的耐力，对运动员全面身体素质有着较高的要求。“全面发展，突出特长，项项都能”是全能运动训练的发展方向，因此，全能运动的训练是围绕学习和不断提高各单项运动技术水平而进行的。

### 一、全能运动员的技术特点

全能运动员的单项技术一般可以分为跑的技术、跨栏技术、跳跃项目技术、投掷项目技术四类。

男子十项全能包括10个单项，除铅球、铁饼外，其他8个项目都和跑的技术有直接联系，女子七项全能有6个单项和跑有直接的联系。如果全能运动员跑的基本技术合理、放松、正确，可以对其他项目起到积极的促进作用。因此，优秀的全能运动员一般都具有较为合理、自然放松的跑的技能，这为他们掌握其他单项技术奠定了基础。优秀全能运动员跑的技术一般被认为应该如同单项400米运动员跑的技术。这是因为400米跑的技术动作步幅开阔，更加放松自然。这种跑的技术可以直接用于跳高、跳远、撑竿跳高的助跑。

除了跑的技术合理之外，优秀全能运动员在跨栏和跳远两个项目上都表现出了世界一流的技术水平。如乔伊娜不仅能够在全能比赛中创造纪录，而且能够在跨栏、跳远的单项比赛中，也取得优异的成绩。他们的跨栏技术主要体现在跑跨动作流畅，连接自然；跳远技术主要是速度快，敢于快跑快跳，以保证有限的速度能够得以充分发挥。

对于全能运动员来说，必须掌握几个不同投掷项目的技术，比一个单项投掷运动员只需掌握一项技术的要求高。优秀全能运动员的投掷技术体现出简洁、实用，不追求华丽的特点。一些优秀的全能运动员在掷标枪时，直接引好枪，直接开始交叉投掷步，不完全学习和模仿单项运动员的肩上持枪助跑，然后引枪的技术，就是为了使技术简洁，更容易掌握，同时也节省体力。

全能运动的训练要根据上述特点进行合理地安排，每堂训练课要根据需要适当安排2～3个单项的练习，并且辅以一定负荷的运动量和强度，适当地穿插进行身体素质的练习，以使运动员能够全面发展。

## 二、优秀全能运动员项目水平构成的特殊性

优秀的全能运动员除了素质、技术必须全面之外，还必须具备特长突出的个人特点，这体现了他们技术构成的特殊性。在优秀运动员的各个单项中，他们总是会有几个单项的技术比较突出，甚至达到高水平单项运动员的水准。比如，世界纪录创造者罗·塞德勒的跳远成绩达到8.11米，在奥运会上几乎可以进入跳远单项的前8名；他的400米成绩为45.5秒；跳高成绩为2.12米；标枪成绩为70.16米，都达到了比较突出的单项技术水平。

从目前世界优秀全能运动员的各单项成绩看，不论男女，都是跳远和跨栏成绩突出的运动员占据着世界纪录，如保持全能运动世界纪录的捷克运动员塞德勒、美国运动员乔伊娜的跳远和跨栏成绩都非常突出。这两个项目是以速度和爆发力量为基础的，这两个项目的成绩突出，说明他们具有优秀的速度和爆发力素质。以这两个项目的突出技术和这两项突出的素质带动其他单项技术的提高，使他们创造了世界纪录。这是全能运动员“以长促短”技术特殊性的具体表现。我们可以把这两个项目称作是全能运动的“灵魂”。

“补短扬长”也是优秀全能运动员能力的特殊表现，其主要体现在对投掷项目技术的突破方面。从目前的成绩看，全能运动员投掷方面的成绩与单项运动员的差距最大，水平较低，挖掘的潜力较大，因此，一些优秀的全能运动员在训练中，把提高投掷技术作为一个重要的训练目标，特别是对标枪技术的掌握和提高。因为标枪是一项轻器械投掷项目，如果训练得法，标枪成绩可以提高10多米，得分增加数百分。因此，优秀的全能运动员往往在标枪

方面的技术明显高于其他投掷项目，标枪的得分也显然高于其他投掷项目。

全能运动的训练应该抓好重点项目，这会得到事半功倍的效果。

## 三、优秀全能运动员的得分结构

全能项目的比赛是按照全能评分表的评分计算来决定胜负的。了解全能运动的评分规则和评分表是为了按照规则和得分的规律进行科学合理的训练。

全能项目是以各单项的成绩换算成相应的分数，累加分数后以总分来排列比赛的名次。全能评分表对各个单项最高分值的确定，基本是以接近该单项的世界最高水平的成绩为基准，只有在单项成绩达到世界最高水平的人才能够获得单项的最高得分。而在实际训练和比赛中，全能运动员要想在每个单项上都达到世界的最高水平，获得各单项的最高得分是根本不可能的。

男子十项全能，每个项目的得分应该各占总分的10%，女子七项全能每项得分应该各占总分的14.3%，如果我们按跑跨3项、跳跃3项、投掷3项、耐力1项的设置进行统计，那么十项全能运动员应该向跑类、跳类、投类各占30%，耐力占10%的方向发展；七项全能运动员应该向跑类、跳类、投类各占28.6%，耐力占14.3%的方向发展，这样，似乎才能体现出真正意义上的“全能”。但在实际中，由于运动员的个体差异，运动能力的差别，他（她）们不可能在各个项目上的得分趋同。从他们的单项得分中我们可以清楚地看到每个人的明显特点，这些特点是我们分析全能运动员竞技能力的基础，并可以此评价他们的发展是否合理。

从目前中、外十项全能运动员各单项成绩的得分率来看，110米栏的得分率位于前列，分别为11.45%、11.15%，其他项目分别是，中国：跳远（11.18%）、100米（10.83%）、400米（10.3%）、跳高（10.09%）；国外：跳远（11.03%）、100米（10.44%）、撑竿跳（10.4%）。由此可以看出，国内外得分较高的前几项都是速度类项目，而得分最低的项目是1500米，中国占7.92%，国外占 8.08%。从运动员各项成绩所占的比例来看，中外运动员的得分顺序基本一致，都是跑跨类项目第一，跳跃类项目第二，投掷类项目第三，耐力类项目第四。这种特征为我们安排全能运动的训练提供了一定意义的参考。

## 思考题

1. 影响全能运动成绩的主要因素有哪些？
2. 优秀全能运动员项目水平构成的特殊性表现在哪些方面？
3. 优秀全能运动员的得分结构有何特点？对我们的训练实践有何启示？